Zr. Clementia.

De namiddag van het christendom

Van Tomáš Halík verschenen eerder in Nederlandse vertaling:

Geduld met God (2014; 11ᵉ druk 2022)
De nacht van de biechtvader (2016; 4ᵉ druk 2019)
Ik wil dat jij bent (2017; 4ᵉ druk 2020)
Geloven op de tast (met Anselm Grün, 2017; 2ᵉ druk 2021)
Raak de wonden aan (2018; 7ᵉ druk 2021)
Niet zonder hoop (2019)
In het geheim geloven. Autobiografie (2020)
Theater voor engelen (2021)
Omdat God ernaar verlangt mens te zijn (2022; 2ᵉ druk 2023)

TOMÁŠ HALÍK

DE NAMIDDAG VAN HET CHRISTENDOM

OP WEG NAAR EEN NIEUW TIJDPERK

Vertaald door
Kees de Wildt

KOKBOEKENCENTRUM UITGEVERS • UTRECHT

Vertaling: Redactiebureau Kees de Wildt, Dordrecht
Ontwerp omslag: Peter Kortleve / shortlife.nl
Vormgeving binnenwerk: Studio Anton Sinke / antonsinke.nl

ISBN 978 90 435 3895 4
ISBN 978 90 435 3896 1 (e-book)
NUR 700

Oorspronkelijke uitgave: *Odpoledne křesťanství. Odvaha k proměně.*
© Nakladatelství Lidové noviny, Praag 2021.
Duitse vertaling: *Der Nachmittag des Christentums. Eine Zeitansage*
(vert. Markéta Barth). © Verlag Herder GmbH, Freiburg im Breisgau 2022.

© 2023 KokBoekencentrum Uitgevers, Utrecht

Teksten uit de Bijbel in deze uitgave zijn ontleend aan de Willibrordvertaling editie 2012, tenzij anders aangegeven.

www.kokboekencentrum.nl
www.halik.cz

Alle rechten voorbehouden.

KokBoekencentrum Uitgevers vindt het belangrijk om op milieuvriendelijke en verantwoorde wijze met natuurlijke bronnen om te gaan. Bij de productie van het papieren boek van deze titel is daarom gebruikgemaakt van papier waarvan het zeker is dat de productie niet tot bosvernietiging heeft geleid.

*Opgedragen aan paus Franciscus,
met eerbied en dankbaarheid*

Zie, Ik ga iets nieuws maken,
het is al aan het kiemen, weet u dat niet?
Ik ga een weg leggen in de woestijn, rivieren in het dorre land.
JESAJA 43:19

God zoeken en vinden in alle dingen. (...) In dit zoeken en vinden van God in alle dingen is er steeds een grijze zone van onzekerheid. Die moet er trouwens ook zijn. Als iemand zegt dat hij God heeft ontmoet en er is bij hem geen spoortje van twijfel te ontdekken, dan zit er iets niet goed. Dat vind ik een heel belangrijk gegeven. Als iemand op alle vragen een antwoord heeft, is dit juist het bewijs dat God niet met hem is. Dan is hij dus een valse profeet, die de godsdienst voor eigen gewin gebruikt. De grote leiders van het volk van God, zoals Mozes, hebben altijd ruimte voor twijfel gelaten. We moeten ruimte laten aan de Heer, niet voor onze zekerheden. We moeten nederig blijven. (...)
Abraham is op reis gegaan, zonder echt te weten waarnaartoe, louter op grond van geloof. (...) Ons leven wordt ons niet in de schoot geworpen als een operalibretto, waarin alles al vaststaat. Ons leven is op weg zijn, wandelen, doen, zoeken, vinden enzovoort. We moeten dus binnenstappen in het avontuur van de zoektocht naar de ontmoeting, in het zich door God laten zoeken en het zich door God laten vinden. (...) Ik heb slechts één dogmatische zekerheid: God is aanwezig in ieders leven.
PAUS FRANCISCUS
(INTERVIEW VAN ANTONIO SPADARO S.J. MET PAUS FRANCISCUS)

INHOUD

	Woord vooraf	11
I	Geloof in beweging	15
II	Het geloof als ervaring van het mysterie	21
III	De tekenen van de tijd verstaan	33
IV	Duizend jaren als één dag	49
V	Religieus of religieloos christendom?	59
VI	Duisternis rond het middaguur	79
VII	Komt God terug?	103
VIII	De erfgenamen van de moderne religie	119
IX	Van global village naar *civitas oecumenica*	133
X	Een Derde Verlichting?	145
XI	De identiteit van het christendom	155
XII	God van dichtbij en God vanuit de verte	167
XIII	Spiritualiteit als de passie van het geloof	185
XIV	Het geloof van de ongelovigen en het venster van de hoop	197
XV	Gemeenschap van de weg	219
XVI	Een gemeenschap van luisteren en begrijpen	233
	Dankwoord	253
	Aanbevolen literatuur	255

WOORD VOORAF

'We leven niet in een tijdperk van verandering, maar beleven de verandering van een tijdperk', zegt paus Franciscus. Daarbij veranderen ook de vormen van religie en hun rol in de afzonderlijke samenlevingen en culturen. De secularisatie heeft niet het einde van de religie gebracht, maar een transformatie. Terwijl sommige vormen van religie heftig door elkaar worden geschud, zijn andere zo vitaal dat ze zich juist uitbreiden, over hun eerdere grenzen heen. Traditionele religieuze instellingen hebben hun monopolie op religie verloren.

Het globaliseringsproces bereikt zijn hoogtepunt en dat stuit op verzet: de stemmen van populisme, nationalisme en fundamentalisme beginnen steeds luider te klinken. Onze wereld vormt steeds meer één groot netwerk en raakt tegelijkertijd op nieuwe manieren verdeeld. De wereldwijde christelijke gemeenschap is niet één geheel. Toch bestaan tegenwoordig de grootste verschillen niet tussen kerken onderling, maar binnen kerken. Verschillen in leer en in religieuze en politieke stellingname hebben vaak hun verborgen wortels in de diepere lagen van het psychische en geestelijke leven. Mensen die in dezelfde kerkbank dezelfde geloofsbelijdenis opzeggen, hebben soms heel verschillende ideeën over God. Een van de veranderingen in het huidige geestelijke klimaat is de val van de muur tussen 'gelovigen' en 'ongelovigen'. Luidruchtige minderheden van dogmatische gelovigen en militante atheïsten raken gemarginaliseerd, terwijl het aantal mensen toeneemt bij wie in geest en hart geloof (in de zin van een 'oervertrouwen') en ongeloof (in de zin van een twijfelend scepticisme) door elkaar lopen.

Ik leg de laatste hand aan dit boek tijdens de coronapandemie. Om mij heen sterven in overvolle ziekenhuizen dagelijks veel mensen, en veel levende en gezonde mensen raken existentieel onzeker. Ook deze ervaring laat onze wereld op haar grondvesten schudden. Bij de langdurige crisis van de traditionele religieuze zekerheden komt nog de crisis van de traditionele seculiere zekerheden, met name die van het geloof in de heerschappij van de mens over de natuur en zijn eigen lot.

De huidige toestand van de Katholieke Kerk doet in veel opzichten denken aan de situatie vlak voor de Reformatie. Toen het onvermoed grote aantal gevallen van seksueel en psychologisch misbruik aan het licht kwam, deed dit de geloofwaardigheid van de Kerk wankelen en rezen er veel vragen over het hele systeem van de Kerk. De gesloten en lege kerken ten tijde van het coronavirus heb ik gezien als een profetisch waarschuwingsteken: zo kan de Kerk er binnenkort uitzien als ze geen verandering ondergaat.

Voor zo'n verandering zou de Kerk enige inspiratie kunnen opdoen uit de 'katholieke reformatie' die in gang is gezet door moedige mystici als Johannes van het Kruis, Theresia van Ávila, Ignatius van Loyola en vele anderen, mensen die met hun originele spirituele ervaring zowel de theologische reflectie van het geloof als de zichtbare vorm en praktijk van de Kerk hebben verrijkt.

De huidige reformatiepogingen mogen zich niet beperken tot wijzigingen in enkele institutionele structuren en enkele paragrafen in de Catechismus, de Codex van het Canonieke Recht en de moraaltheologische handboeken. De vruchtbaarheid van de reformatie en de toekomstige vitaliteit van de Kerk hangen af van de vraag of zij erin slaagt een nieuwe relatie te ontwikkelen met de diepe geestelijke en existentiële dimensie van het geloof.

Ik beschouw de huidige crisis als een tweesprong waarop we de mogelijkheid krijgen een nieuwe fase van de geschiedenis binnen te treden, de 'namiddag' van het christendom. Mede dankzij de pijnlijke ervaringen kan een door elkaar geschud christendom als een gewonde dokter het therapeutische potentieel van het geloof ontvouwen.

Als de kerken erin slagen de verleiding van de zelfgerichtheid – een collectief narcisme, klerikalisme, isolationisme en provincialisme – te weerstaan, kunnen zij een belangrijke bijdrage leveren aan een nieuwe, bredere en diepere oecumene. Bij deze nieuwe oecumene gaat het om meer dan de eenheid van christenen; de vernieuwing van het geloof kan een stap zijn naar de 'universele broederschap', een belangrijk thema in het pontificaat van paus Franciscus. Ze kan de mensheid helpen niet op een botsing van beschavingen af te stevenen, maar op de opbouw van een *civitas oecumenica* – een cultuur van communicatie, delen en respect voor onderlinge verschillen.

In de geschiedenis openbaart God zich in het geloof, de liefde en de hoop van mensen, ook van mensen in de marge van de kerken en buiten de zichtbare grenzen daarvan. De zoektocht naar God 'in alle dingen' en in alle historische situaties bevrijdt ons leven van een monologische ik-gerichtheid en leidt ons naar een dialogische openheid. Hierin zie ik een teken van de tijd, een licht van hoop, zelfs in moeilijke tijden. Met dit boek wil ik dienstbaar zijn aan deze hoop.

| GELOOF IN BEWEGING

'De hele nacht hebben we ons al afgetobd zonder iets te vangen', zeggen vermoeide en gefrustreerde vissers uit Galilea tegen een rondtrekkende prediker die aan de oever van een nieuwe dag staat.

Veel christenen in grote delen van onze westerse wereld herkennen zich momenteel in dergelijke gevoelens. Kerken, kloosters en seminaries lopen leeg, tienduizenden mensen keren de Kerk de rug toe. De donkere schaduwen van het recente verleden beroven de Kerk van haar geloofwaardigheid. Christenen zijn verdeeld – en dan doel ik niet zozeer op de verschillen tussen de kerken onderling, maar die binnen de kerken. Het christelijk geloof wordt niet langer geconfronteerd met militant atheïsme of met harde vervolging, die gelovigen wakker zou kunnen schudden en mobiliseren, maar met een veel groter gevaar: onverschilligheid.

De profeet uit Nazaret koos juist zo'n moment van vermoeidheid en frustratie uit om zijn toekomstige leerlingen voor het eerst aan te spreken. Teleurgestelde vissers na een nacht hard werken vormen niet bepaald de meest welwillende hoorders voor zijn preek over het naderende koninkrijk. Toch lieten zij zien wat het voorportaal en de toegangspoort van het geloof is: de moed om te vertrouwen. 'Probeer het nog eens', zo luidt zijn eerste preek. 'Vaar nu het meer op naar diep water. Daar moeten jullie je netten uitwerpen' (Luc. 5).

Juist in deze tijd van vermoeidheid en frustratie moeten we het christendom een nieuwe kans geven. Opnieuw proberen betekent niet hetzelfde opnieuw doen, inclusief de herhaling van eerdere fouten. Het betekent: afsteken naar de diepte, opmerkzaam wachten en klaarstaan om te handelen.

Dit boek gaat over de veranderingen van het geloof in mensenlevens en in de geschiedenis. Hierin stel ik de vraag welke transformaties er in onze tijd plaatsvinden en welke mogelijke toekomstige vormen van christendom zich in de vele crises al aankondigen. Zoals in elke periode van ingrijpende historische veranderingen, veranderen ook nu de plaats en de rol van het geloof in de samenleving en de vorm van zijn zelfexpressie in de cultuur. Gezien de vele veranderingen is het noodzakelijk steeds weer de vraag naar de identiteit van ons geloof te stellen. Wat is het *christelijke* karakter ervan en waaruit blijkt dat?

Dit is een boek over geloof als *een zoektocht naar God* te midden van een veranderende wereld, over geleefd geloof en over de geloofsdaad. Dat wil zeggen dat het veel meer gaat over hoe we geloven (*fides qua*) dan over wat we geloven, wat het 'object' van ons geloof is (*fides quae*). Onder geloof versta ik een bepaalde levenshouding, een oriëntatie, een manier waarop we in de wereld staan en hoe we die opvatten. Het gaat me niet zozeer om louter 'religieuze overtuigingen' en opvattingen; ik ben meer geïnteresseerd in *faith* dan in *beliefs*.

De term 'geloof' (het Hebreeuwse woord *he'emin*) komen we tegen bij de Joodse profeten in de axiale periode (rond de vijfde eeuw voor Christus),[1] maar het geloof als fenomeen is ouder. Ik ga hier niet in op de vraag of geloof in de zin van een daad van vertrouwen, een persoonlijke relatie met het transcendente, een geheel originele bijdrage van de Bijbel aan de spirituele geschiedenis van de mensheid is, of dat en in hoeverre geloof in deze zin (of soortgelijke fenomenen) al een bestanddeel van de voorbijbelse religie en spiritualiteit vormde, of dat je het wellicht kunt beschouwen als een antropologische constante, een essentieel bestanddeel van de mensheid in het algemeen. Ik richt me op de lijn van de geloofsgeschiedenis die haar wortels heeft in het jodendom en zich voortzet in het christendom, maar tegelijkertijd het

---

1 De term 'axiale periode' is geïntroduceerd door Karl Jaspers; hij doelde daarmee op de periode van de achtste tot de tweede eeuw voor Christus, waarin radicale culturele veranderingen plaatsvonden. Onafhankelijk van elkaar ontstonden toen veel van de religies die nu nog bestaan en oudere werden getransformeerd, waardoor het accent op transcendentie en de ethische dimensie kwam te liggen. Vgl. Karl Jaspers, *Vom Ursprung und Ziel der Geschichte*, München 1949.

christendom in zijn traditionele kerkelijke vorm overstijgt.[2]

Op zijn reis door de geschiedenis gaf de Hebreeuwse Bijbel het geloof twee essentiële kenmerken mee. Allereerst de ervaring van de uittocht, een reis vanuit de slavernij naar de vrijheid (het geloof heeft het karakter van een *pelgrimage*) en vervolgens ook de incarnatie van het geloof in de praktijk van gerechtigheid en solidariteit; met de woorden 'verschaf recht aan de wezen, verdedig de weduwen' roepen de profeten het volk ertoe op het ware geloof in de praktijk te brengen (vgl. Jes. 1:17; Ps. 82:3; Jak. 1:27). Het archetype van een gelovige is Abraham, 'de vader van alle gelovigen', van wie geschreven staat dat 'hij vertrok zonder te weten waarheen' (Hebr. 11:8). Het geloof, vooral het geloof van de profeten, staat niet alleen op gespannen voet met de magie, maar ook met het tempelgeloof van de priesters en de offerrituelen. Jezus zet deze profetische lijn voort: in zijn prediking staat de oproep tot verandering, tot bekering (*metanoia*) centraal.

Martin Buber maakte onderscheid tussen twee soorten geloof: het geloof dat met het Hebreeuwse woord *emuna* (geloof als vertrouwen) wordt aangeduid en het geloof uitgedrukt in het Griekse woord *pistis* ('geloof in iets', 'geloof met een object'). Het eerste type associeerde hij met het jodendom en het tweede met het christendom, in het bijzonder met het geloof in Christus bij de apostel Paulus.[3] Dit onderscheid tussen twee soorten geloof is min of meer analoog aan het eerdergenoemde Latijnse onderscheid tussen *fides qua* en *fides quae*.

Anders dan Buber ben ik er echter van overtuigd dat in het christendom het geloof zijn *emuna*-karakter niet verliest, dat het geloven in Christus niet de objectivering van het geloof hoeft te betekenen. Het christelijk geloof bestaat niet in de eerste plaats uit de cultische

---

2 Op een bepaalde manier zie je dit ook in het seculiere humanisme, het ongewenste kind van het traditionele christendom, en waarschijnlijk ook in verschillende vormen van hedendaagse niet-traditionele spiritualiteiten. Echter, het geloof is daarin vaak vermengd met de gnosis, met de spirituele oriëntatie die eeuwenlang de concurrent ervan was.

3 Martin Buber, 'Zwei Glaubensweisen', in: ibid., *Schriften zum Christentum*. Martin Buber Werkausgabe 9, Gütersloh 2011, 202-312, m.n. 202-203.

verering van de persoon van Jezus, maar het is *een weg van navolging van Christus*. Christus navolgen betekent dan niet dat we Jezus van Nazaret als een historische persoon uit lang vervlogen tijden gaan *imiteren* (zoals je de oorspronkelijke Latijnse titel van het bekende ascetische handboek van Thomas à Kempis, *De imitatione Christi*, zou kunnen opvatten). Het gaat veel meer om een weg naar Jezus en met Jezus, met degene die over zichzelf zei: 'Ik ben de weg' (Joh. 14:6) en zijn leerlingen beloofde dat zij nog grotere daden zouden verrichten dan Hij. Geloof in Christus is een weg van vertrouwen en moed, van liefde en trouw; het is een beweging in de richting van de toekomst die Christus heeft geopend en waartoe Hij ons uitnodigt.

Deze dynamische opvatting van het christendom veronderstelt een bepaald type christologie, namelijk die Christus ziet als de alfa en de omega van de ontwikkeling van de hele schepping.[4]

Paulus voerde de eerste radicale hervorming van het vroege christendom door: hij haalde het uit het milieu van de joodse sekten en gaf het een plaats in de *oikoumene* van de antieke wereld. Hierin ligt voor mij de radicale bijdrage van het christendom aan de religiegeschiedenis, namelijk in de nadruk op zijn wereldwijde missie. In de ogen van Paulus (zie Gal. 3:28) overstijgt het christendom de voorheen onoverbrugbare kloof tussen godsdiensten en culturen (het maakt niet uit of iemand een Jood was of een Griek, een heiden), de grenzen tussen sociale lagen (het maakt niet uit of iemand vrij is of een slaaf, in de Romeinse wereld een rechteloos 'sprekend stuk gereedschap') en de grenzen tussen duidelijk gedefinieerde genderrollen (of iemand man of vrouw is).

Dit paulinische universalisme beschouw ik als een permanente taak voor de Kerk in de geschiedenis. Het christendom moet deze radicale openheid altijd koesteren en verbreiden. De huidige vorm van

---

4 Deze opvatting van Christus is te vinden in de Openbaring aan Johannes, in de theologie van de kerkvaders, in de spiritualiteit van de oosterse orthodoxie en in de middeleeuwse franciscaanse traditie. Ze is opnieuw tot leven gekomen bij Teilhard de Chardin in zijn opvatting van Christus als het omegapunt van de evolutie van de kosmos, alsook in de spiritualiteit van de kosmische Christus, zoals die vooral door de Amerikaanse franciscaan Richard Rohr is ontwikkeld. Vgl. Pierre Teilhard de Chardin, *The Divine Milieu. An Essay on the Interior Life*, New York 1965; Richard Rohr, *The Universal Christ*, New York 2021.

dit universalisme is oecumene, het tegenovergestelde van arrogant ideologisch imperialisme. Als het christendom de crisis van zijn vele vroegere vormen wil overwinnen en een inspirerend antwoord wil worden op de uitdagingen van onze tijd met zijn grote culturele veranderingen, moet het moedig zijn eerdere mentale en institutionele grenzen overstijgen. De tijd is aangebroken waarin het christendom *zichzelf* moet overstijgen. Op dit idee zal ik in dit boek herhaaldelijk terugkomen.

Als we iets wezenlijks willen leren over het geloof van een ander, dan moeten we de vraag of hij wel of niet in God gelooft, hoe hij denkt over het bestaan van God en bij wat voor kerk of religie hij hoort, buiten beschouwing laten. Wat ons veel meer interesseert, is welke rol God in zijn leven speelt, *hoe* hij gelooft, hoe hij zijn geloof leeft (vanbinnen en in de relaties waarin hij staat), hoe het geloof tijdens zijn leven verandert en hoe het zijn leven verandert, en of, hoe en in welke mate zijn geloof ook de wereld verandert waarin hij leeft.

Alleen de praktijk van het geloof – zowel het innerlijke geestelijke leven van een gelovige als zijn leven in de maatschappij – laat ons zien in wat voor soort God iemand gelooft en in welke hij niet gelooft. Geloof als *emuna*, als een 'ontologisch oervertrouwen', is niet een louter emotioneel fideïsme, een vaag vroom gevoel.

Het zou in ieder geval niet juist zijn de inhoud van het geloof (*fides quae*) te onderschatten en los te maken van de geloofsdaad. Het *existentiële element van het geloof*, de geloofsdaad in de praktijk van het leven, gaat echter in allerlei opzichten uit boven de 'inhoudelijke' en cognitieve kant ervan.

Het 'object van het geloof' ligt in zekere zin besloten in de geloofsdaad, in het leven van de gelovige. Daarom kan alleen de praktijk van iemands leven de hermeneutische sleutel zijn die het mogelijk maakt te ontdekken waarin iemand werkelijk gelooft, waarop hij zijn leven bouwt, niet alleen dat wat hij met zijn mond belijdt.

Deze opvatting van geloof maakt het mogelijk dat we spreken over een 'geloof van de ongelovigen' (zij die beweren dat ze niet geloven) en een 'ongeloof van de gelovigen' (zij die beweren dat ze geloven). Al in het Nieuwe Testament (in het Evangelie volgens Matteüs en de brief van Jakobus) komen we het concept van een impliciet geloof tegen, dat wil zeggen, een geloof dat ook 'anoniem' besloten ligt in de manier waarop iemand leeft. Iemand kan zijn geloof uit zijn daden bewijzen, zo lezen we in de brief van de apostel Jakobus (Jak. 2:18). Soms kan iemand zelf verrast zijn door het geloof dat impliciet in zijn daden besloten ligt: volgens het Matteüsevangelie hebben zij die voor de geringsten van de mensen hebben gezorgd, zonder het te weten Christus ontmoet (Mat. 25:31-46). De vroege kerkvader Theophilus van Antiochië schrijft: 'Als u zegt: "Toon mij uw God", antwoord ik: "Toon mij uzelf, dan zal ik u mijn God tonen."'[5]

De manier waarop iemand mens is, is de meest authentieke uitdrukking van zijn geloof of ongeloof. Iemands leven zegt meer over zijn geloof dan wat hij denkt en zegt over God. Maar als we spreken over hoe iemand leeft, moeten we ervoor waken dat we het geheel van zijn leven niet reduceren tot het gebied van de moraal, deugden en zonden. Hoe iemand leeft, hoe hij is, omvat ook zijn emotionele rijkdom, zijn verbeelding en creativiteit, zijn gevoel voor schoonheid en humor, zijn vermogen tot empathie en een hele reeks andere kwaliteiten. Hoe iemand zijn taak om 'mens te zijn' vervult, spreekt boekdelen over wat voor persoon hij is en wat voor geloof zijn leven inspireert en draagt.

---

[5] Vgl. Theophilus van Antiochië, *Ad Autolycum* I 2,1.

II HET GELOOF ALS ERVARING VAN HET MYSTERIE

Geloof en ongeloof bevinden zich in een veel diepere dimensie van de mens dan het bewuste en rationele domein; ze bevinden zich ook in de onderbewuste en onbewuste structuren van de menselijke psyche, waarop de dieptepsychologie zich richt. Het idee dat geloof iets is wat we gemakkelijk kunnen begrijpen en waarmee we snel klaar zijn, iets wat we gemakkelijk in categorieën kunnen onderbrengen en empirisch kunnen meten, heeft tot veel misverstanden en vergissingen geleid.

De antwoorden van mensen op enquêtes in tijdschriften, de resultaten van opinieonderzoek of de gegevens van volkstellingen zeggen niet zo veel over hun geloof. Als ze antwoorden op de vraag of ze in God geloven of niet, voelen veel mensen tegenwoordig de behoefte er een voorbehoud aan toe te voegen. Ook ik beantwoord deze vraag met: 'Ik geloof, maar misschien niet in de God die u bedoelt.'

Geloof zoals ik het in dit boek opvat, kom je niet alleen tegen in het leven van mensen die zich identificeren als gelovigen, maar ook in een impliciete, anonieme vorm, in de spirituele zoektocht van mannen en vrouwen buiten de zichtbare grenzen van religieuze leerstellingen en instellingen. Ook de seculiere spiritualiteit maakt deel uit van de religiegeschiedenis.[1] Het is niet mijn bedoeling met deze brede

---

1 De grondlegger van de dieptepsychologie, Carl Gustav Jung, wiens werk een van de inspiratiebronnen voor dit boek is, kerfde in de deur van zijn huis de zin: *Vocatus atque non vocatus, Deus aderit* – Aangeroepen of niet aangeroepen, God zal er zijn. Het geloof heeft zijn manifeste en latente vormen, het leeft zowel in het menselijke bewustzijn als in het onbewuste. De manifeste en de verborgen, de bewuste en de onbewuste, de expliciete en de impliciete ('anonieme') vormen van geloof (en ongeloof) kunnen soms onderling spanning vertonen. Daarom kunnen we in sommige gevallen spreken van 'het geloof van de ongelovigen' en 'het ongeloof van de gelovigen'.

opvatting van geloof het begrip 'geloof' te vervagen tot de banale uitspraak dat 'iedereen wel ergens in gelooft' en dat zelfs een niet-gelovige in zekere zin een gelovige is. Hoewel ik spreek over het 'ongeloof van de gelovigen' en het 'geloof van de ongelovigen', is het niet mijn bedoeling door over het geloof van de ongelovigen te spreken op een arrogante manier de wereld van de ongelovigen te koloniseren, hun zelfbegrip niet te respecteren, hun iets op te dringen wat hun vreemd is. Ik wil alleen een andere context van het verschijnsel geloof laten zien. Wat geloof is en wat het niet is, moet noodzakelijkerwijs steeds opnieuw worden onderzocht door een zorgvuldige studie van verschillende vormen van geloof en ongeloof.

Geloof en ongeloof zijn geen 'objectieve werkelijkheden' die onafhankelijk van de waarnemer bestaan. Het zijn verschillende interpretaties van de wereld, die zelf ook weer verschillend worden geïnterpreteerd. Deze interpretaties hangen voornamelijk af van de waarnemer en van zijn 'voor-verstaan', die worden bepaald door zijn cultuur, taal, ervaringen, standpunt en (meestal onbewuste) intenties. De huidige geestelijke situatie kun je op verschillende manieren karakteriseren: als een verval van de religie, een crisis van het geloof of van de Kerk, een religieuze en geestelijke renaissance, een 'terugkeer van de religie', een transformatie van religie in spiritualiteit of politieke ideologieën, een pluralisering van de religie of een individualisering van het geloof, of als een kans voor een hernieuwde verspreiding van het evangelie. Voor al deze interpretaties kunnen we tal van op empirisch onderzoek gebaseerde argumenten aanvoeren. Deze interpretaties krijgen gewicht zodra ze de drijvende kracht worden voor de houding en het praktische handelen van hen die ze aanvaarden. Dat er op theoretisch niveau een legitiem conflict tussen deze interpretaties bestaat, betekent niet dat ze allemaal dezelfde waarde bezitten. Hun waarde blijkt pas ten volle wanneer ze in daden worden omgezet. Hier geldt het bijbelse principe dat je hen aan hun vruchten zult kennen.

Geloof en ongeloof kun je niet duidelijk van elkaar onderscheiden en afzonderlijk behandelen, vooral niet in de huidige cultuur van een geglobaliseerde wereld, waarin verschillende spirituele stromingen en gezindheden elkaar voortdurend beïnvloeden. Immers, in de geest van veel mensen zijn ze met elkaar verweven. De dialoog tussen geloof en ongeloof vindt tegenwoordig niet langer plaats *tussen* twee strikt gescheiden groepen, maar *in* de hoofden en harten van individuele mensen.

In het licht van de religieuze veranderingen is het duidelijk noodzakelijk de traditionele categorieën van de godsdienstsociologie en -psychologie opnieuw te doordenken en aan te passen. De diversiteit en de dynamiek van het geestelijke leven van onze tijd laten zich niet langer vatten in de categorieën 'geloof en ongeloof', 'gelovig en ongelovig', zoals voorgaande generaties die opvatten. De muren tussen gelovigen en ongelovigen, en tussen geloof en scepsis, zijn gevallen, evenals sommige schijnbaar onwankelbare muren op het politieke en culturele toneel. Als we onze veelzijdige en snel veranderende wereld willen begrijpen, moeten we veel al te statische categorieën afdanken. Het geestelijke leven van het individu en van de samenleving is een dynamisch energieveld dat voortdurend wijzigt.

Theologisch gezien is God zelf de eerste bron (het 'subject') van het geloof: de mens is door God naar zijn beeld geschapen en het verlangen naar Hem heeft Hij zelf in de structuur van ons mens-zijn gelegd, het streven van het beeld naar zijn archetype. Sommige theologische stromingen maken een tamelijk strikt onderscheid tussen het 'natuurlijke' menselijke verlangen naar het absolute en het 'bovennatuurlijke' antwoord van God, het geschenk van de genade. Andere stellen dat dit verlangen zelf in de mens al werkt als 'genade', als energie van God die hem ontvankelijk en vatbaar maakt voor het allergrootste geschenk: Gods zelfgave.

Dit verlangen naar het absolute ontwaakt in de individuele mens met een verschillende intensiteit, op een verschillende leeftijd, in verschillende omstandigheden; het komt ook op verschillende manieren en in verschillende vormen tot hen. Het kan zich manifesteren als een innerlijke drang tot een geestelijke zoektocht of als een vraag naar de zin van de dingen; het kan worden ingegeven door opvoeding en cultuur. Die geestelijke zoektocht manifesteert zich soms in schijnbaar niet-religieuze vormen, zoals het verlangen naar goedheid, waarheid en schoonheid (traditioneel gezien zijn dit eigenschappen van God), of naar liefde en zingeving. Soms werkt het lange tijd onopgemerkt in de diepten van het onbewuste, totdat het plotseling naar buiten breekt op een moment dat dan omschreven wordt als een verlichting, ontwaken of bekering. In dit verlangen naar diepte, naar de diepere betekenis van het leven, spreekt een stem die mensen roept en oproept. Ze luisteren ernaar of niet; ze begrijpen en interpreteren die op verschillende manieren, ze reageren er op verschillende manieren op. Dit roepen en zoeken naar zin kan door de mens in kwestie of door zijn omgeving echter ook naar het onbewuste worden verdrongen of onopgemerkt blijven. Ik ben ervan overtuigd dat God tot iedereen spreekt, maar wel tot iedereen op een andere manier, op een manier die past bij zijn of haar vermogen om te luisteren en te begrijpen. Dit vermogen is ons slechts in aanleg gegeven. We moeten het koesteren, voeden, ontwikkelen. De cultuur waarin we leven kan dit al dan niet bevorderen. In sommige culturen geldt *de zorg voor de ziel* als voornaamste taak en doel van de mens, terwijl andere onverschillig lijken te staan tegenover deze dimensie van het mens-zijn.

Volgens de traditionele christelijke leer komt God tot ons door het Woord, het Woord van de bijbelse boodschap en door het vleesgeworden Woord in de geschiedenis – door Christus en door de Kerk, die het Woord op vele manieren aan de mens bemiddelt. Toch kan het antwoord van God ook stil en van binnenuit komen, zelfs anoniem. In de geloofsdaad – vooral in het leven van een concrete persoon – kun je alleen in theorie transcendentie en immanentie onderscheiden, tussen God als degene die 'geheel anders' is en alles overstijgt, en de God die dieper in ons zit dan ons eigen ik, het 'zelf van ons zelf'.

In het vrije antwoord van de mens op Gods oproep bereikt het dialogische karakter van het geloof zijn hoogtepunt. Ons antwoord is ons persoonlijke geloof, zowel wat de existentiële kant ervan betreft, de geloofsdaad (*fides qua*), als wat de inhoud van ons persoonlijke geloof betreft, de uitdrukking ervan in de vorm van ons geloof (*fides quae*).

Fides qua en *fides quae*, de geloofsdaad en de inhoud van het geloof, horen bij elkaar. Terwijl het 'object van het geloof' impliciet en latent aanwezig kan zijn in de geloofsdaad als 'ontologisch oervertrouwen', is het omgekeerde echter niet het geval. Een louter 'religieus geloof' zonder geloof als een existentiële oriëntatie, als een kijk op het leven, kan niet als geloof in een bijbelse en christelijke zin worden beschouwd.

Fides quae, de 'overtuiging', geeft woorden aan het geloof in de zin van *fides qua*, en schept zo de mogelijkheid tot verbale en intellectuele zelfexpressie en communicatie met anderen. *Fides qua* (*faith*) zonder *fides quae* (*belief*) kan 'sprakeloos' zijn, maar deze 'sprakeloosheid' hoeft niet te duiden op een gebrek aan inhoud; het kan een ontzagwekkend en nederig zwijgen zijn tegenover het mysterie. Mystici zijn zich er altijd van bewust geweest dat zuiver leeg-zijn slechts een ander aspect van volheid is, misschien zelfs wel het meest authentieke aspect ervan.

De daad van het geloof kan, zoals Søren Kierkegaard schreef, ook de vorm aannemen van een sprong in de paradox.[2] Het kan de vorm aannemen van een mystiek intreden in de wolk van het niet-weten[3] of van Abrahams reis naar het onbekende land (vgl. Hebr. 11:8). Zo'n geloof is niet geobjectiveerd (gereïficeerd), maar daarom nog niet inhoudsloos. In de Bijbel en in de uit de Bijbel voortgekomen tradities vinden we niet alleen de uitdrukking 'want ik weet wie ik mijn vertrouwen heb geschonken' (2 Tim. 1:12) en heel uitgesproken geloofsbelijdenissen, maar ook een strikt verbod om Gods naam uit te spreken en een mystiek zwijgen over God. Vooral de mystieke tradities weten dat God 'niets' is (niets uit de wereld van het zijnde, niet 'iets', geen object) en dat het woord 'niets' misschien wel de meest passende uitdrukking van Gods wijze van zijn is. De uniciteit van God mag niet verloren gaan in een wereld van verschillende 'dingen', want de God van het bijbelse geloof woont niet tussen afgoden en evenmin mag God deel worden van de wereld van menselijke religieuze voorstellingen, wensen en fantasieën. Op de Areopagus in Athene liep Paulus voorbij aan de altaren van de bekende goden. Pas bij het altaar van *de onbekende god* ontwaarde hij de aanwezigheid van de God van zijn en ons geloof (Hand. 17:22-23).

De geloofsdaad neemt gewoonlijk de vorm aan van een intentionele relatie met een specifiek tegenover; de mens gelooft in iets, hij gelooft

---

2 Dit motief kom je in bijna alle geschriften van Kierkegaard over het geloof tegen, bijvoorbeeld in *Vrees en beven* en *De ziekte tot de dood*.
3 *De wolk van niet-weten* is een middeleeuws mystiek geschrift van een onbekende Engelse auteur.

iemand of iets. Dit is dan de *fides quae*. De geloofsdaad heeft een inhoud, vertoont een bepaalde mate van concreetheid, is ergens op gericht, hij heeft een object. De oorspronkelijke bron, het subject van het geloof, wordt het object, het voorwerp van het geloof. Maar als het object van het geloof een alomvattend mysterie is, dan kan het van nature geen object worden in de zin van 'een ding net als andere dingen'; een mysterie kun je niet 'objectiveren'. Zelfs in zijn zelfopenbaring blijft het absolute mysterie een mysterie: wat er evident en begrijpelijk aan is, verwijst naar wat niet evident en niet te bevatten is.

Het absolute mysterie kunnen we onmogelijk opsluiten in de wereld van onze ideeën en woorden, een wereld die wordt beperkt door onze subjectiviteit en de beperkingen van de tijd en de cultuur waarin wij leven en denken. Daarom geldt: terwijl de *fides qua*, de existentiële toewijding aan God, zich op God als zodanig richt, stuit onze *fides quae*, dus onze poging dit mysterie te verwoorden en dus tot op zekere hoogte te objectiveren, op de grenzen van de rationele menselijke kennis en geeft het ons slechts een door onze taal en cultuur beperkte voorstelling van God, een *beeld* van God. Als symbool kan het een weg naar God zijn, maar je mag het niet verwarren met het mysterie van de Absolute zelf.[4] Dit mysterie geeft zich aan ons op een manier die volkomen volstaat voor onze verlossing (als we ons leven ervoor openstellen), maar het blijft een mysterie, dat wil zeggen dat het dus ruimte laat voor ons verdere zoeken en groeien in geloof.

Als we God als persoon opvatten, betekent dit niet dat je dan primitieve antropomorfe voorstellingen van God aanvaardt en met een oppervlakkige vertrouwelijkheid met Hem omgaat, en God dan niet langer als een mysterie ziet. Als het christendom aan het absolute mysterie een 'persoonlijk' karakter toeschrijft, benadrukt het daarmee dat onze relatie met Hem een dialogisch karakter heeft: het is niet alleen een daad van kennen en begrijpen van onze kant, maar ook een ontmoeting waarin God ons aanvaardt. Deze wederzijdse aanvaarding

---

4 De traditionele thomistische theologie leert dat God de grenzen van de menselijke kennis van God respecteert, maar dat er tussen het menselijke begrijpen en het mysterieuze wezen van God een overeenkomst bestaat, een analogie. Het Vierde Lateraanse Concilie voegt daar echter aan toe dat in deze relatie het verschil de overeenkomst oneindig ver overstijgt.

van God en mens is niet een eenmalige daad, maar een geschiedenis, een handelen dat zich steeds verder ontvouwt.

De Geest van God leidt de Kerk steeds dieper in de volheid van de waarheid binnen; wij moeten ons door Hem laten leiden. Maar deze beweging mogen we niet verwarren met de vooruitgang zoals de seculiere eschatologie en ideologie die opvatten; het gaat niet om eenrichtingsverkeer en eindigt niet bij een ideale situatie ergens midden in de geschiedenis, maar pas in de volheid van de tijd in de schoot van God. Toen de heilige Augustinus naar een jongen keek die op het strand met een schelp speelde, besefte hij dat al onze theologie, catechismussen en dogmatische leerboeken slechts een klein schelpje zijn in vergelijking met de volheid van het goddelijke mysterie. Laten we dankbaar gebruikmaken van alle kennisinstrumenten die ons gegeven zijn, maar laten we nooit ophouden ons te verwonderen over de onmetelijkheid en diepte van wat dat alles oneindig ver te boven gaat.

De existentiële opvatting van geloof die ik in dit boek hanteer, staat waarschijnlijk het dichtst bij het begrip *spiritualiteit* zoals we dat in het religieuze en theologische taalgebruik hanteren, op voorwaarde dat we het niet te eng opvatten, namelijk als louter het innerlijke leven of de subjectieve kant van het geloof. Spiritualiteit is 'de levensstijl van het geloof' en vult vrijwel de gehele ruimte van de *fides qua*. Het is het sap van de boom van het geloof, dat beide dimensies van het geloof voedt en bezielt: zowel het geestelijke leven, de innerlijke geloofsbeleving, de manier waarop het geloof wordt beleefd en overdacht, als ook de uiterlijke praktijk van het geloof, die tot uitdrukking komt in het handelen van gelovigen in de samenleving, in de gemeenschappelijke viering en in de belichaming van het geloof in de cultuur. Deze dimensie van het geloof vind ik cruciaal, vooral met het oog op de toekomst. Daarom zal ik er een afzonderlijk hoofdstuk aan wijden.

Een ander begrip dat onlosmakelijk verbonden is met deze opvatting van geloof, is de *traditie* – creatieve overdracht en een levende stroom van getuigenissen. De traditie is een beweging van voortdurende recontextualisering en herinterpretatie. Door de traditie te bestuderen zoeken we naar continuïteit in de discontinuïteit en naar identiteit in de veelheid van steeds nieuwe verschijnselen die in het ontwikkelingsproces ontstaan. In dit proces van overdracht laat het geloof zich zien als een dynamisch en veranderlijk verschijnsel dat zich niet in de mal van een enge definitie laat persen.

Als we de vormen van geloof uit de geschiedenis en het heden bestuderen, stuiten we op veel verrassende verschijnselen die onze bestaande definities ter discussie stellen en onze al te beperkte ideeën en theoretische concepten overstijgen. Zoals de evolutiebiologie de onhoudbaarheid van een statische opvatting van de natuur heeft aangetoond, zo stelt de culturele antropologie naïeve, ahistorische opvattingen over een onveranderlijke natuur ter discussie: het menselijke bestaan is een dynamisch onderdeel van een doorgaand historisch proces. De vragen over God en het 'wezen van de mens' vragen steeds opnieuw om plausibele, zinvolle en begrijpelijke antwoorden in de context van een bepaalde cultuur en een specifieke historische situatie. Hierin zullen de hermeneutiek en de fenomenologie van het geloof voor ons nuttiger blijken dan de klassieke metafysica.

Geloof in de zin waarin ik er in dit boek over spreek, is iets wezenlijkers dan slechts 'de instemming van ons verstand met door het kerkelijke gezag gepresenteerde geloofsartikelen'. Het evangelie eist *metanoia* (bekering, aanvaarding van het geloof), niet alleen een verandering van wereldbeeld, maar een existentiële omkeer en een daaruit voortvloeiende *verandering van perspectief*: een nieuwe manier van zien en waarnemen. Het lijkt meer op wakker worden en een nieuw leven beginnen. Zo'n ontwaken kan het begin betekenen van een geloofsweg of het kan een herhaalde ervaring zijn, die een nieuwe etappe van je levensweg markeert.

De apostelen op de berg Tabor hadden blijkbaar een soortgelijke ervaring (vgl. Mat. 17:1-8). De leerlingen van Jezus waren hun meester al gevolgd: zij waren al begonnen met in Hem te geloven toen Hij hun adviseerde hun netten aan de andere kant uit te werpen, toen ze zijn preken hoorden, toen ze zijn tekenen zagen, en toen ze hun huis verlieten en ze met Hem op weg gingen. Maar het visioen op de berg betekende een volgende stap op de weg van hun geloof. Daar ervoeren ze iets wat in de latere theologie in dogmatische artikelen over de aard en plaats van Jezus in de heilsgeschiedenis (naast Mozes en Elia) zou worden opgenomen. Daar zagen ze iets wat ze nog niet in woorden konden vatten; hun inzicht werd nog verduisterd door de wolk. Zij werden niet een wijze, scherpzinnige, verlichte elite (de gnostici). Ze moesten hun verlangen opgeven om te blijven vertoeven in die ervaring van nabijheid en helderheid, ver verheven boven het dal van het alledaagse ('om hier drie hutten te maken', op de berg). Na deze *peak experience*[5] moesten ze weer afdalen en, enige tijd later, de duisternis van Getsemane tegemoet gaan. Het licht van de berg Tabor ontneemt het mysterie niet zijn karakter, waardoor het zoiets als een opgelost probleem zou zijn. Evenmin ontslaat het de gelovige van de plicht om door te gaan op de zoektocht naar God, de zoektocht in alle dingen.

In mijn optiek heeft het geloof het karakter van een pelgrimstocht en heeft het een eschatologisch doel. Zelfs als we het recht van het kerkelijke gezag erkennen om uit te spreken dat bepaalde geloofsuitingen authentiek en bindend zijn, betekent dit niet dat wij de mond van God kunnen sluiten en de voortgaande stroom van de Geest niet langer waarnemen. Geen enkele religieuze ervaring, geen enkel inzicht en geen enkele geloofsuiting uit de geschiedenis kan de volheid van Gods mysterie uitputtend omvatten. Het woord 'mysterie' is geen alarmerend stopbord op onze zoektocht naar God door middel van denken, bidden en mediteren, maar eerder een aanmoediging om met vertrouwen deze wegen naar onuitputtelijke diepten in te slaan.

God zelf blijft een ondoorgrondelijk mysterie en ook zijn handelen in de diepten van het menselijke hart (in het onbewuste) blijft iets verborgens. Het innerlijke leven van God is een mysterie dat voor onze zintuigen, ons verstand en onze verbeelding niet te begrijpen valt en zich niet in onze concepten laat vangen. Misschien komt dat niet doordat God vreemd en ver weg is, maar juist omdat Hij zo ongelooflijk

---

5 De term *peak experience* (piekervaring) wordt in de existentiële psychologie voor transformatieve mystieke ervaringen gebruikt, met name door Abraham H. Maslow. Zie zijn *Religions, Values and Peak-Experiences*, New York en London 1967.

dicht bij ons is: God is dichter bij ons dan ons eigen hart, zegt de heilige Augustinus. Juist vanwege die nabijheid, omdat we niet op afstand van Hem staan, kunnen we Hem niet tot een *tegenover* maken (een object of ding). Iedere poging om Hem te objectiveren maakt van God een afgod. We kunnen God niet zien, net zomin als we ons eigen gezicht kunnen zien. We zien onszelf alleen in spiegelbeeld. Zoals de apostel Paulus leert, zien wij ook God nu alleen nog in een spiegel, we zien raadselachtige dingen (1 Kor. 13:12). God is de *non-aliud* ('niet-ander'), zoals Nicolaas van Cusa betoogde.[6]

De vraag: 'Waar is God in zichzelf?' kun je even onmogelijk beantwoorden als de vraag waar ons zelf zich bevindt. Evenmin als het menselijke zelf laat God zich fixeren, lokaliseren, objectiveren. Mystici beweren dat het goddelijke ik en ons menselijke ik naar hun wezen met elkaar verbonden zijn. Daarom zijn ook de ontmoeting met God en de existentiële transformatie van ons zelf, van ons ik – de ontdekking van God als het Zelf van ons zelf – twee wezenlijk met elkaar verbonden realiteiten. In het geloof, in deze existentiële ontmoeting met het alomvattende mysterie, wordt de werkelijke aard van het menselijke bestaan onthuld: zijn *openheid*. De theologische antropologie, gebaseerd op de mystieke ervaring, ziet in deze openheid de essentie van het menselijke bestaan: *homo est capax Dei* (de mens is in staat God te ontvangen).

De christelijke theologie ziet in de persoon van Jezus Christus het punt waar de wederzijdse ontmoeting tussen de menselijke en goddelijke openheid zijn hoogtepunt bereikt. In de vroegste teksten van het Nieuwe Testament lezen we immers dat Jezus deze goddelijke waardigheid niet voor zichzelf heeft gehouden (Fil. 2:6-11). Door Hem en met Hem en in Hem wordt de hele mensheid – ieder mens – uitgenodigd voor en binnengetrokken in het kerstmysterie van de incarnatie, de vereniging van het menselijke en het goddelijke. Deze vervulling van de betekenis van ons mens-zijn vindt niet alleen plaats waar mensen 'Heer! Heer!' tegen Jezus zeggen, maar overal waar ze zo leven dat ze de wil van God doen (Mat. 7:21).

Ik herhaal: als wij een maatstaf zoeken voor de authenticiteit van het geloof, laten wij die dan niet zoeken in wat mensen met de mond be-

---

6 Vgl. Nikolaus von Kues, *Vom Nichtanderen – De li non-aliud* (red. Paul Wilpert), Hamburg 1976.

lijden, maar in de mate waarin het geloof in hun hart is doorgedrongen en hun bestaan heeft veranderd. Laten we die maatstaf zoeken in de manier waarop zij zichzelf verstaan, in hun geleefde relatie met de wereld, met de natuur en de mensen, met het leven en de dood. Mensen belijden het geloof in de schepper niet door wat ze over de oorsprong van de wereld *denken*, maar door hoe ze met de natuur *omgaan*; het geloof in een gemeenschappelijke Vader belijden ze door andere mensen als broeders en zusters te aanvaarden; het geloof in het eeuwige leven belijden ze door de manier waarop ze hun eigen eindigheid aanvaarden.

Toen vertegenwoordigers van de Kerk op basis van wat mensen over hun geloofsopvatting zeiden of schreven, oordeelden over het geloof van anderen (door hen te verbranden of, zoals tot voor kort gebeurde, door hen op verschillende manieren te vermanen of te vervolgen), vergaten zij tragisch genoeg dat God zelf het geloof van mensen beoordeelt – zelfs het geloof van inquisiteurs! – op basis van de manier waarop ze het uiten in hun gedrag en relaties, en van wat hun levenspraktijk zegt over hun geloof, over de echtheid of de perversiteit ervan, over hun *daadwerkelijke* geloof of ongeloof. We kunnen en moeten onze verschillende geloofservaringen delen in een broederlijke dialoog, we kunnen elkaar helpen, inspireren, aanvullen, corrigeren en zo onze geloofsuitspraken verdiepen, maar boven de deur van zo'n ontmoetingsruimte moeten duidelijk de woorden van Jezus gegrift staan: Oordeel niet! (Toen ik eens op bezoek was bij een bevriende collega die in het Vaticaanse paleis van de Congregatie voor de Geloofsleer werkt, de voormalige zetel van de Heilige Inquisitie, heb ik dit opschrift boven geen enkele deur zien staan.)

Geloof en ongeloof betreffen de hele persoon, en daarom kan alleen God zelf oordelen over de authenticiteit ervan in het leven van bepaalde mensen. Eén ding kunnen we echter met zekerheid zeggen: militant fanatisme is een populair masker voor ongeloof.

Ik onderschrijf niet het deïstische idee van een God die ergens buiten de werkelijkheid van de wereld, de natuur en de geschiedenis verblijft, er los van staat en er hooguit als een *deus ex machina* van buitenaf in ingrijpt. Ik geloof in een God die de diepte van de hele werkelijkheid, van de hele schepping is, die haar omvat en tegelijkertijd oneindig overstijgt. Ik geloof in de God van wie de apostel Paulus zegt: 'In Hem leven wij, bewegen wij en zijn wij' (Hand. 17:28).

De God in wie ik geloof is in onze wereld aanwezig, vooral door het gebed en het werk van mensen (denk maar aan het benedictijnse *ora et labora*), door menselijke antwoorden op Gods impulsen (traditioneel uitgedrukt: de werking van de genade), dus door een leven van geloof, hoop en liefde. Theologisch gezien zijn geloof, hoop en liefde niet louter menselijke levenshoudingen, maar een plaats van ontmoeting en wezenlijke verbinding (*perichoresis*) tussen het goddelijke en het menselijke, tussen genade en vrijheid, tussen hemel en aarde. Daarin zijn God en het leven van God toegankelijk voor ons onderzoek. De theologie die ik onderschrijf, is een fenomenologie van de goddelijke zelfopenbaring in geloofsdaden die gepaard gaan met liefde en hoop.

III DE TEKENEN VAN DE TIJD VERSTAAN

In dit hoofdstuk ga ik vooral op methodologische vragen in, onder andere op de relatie van geloof tot geschiedenis en cultuur. De theologische benadering die ik in dit boek gebruik, noem ik *kairologie*. Met dit woord doel ik op *een theologische hermeneutiek van de geloofservaring in de geschiedenis* en dan vooral op de crisismomenten waarop verschuivingen in de maatschappelijke en culturele paradigma's plaatsvinden.[1]

Ik beschouw crises als een tijd van kansen, een tijd die is gerijpt (*kairos*). Er zijn twee Griekse woorden voor 'tijd', die verwijzen naar verschillende opvattingen erover. *Chronos* verwijst naar de tijd als kwantum, de opeenvolging van uren, dagen en jaren, de stroom van de tijd die je met klokken en kalenders kunt meten. Het woord *kairos* verwijst naar de kwaliteit van de tijd. *Kairos* is de tijd als gelegenheid, een tijd om iets te doen, een tijd die is gerijpt, een tijd van bezoeking (visitatie). Het gaat om de komst (de advent) van unieke en onherhaalbare momenten waarvan je de betekenis moet verstaan en de uitdagingen moet aangaan en volbrengen. Het is een tijd om een beslissing te nemen, een beslissend moment dat je niet mag missen of verspillen. In de Bijbel lezen we in het boek Prediker:

Alles heeft zijn uur,
alle dingen onder de hemel hebben hun tijd.
Er is een tijd om te baren en een tijd om te sterven,

---

[1] Achteraf ontdekte ik dat de Weense pastoraaltheoloog Paul Zulehner deze term al in de jaren tachtig gebruikte. Zie Paul M. Zulehner, *Pastoraltheologie* I: *Fundamentalpastoral*, Düsseldorf 1989.

een tijd om te planten en een tijd om wat geplant is te oogsten.
Een tijd om te doden en een tijd om te genezen,
een tijd om af te breken en een tijd om op te bouwen.
Een tijd om te huilen en een tijd om te lachen,
een tijd om te rouwen en een tijd om te dansen.
(PRED. 3:1-4)

Jezus begint zijn openbare bediening met de woorden: 'De tijd is rijp en het koninkrijk van God is ophanden!' (Marc. 1:15). Hij verwijt het zijn tijdgenoten dat zij wel het weer van de volgende dag kunnen voorspellen, maar de tekenen van de tijd niet begrijpen en ook niet willen begrijpen (vgl. Luc. 12:54-56).

Het waarnemen en interpreteren van de tekenen van de tijd (*ta semeia tón kairón*) was in de Bijbel en in de christelijke traditie de taak van profeten. De profeten in de Bijbel waren geen orakels, futurologen of voorspellers van de toekomst, maar in de eerste plaats uitleggers van hun tijd als een goddelijke pedagogie. De kairologie omarmt deze profetische taak die Jezus aan de Kerk heeft gegeven. Ze maakt daarbij gebruik van de methoden die de hedendaagse filosofie de theologie ter beschikking stelt. Daarbij denk ik vooral aan de fenomenologie en de hermeneutiek.

Ik ben ervan overtuigd dat theologie die zich binnen de kaders van de traditionele metafysica blijft bewegen, niet tegen deze taak is opgewassen. Kairologie verschilt fundamenteel van ontotheologie, van de metafysische 'wetenschap over God' die de bijbelse God van de geschiedenis met de Griekse onbeweeglijke eerste beweger verwart. Alle speculaties over het zijn, het wezen en de eigenschappen van God of bewijzen voor zijn bestaan, laat ik volledig buiten beschouwing ('ik zet ze tussen haakjes'). Theologische verhandelingen met titels als 'God en het leven van God' heb ik altijd ongeloofwaardig gevonden, tenzij ze gingen over het leven van God in ons, in ons leven en in onze geschiedenis.

In het christendom kun je aanbidding niet van dienst aan de medemens losmaken en de kennis van God niet van de kennis van de mens en de wereld. Als we willen dat theologie serieus genomen wordt als een noodzakelijk onderdeel van het dienstbaar zijn aan mensen, moet ze een contextuele theologie zijn, een weerspiegeling van de ervaring van het geloof en de aanwezigheid ervan in het leven van mensen en in de samenleving. Dan moet ze nadenken over het geloof in de context van de cultuur en de historische veranderingen, dus ook in dialoog met de wetenschappen die zich bezighouden met mens, cultuur, maatschappij en geschiedenis.

De kairologie zou je kunnen omschrijven als socio-theologie, het snijpunt van sociologie en theologie, en niet als 'zuivere' theologie. Mijn ervaring met interdisciplinaire academische samenwerking bij internationale onderzoeksprojecten over religie waarbij theologen, filosofen en godsdienstsociologen zijn betrokken, heeft me ervan overtuigd dat de hedendaagse theologie alleen op een verantwoorde wijze aan haar intellectuele verplichtingen voldoet, als ze gepaard gaat met zowel een contemplatieve benadering van de werkelijkheid als met een eerlijke dialoog met de hedendaagse filosofie en de sociale wetenschappen. Religie als complex en veranderlijk fenomeen kun je niet begrijpen als je de perspectieven van theologie en sociologie van elkaar gescheiden houdt en dus eenzijdig blijft. Het is noodzakelijk de wederzijdse vooroordelen tussen theologen en sociologen te overwinnen, elkaars taal te leren verstaan en zo ons perspectief en onze ervaring te verruimen met een aanvullend perspectief vanaf een andere kant. Blinde vlekken in het perspectief op religie van beide disciplines hebben in het verleden tot allerlei oppervlakkige en ideologisch verwrongen theorieën over religie geleid.[2]

We moeten ons blijven inspannen om de perspectieven van de theologie en de sociale wetenschappen met elkaar te verbinden. De kairologie moet steeds weer nieuwe stimulansen en inspiratie putten uit verwante disciplines, zoals de politieke theologie, de bevrijdingstheologie, de katholieke sociale leer en de protestantse sociale theologie. Theologie staat ten dienste van het geloof; maar het christelijk geloof

---

2   Peter L. Berger beschouw ik als een van de pioniers van deze socio-theologie, aangezien hij zijn belangrijkste beschouwingen over de hedendaagse transformatie van de religie gaf in de vorm van essays waarin sociologische analyses en theologische beschouwingen elkaar afwisselen. Ik denk vooral aan deze drie werken, die min of meer een trilogie vormen: *A Rumor of Angels. Modern Society and the Rediscovery of the Supernatural*, New York 1969; *The Heretical Imperative. Contemporary Possibilities of Religious Affirmation*, New York 1979; *A Far Glory. The Quest for Faith in an Age of Credulity*, New York 1992.

is ingebed in de cultuur en de samenleving. Als we dit geloof willen begrijpen en dienen, moeten we het in die context zien en die context ook bestuderen.

※ ❦ ※

Ik kan me helemaal vinden in het theologische concept van Michel de Certeau, die stelde dat de menselijke ervaring – en dus de historische ervaring – de plaats is waar God zich openbaart.[3] De kairologie vult de analyses van sociologen, historici, politicologen, cultureel antropologen en sociaal psychologen aan met een geestelijke diagnose van de tijd. Ze vraagt zich af op welke manier in het culturele en morele klimaat van de tijd geloof, hoop en liefde aanwezig zijn, zelfs in heel onconventionele vormen.

We moeten ons realiseren dat het traditionele kerkelijke christendom niet langer het monopolie op deze 'goddelijke deugden' heeft. De christelijke Kerk zelf heeft immers altijd geleerd dat God zijn gaven vrij en zonder beperking uitdeelt? Geloof, hoop en liefde gaan immers hun eigen gang en zijn ook buiten de institutionele grenzen van de kerken te vinden, al veranderen ze in een niet-kerkelijke context behoorlijk en krijgen ze nieuwe namen. Moet de Kerk deze verdere verspreiding en emancipatie van haar meest gekoesterde schat als iets positiefs opvatten, of moet ze dit controleverlies met bezorgdheid, angst en frustratie bezien? Of kan de opkomst van getransformeerde 'christelijke waarden' in de seculiere cultuur de theologie inspireren tot een nieuwe ecclesiologie, tot een breder en dieper zelfverstaan van de Kerk?

De theologische opvatting van de Kerk moet ruimer zijn dan de sociologische beschrijving van de vorm van de Kerk die in het verleden al op papier is gezet. Vanuit een theologisch gezichtspunt is de Kerk meer dan slechts een van de vele sociale instellingen of belangengroepen. Ze is een sacrament, dat wil zeggen, een symbool en werkzaam teken (*signum efficiens*) van de eenheid van de gehele mensheid in Christus. Ze moet *effectief* wijzen op iets wat er hier nog niet is en wat er in de loop van de geschiedenis ook nog niet in zijn volheid kan zijn. De Kerk vat die beloofde voltooiing van de geschiedenis en daarmee

---

3   Michel de Certeau, *Note sur l'expérience religieuse*, Parijs 1956.

de vervulling van de zin van haar bestaan op als een eschatologisch doel. Dat doel ligt dus voorbij de horizon van de geschiedenis. Het visioen van 'een Kerk zonder grenzen', een Kerk die dus werkelijk katholiek en universeel is, is daarom op het niveau van de geschiedenis *u-topisch*, in die zin dat zij geen plaats (*topos*) binnen de geschiedenis heeft. Toch kan deze 'utopie' belangrijk en doeltreffend zijn als ze voor christenen de inspiratie en de drijfveer wordt tot een handelen dat al binnen het historische proces op dit omegapunt is *gericht*.

Deze visie moet echter vergezeld gaan van een waarschuwing: ze mag niet tot een ideologie worden die een bepaalde vorm van de Kerk en haar belijden (een bepaalde stand van zaken in de theologie) als volmaakt beschouwt, waardoor de mogelijkheid van ontwikkeling en hervorming wordt belemmerd. In de loop van de geschiedenis zijn er veel ongelukkige pogingen geweest om 'een utopie te ideologiseren' en verschillende chiliastische pogingen om de hemel op aarde te realiseren. Dat vond bijvoorbeeld plaats in ketterse vormen van christendom en in de seculiere ideologie van het communisme, dat in die zin ook een christelijke ketterij was. Even ongelukkig waren de al genoemde pogingen van christelijk triomfalisme om een bepaalde stand van zaken in Kerk en theologie als definitief te beschouwen. In mijn eerdere boeken heb ik erop gewezen hoe het veronachtzamen van het eschatologische verschil tussen de strijdende Kerk op aarde (*ecclesia militans*) en de triomferende Kerk in de hemel (*ecclesia triumphans*) tot triomfalisme en een militante religie leidt.[4] Verderop in dit boek zal ik proberen een andere manier aan te reiken om geleidelijk aan de 'katholiciteit van het christendom' te bereiken – namelijk een manier om zijn oecumenische openheid te verbreden en te intensiveren.

Ik beschouw de kairologie als een onderdeel van de *public theology* (publieke theologie).[5] Dat legt haar de verplichting op zich uit te druk-

---

4 Op deze gedachte kom ik in hoofdstuk 14 terug.
5 Een pionier op het terrein van de *public theology* in Slowakije is Ľubomír Martin Ondrášek; vergelijk zijn boek *Verejná teológia na Slovensku*, Trnava 2019. Vgl. ook Halík, *In het geheim geloven. Autobiografie* (vert. Kees de Wildt), Utrecht 2020, 345-346.

ken in een taal die ook buiten de grenzen van de theologische academische gemeenschap en het kerkelijke milieu wordt begrepen. Voor de publieke theologie is de publieke ruimte zowel het object van haar onderzoek als het adres van haar uitingen; publieke theologen zijn vaak heel direct betrokken bij maatschappelijke activiteiten, burgerinitiatieven en verzetsbewegingen.[6] Hun maatschappelijke betrokkenheid wordt gemotiveerd door hun geloof en weerspiegelt zich in hun theologie. Publieke theologen streven ernaar deskundig, begrijpelijk en geloofwaardig commentaar te leveren op de gebeurtenissen in het openbare leven, de samenleving en de cultuur. Geïnspireerd door de bijbelse profeten zien zij de veranderingen in de wereld als de zelfopenbaring van God in de geschiedenis.

De nadruk op geschiedenis en historiciteit is van fundamenteel belang voor de hedendaagse theologie. De oude theologie verwijst naar twee boeken van goddelijke openbaring, de Bijbel en het boek van de natuur (de schepping): als je God wilt vinden, lees dan over Hem in de Bijbel en in het boek van de natuur. Terwijl de pre-bijbelse mythologieën en de heidense religies vooral de natuur en haar cyclische karakter, de eeuwige terugkeer der dingen, zien als de theofanie, de plaats van openbaring van het heilige, geldt voor de Bijbel vooral de *geschiedenis* als theofanie. Moeten we de geschiedenis dan zien als het 'derde boek', naast de Bijbel en de natuur (de schepping)?

De God van de Bijbel is de schepper van de wereld en de Heer van de geschiedenis. De natuur (schepping) en de geschiedenis kun je niet van elkaar losmaken; de natuur is een proces van doorgaande evolutie en de menselijke geschiedenis is een specifiek onderdeel van dit proces. De schepping, de voortdurende 'preek' van God, is de wereld. Naar bijbelse opvatting wil dat zeggen: de historische wereld, de evoluerende en veranderende wereld. De schepping is een voortgaand proces, *creatio continua*, en de menselijke samenleving en cultuur zijn daar een integraal onderdeel van. Het bijbelse dichtwerk over de schepping aan het

---

6 Het volstaat te herinneren aan Dietrich Bonhoeffer en Alfred Delp, die betrokken waren bij het verzet tegen het nazisme, en aan Martin Luther King, de bisschoppen Desmond Tutu en Oscar Romero, Józef Tischner, de theoloog van de Poolse beweging Solidarność (Solidariteit) en Tsjechische dissidenten uit het communistische tijdperk als Josef Zvěřina en Jakub S. Trojan.

begin van het boek Genesis stelt de schepping al voor als een verhaal, als een gebeurtenis in de tijd, ook al schrijft de mythopoëtische taal van de bijbeltekst aan deze gebeurtenis een specifiek tijdsbegrip toe, waarmee de instelling van een heilige rustdag wordt gerechtvaardigd.

Aan Darwin danken we het creatieve idee – waarschijnlijk geïnspireerd door Hegel – om van de biologie geschiedenis te maken, om de geschiedenis in de biologie te projecteren. Dankzij de evolutietheorie zijn we de natuur gaan opvatten als een dramatische ontwikkeling die uitloopt op de menselijke geschiedenis. Teilhard de Chardin en de procestheologie boden een theologische interpretatie van de evolutietheorie en toonden aan dat deze inspirerend kan werken voor de christelijke theologie en spiritualiteit.

Zoals je de natuur en de geschiedenis niet van elkaar kunt losmaken, kun je ook de Bijbel niet van de geschiedenis losmaken; de geschiedenis is niet iets wat *naast* de Bijbel staat. De Bijbel is zowel een verhaal over de geschiedenis als een vrucht van de geschiedenis. Hij is zowel een getuige van de geschiedenis als ook een medeschepper ervan. De verhalen van de Bijbel leven in de geschiedenis via het culturele geheugen en bieden een sleutel tot het begrijpen van de geschiedenis die haar tegelijk mede schept. Ze scheppen ook mede de levensverhalen van individuen, de 'persoonlijke geschiedenis' van de gelovige. Geloof is de opening waardoor bijbelse verhalen iemands leven binnenkomen en het veranderen.

Het Concilie van Trente heeft de Schrift en de Traditie als de twee bronnen van de goddelijke openbaring aangeduid. De Bijbel maakt echter deel uit van de traditie en omvat niet alleen de geschiedenis van zijn ontstaan, maar in zekere zin ook de voortgaande geschiedenis van de uitleg ervan en zijn rol in de Kerk en de cultuur. Alleen in deze context is de Bijbel voor ons het levende Woord van God.

De God van de Bijbel openbaart zich vooral in de unieke historische gebeurtenissen – *en in de verhalen die over die gebeurtenissen worden verteld en ze interpreteren.* JHWH, de God van Israël, *gebeurt in de geschiedenis en laat zich horen in de gebeurtenissen die zijn Woord voor zijn volk zijn – en ook in de verhalen, de verhalen die dit Woord verwoorden en overbrengen.* Geschiedenis wordt pas *menselijke* geschiedenis in de verhalen die haar interpreteren. Die verhalen maken van gebeurtenissen ervaringen en door de overdracht van ervaringen, de traditie, ontstaat cultuur; *zonder de verhalen die haar uitleggen, is de geschiedenis stom.*

De God van de Bijbel staat niet ergens 'buiten de geschiedenis', alsof Hij van achter de coulissen de mensen als marionetten zou aansturen. De Schepper is aanwezig in zijn scheppingswerk, in de natuur en in de geschiedenis, op verschillende manieren opgenomen en ingebed in het lichaam van de geschiedenis. Ook in de menselijke geschiedenis en de menselijke cultuur is Hij aanwezig. Voor het christendom is de ultieme vorm van Gods aanwezigheid in de geschiedenis – niet alleen in de menselijke geschiedenis, maar in het hele scheppingsproces – *de incarnatie,* dat wil zeggen, de persoon en het verhaal van Jezus van Nazaret, 'in wie de godheid in heel haar volheid woont' (Kol. 2:9). Hij is Gods ja en amen (vgl. 2 Kor. 1:20) voor de mens en de wereld en Hij heeft het verlossingswerk, de bevrijding en genezing van de mensheid, en de menselijke geschiedenis voltooid. Jezus Christus wordt in de Schrift 'de leidsman en voltooier van ons geloof' genoemd (Hebr. 12:2).

Het geloof, als het vrije 'ja' van de mens tegen de Schepper en zijn handelen, is een uitdrukking van het *partnerschap* tussen God en de mens, een verbondsrelatie; daarom kunnen wij daarin de definitieve verwerkelijking van de menselijke vrijheid en menselijke waardigheid zien. Het maakt een bewuste en reflectieve dialogische relatie mogelijk met God, die de totaliteit en de diepte van de gehele werkelijkheid is. God als het geheel, een alomvattend en alles overstijgend geheel, is de *context* die betekenis geeft aan de natuur en de geschiedenis: door het geloof ontdekken mensen deze context en komen ze tot een nieuw begrip van de zin van hun bestaan.

In de afgelopen eeuwen heeft de theologie zich voornamelijk gebaseerd op de vastgelegde geloofsartikelen; tegenwoordig kan de theologie ook over andere rijke bronnen beschikken: de levende geloofservaring, de spiritualiteit, de mystiek en de theologische interpretatie van de kunst, die een belangrijke uitdrukking van het geestelijke leven is. We hebben al gezegd dat de cultuur een essentieel onderdeel van de menselijke geschiedenis is; het is de zoektocht van de mens naar betekenis en een poging om zichzelf en de geschiedenis te begrijpen.[7] Alleen de cultuur maakt van de geschiedenis menselijke geschiedenis en van de samenleving een echt menselijke samenleving. Daarom moeten we juist in de cultuur op zoek gaan naar de tekenen des tijds. Als cultuur het medium is van de zoektocht naar betekenis, inclusief dat wat ons onvoorwaardelijk aangaat (*ultimate concern*),[8] dan kunnen we haar als een *locus theologicus* beschouwen, een legitiem object van theologisch onderzoek.

Mensen zijn medescheppers van de geschiedenis en hun leefwereld, niet alleen wanneer ze Gods gebod vervullen om de aarde opnieuw vorm te geven, maar ook door hun heel specifieke wijze van bestaan binnen de natuur en de geschiedenis; ook hun geestelijke leven maakt er intrinsiek onderdeel van uit. Door hun zoektocht naar betekenis en het begrip van hun wezen (dat wil zeggen, door hun cultuur) overstijgen ze zichzelf, en ontdekken en vervullen ze mogelijkheden die zich geleidelijk aan voor hen openen. Door hun creativiteit vervullen de mensen de opdracht die hun schepper hun heeft toevertrouwd en geven ze concreet gestalte aan hun gelijkenis met God.

Kunst en de interpretatie van kunstwerken kunnen voor de dieptetheologie[9] even fundamenteel en inspirerend zijn als de droominter-

---

7   Ik ga uit van het begrip 'cultuur' zoals dat wordt gebruikt in de encycliek *Centesimus annus* van Johannes Paulus II: 'De mens wordt op meer uitputtende wijze begrepen als hij geplaatst wordt in het kader van de cultuur door de taal, de geschiedenis en de posities die hij inneemt tegenover de fundamentele gebeurtenissen van het bestaan, zoals de geboorte, de liefde, de arbeid en de dood. In het centrum van iedere cultuur staat de houding die de mens aanneemt tegenover het grootste mysterie: het mysterie van God' (CA 24). 'De honderdste verjaardag', geciteerd van www.rkdocumenten.nl.
8   Het begrip '*ultimate concern*' werd vooral door Paul Tillich gebruikt.
9   De term 'dieptetheologie' is vooral bedacht door de Joodse godsdienstfilosoof Abraham Heschel. Hij doelt daarmee op een soort pre-theologische gemeenschappelijke grond van de religie, waarnaar men in de interreligieuze dialoog moet terugkeren. Zijn vergelijking tussen theologie en dieptetheologie doet denken aan ons onderscheid tussen de geloofsdaad (*fides qua*) en de inhoud of het object van het geloof (*fides quae*): 'Theologie is als beeldhouwkunst, dieptetheologie is als muziek. Theologie vind je in de boeken, dieptetheologie in de harten. De eerste is leer, de tweede een gebeurtenis. Theologieën maken scheiding tussen ons, de dieptetheologie verenigt ons.' Abraham J. Heschel, *Insecurity of Freedom. Essays on Human Existence*, New York 1972, 118-119. Mijn opvatting en gebruik van deze term is echter anders: ze impliceert enerzijds een beschouwing van de onbewuste dimensie van individuele religiositeit (dat betekent dus ook een voortdurende dialoog met het werk van C.G. Jung) en anderzijds een verwantschap met Tillichs begrip van God als 'de grond van het zijn', de diepte van de werkelijkheid.

pretatie voor de dieptepsychologie. Juist in de kunst komen we immers grote dromen tegen, en daarin en daardoor de belangrijke (soms onbewuste en onbekende) verlangens en ambities, niet alleen die van individuen, maar van hele generaties. Deze grote dromen – denk aan Nietzsches verhaal van de dwaze mens die de moord op God aankondigt, of aan Freuds hervertelling van de mythe van Oedipus – hebben gefunctioneerd als latente krachten die de cultuur in beweging zetten. Het waren krachtige beelden die uitdrukking gaven aan de krachten die het denken en handelen van mensen in beweging zetten. Kunnen we ze buiten beschouwing laten als we bijvoorbeeld de wortels van het moderne atheïsme willen doorgronden? Kunnen we het getuigenis van de Bijbel (en van andere religies) dat God via dromen tot mensen spreekt, buiten beschouwing laten?

Er bestaat een intrinsieke verwantschap tussen geloof, liefde en artistieke creatie: in alle drie zien we *passio* (passie), de energie die de wereld bezielt. De romantiek voelde terecht aan dat de *eros* die aanwezig is in religieuze, amoureuze en artistieke passie een sacraal karakter bezit, dat ze een *mysterium tremendum et fascinans* is. Net als in de liefde en het geloof geeft een mens ook in het artistieke scheppen zichzelf, waarbij hij tegelijkertijd geeft en ontvangt. Zowel in het geven als in het opmerkzaam aanvaarden van een geschenk, dat wil zeggen van iets *nieuws*, ligt een soort transcendentie, het jezelf openstellen.

In de mate waarin cultuur (en vooral kunst) – dit in tegenstelling tot oppervlakkige consumptiekitsch, inclusief de religieuze variant daarvan – een uitdrukking van de menselijke zoektocht naar zin is, in die mate is God aanwezig in dit verlangen, in deze openheid en rusteloosheid van het hart (*inquietas cordis*), zelfs al hier op aarde, zelfs al voordat deze door God gewekte rusteloosheid (om met Augustinus te spreken) haar uiteindelijke eschatologische doel bereikt. Ik geloof dat God, die zich in de *kenosis* (zelfontlediging) van Jezus volledig heeft geopenbaard, nederig genoeg is om anoniem aanwezig te zijn in uitingen van menselijke openheid, verlangen en hoop, zelfs daar waar Hij niet wordt herkend en benoemd, dat wil zeggen, zelfs in de seculiere cultuur, als die authentiek is.

Ook met betrekking tot de relatie tussen God en de menselijke cultuur kun je Meister Eckhart parafraseren: het oog waarmee wij God zien en het oog waarmee God ons ziet, is een en hetzelfde. Een soortgelijk idee komen we tegen in de orthodoxe iconentheologie en in de meditatiepraktijk met behulp van iconen. Wanneer wij iconen 'schrijven' of wanneer we voor iconen mediteren, kijken wij via onze schepping en de vrucht daarvan, het beeld, naar God en kunnen we tegelijkertijd ervaren dat God naar ons kijkt. Deze ervaring – het voor een beeld staan en de indruk hebben dat het naar ons kijkt – vormt de basis voor Nicolaas van Cusa's theologie van het gebed: in gebed en contemplatie ervaren wij de liefdevolle blik van God, die op alle schepselen rust, maar vooral op de vragende en contemplatieve mens. In het licht van Gods blik geeft de mens zich aan God en zo wordt hij meer zichzelf. God zegt tegen ons: 'Wees jij jezelf en Ik zal van jou zijn.'[10] Zo voltrekt zich het mysterie van de aanvaarding van het menselijke bestaan door God en de aanvaarding van het goddelijke bestaan door de mens, 'onvermengd en ongescheiden'.

Mensen zijn niet alleen door hun activiteit en hun macht, die nog wordt versterkt door de fascinerende mogelijkheden van wetenschapstechnologie,[11] medescheppers van de geschiedenis en hun leefwereld (de natuur), maar ook door hun contemplatieve benadering van het leven en hun openheid voor het mysterie van het absolute. Op eenzelfde manier zijn de lezer, de kijker en de luisteraar medescheppers van een kunstwerk uit de literatuur, de beeldende kunst of de muziek. Een kunstwerk is niet alleen het product van zijn schepper, maar er vindt ook een ontmoeting plaats, waartoe niet alleen de auteur, maar ook de andere deelnemers – lezers, kijkers en luisteraars – inherent deelnemen. Een kunstwerk leeft en wordt voltooid in de waarneming van hen die erdoor worden beïnvloed en die daardoor tot medescheppers en voltooiers ervan worden. Zoals het scheppingsproces zich voortzet en voltooit in de menselijke geschiedenis, in de vrijheid van het menselijke leven, zo leeft en voltrekt het kunstwerk zich in hen die het ervaren. Kunst vereist de kunst van de communicatie en is zelf interpretatie die ook weer tot interpretatie uitnodigt.

---

10 Nicolaas van Cusa, *De visione dei* 7.
11 Deze term voor de versmelting van wetenschap en technologie in de laatmoderne periode werd gebruikt door John Patočka. Vgl. Jan Patočka, *Kacířské eseje o filozofii dějin*, Praag 1990; Engelse vertaling: 'Wars of the 20th Century and the 20th Century as War', in: ibid, *Heretical Essays in the Philosophy of History*, Chicago 1996, 119-138.

Zoals al ik al eerder zei, verandert de contemplatieve benadering van het leven het menselijke leven van een monoloog in een dialoog. Daarin gaat het om iets anders dan menselijk succes, de technische transformatie van de natuur of de manipulatie van de samenleving door middel van macht; het gaat om een andere benadering van de wereld en de geschiedenis dan die van de ingenieur. Het gaat om stil worden, luisteren, proberen te begrijpen, om volharding in de zoektocht naar een authentiek antwoord. Als de technisch-manipulatieve benadering van de wereld niet wordt gecorrigeerd door een contemplatieve benadering, loopt de menselijke wereld gevaar.

Geloof, hoop en liefde worden in de menselijke wereld belichaamd door de cultuur; daarin vindt de *perichorese* plaats, de vervlechting van het goddelijke en het menselijke. Via hen is God aanwezig in de menselijke cultuur. De theologische interpretatie van de cultuur, vooral die van de hedendaagse kunst, mag echter niet vergeten dat God ook *sub contrario* (in zijn tegendeel) in onze wereld aanwezig kan zijn, als ik deze term uit Luthers theologie van het kruis mag lenen. Ook het absurdistische drama en sommige schijnbaar godslasterlijke uitingen van de hedendaagse kunst, die met name christelijke fundamentalisten en puriteinen tegen zich in het harnas jagen en beledigen, verdienen een zorgvuldige theologische interpretatie. Op bepaalde momenten worden juist de ervaring van Gods afwezigheid, de onbegrijpelijkheid van de wereld en de tragiek van het menselijke lot het motief van het wachten op God en het dorsten naar God.

God zelf wekt dit verlangen op en is er op een bepaalde manier al in aanwezig; Hij komt niet slechts als antwoord tot ons, maar ook al als vraag. Hij komt in een verlangen om te begrijpen, een verlangen dat ieder gedeeltelijk antwoord overstijgt en weer nieuwe vragen oproept, waardoor ons bestaan het karakter van een pelgrimsreis krijgt. Hij die als enige mocht zeggen: Ik ben de waarheid, heeft ook gezegd dat Hij de weg en het leven is. Een waarheid die ophoudt een weg te zijn, is dood. Door het geloof maakt de mens een eeuwige reis naar God, in wie de weg en het doel niet van elkaar gescheiden zijn.

Als we zoeken naar de betekenis van historische gebeurtenissen (de tekenen des tijds), kunnen we die zoeken in een diepere dimensie van de cultuur, met name in de profetische dromen van kunstenaars, die deze gebeurtenissen aankondigen of waarin ze weerklinken. Dromen hebben hun eigen taal en hun eigen logica en ze vragen om een adequate hermeneutische benadering. We kunnen de wereld van deze goddelijke taal niet benaderen met de methoden van de klassieke metafysische theologie. Wat we leren door de contemplatieve benadering van beelden en koans[12] in de wereld van de kunst, kunnen we toepassen bij het beschouwen van alledaagse raadsels en paradoxen; het kan ons helpen een geestelijke diagnose van de tijd te stellen. De theologische esthetiek en de theologie van de cultuur, met name de theologie van de kunst (inclusief een meditatieve benadering van de hedendaagse fictie en film), vormen een belangrijk onderdeel van de hedendaagse westerse theologie.

Toen ik het eerdergenoemde hoofdstuk over de dwaze mens in Nietzsches *De vrolijke wetenschap* overpeinsde (de scène waarin hij zijn beroemde uitspraak over de dood van God doet),[13] herinnerde ik me de opmerking van Jung dat stammen uit de oertijd een onderscheid maken tussen kleine dromen, die alleen voor de persoon zelf bestemd zijn, en grote dromen, die van betekenis zijn voor de hele stam. Nietzsches verhaal over de collectieve moord op God, die aan de vergetelheid werd prijsgegeven, was ongetwijfeld zo'n grote droom voor onze hele stam! Nietzsche was zich er terdege van bewust dat men er in zijn tijd nog 'geen oor voor had', maar de gebeurtenissen van de twintigste en eenentwintigste eeuw stellen ons in staat dit verhaal te begrijpen en steeds opnieuw te interpreteren.

De kunst omvat een onuitputtelijke schat aan profetische dromen

---

12 Tomáš Halík, *Niet zonder hoop. Religieuze crisis als kans* (vert. Kees de Wildt), Utrecht: KokBoekencentrum 2019, 130: 'Koans zijn raadsels die je niet rationeel kunt beantwoorden. Ze houden het verstand in hun greep, ze blokkeren onze gebruikelijke manier van denken en stellen ons zo in staat tot de kern van de paradox door te dringen en dan in een inzicht dat als een bliksemflits oplicht een oplossing te zien die zich maar moeilijk in woorden laat uitdrukken.'

13 Friedrich Nietzsche, *Die fröhliche Wissenschaft*, in: *Kritische Studienausgabe* (*KSA*), red. Giorgio Colli en Mazzino Montinari, München, Berlijn en New York 1967-1977, deel 3, 343-651.

met een soms expliciete, soms latente religieuze inhoud, die uitnodigt tot theologische interpretatie. Zo beschouw ik bijvoorbeeld de legende van de grootinquisiteur uit *De broers Karamazov* van Dostojevski, *Het proces* van Kafka, Orwells visioen van de totalitaire staat in zijn roman *1984*; maar ook vele andere werken uit de literatuur, film en kunst zouden het onderwerp van een theologische analyse kunnen worden.

Northrop Frye, een van de belangrijkste literatuurwetenschappers uit de twintigste eeuw (die een tijdlang predikant was), schreef dat er in het menselijke bewustzijn een belangrijke verschuiving plaatsvond toen uit de Dionysische mysteriën in Griekenland het drama ontstond en er 'een beslissende wending plaatsvond van de mythologie naar wat wij nu literatuur noemen'.[14] Misschien kan een contemplatieve benadering van symbolen in de literatuur en in de kunst in het algemeen, samen met een theologische hermeneutiek van kunst, een belangrijke verschuiving teweegbrengen in onze verhouding tot religie, die de kinderen van een geseculariseerde wereld een nieuwe (postseculiere) benadering aanreikt om de religieuze ervaring te begrijpen.

Hoe kunnen we de therapeutische kracht van het geloof opnieuw tot leven brengen en van een lethargische en intern verdeelde Kerk weer tot een licht voor de volken maken en tot het veldhospitaal waarover paus Franciscus vaak spreekt? Hoe kunnen we de verleiding weerstaan om van de Kerk en de religie een getto te maken, een afgesloten en versterkte bunker, een mausoleum van de zekerheden van gisteren of een privétuin voor consumenten van kalmerende en slaapverwekkende middelen? Kan een christendom dat door fundamentalisten in diskrediet wordt gebracht en door liberaal links eenvoudigweg wordt afgewezen en afgeschreven, inspireren tot de vorming van een politieke cultuur die in staat is deze kakofonie om te buigen naar een moreel klimaat van wederzijds respect, communicatie en gedeelde waarden?

Ik zou willen dat de kairologie niet blijft hangen op het niveau van

---

14 Vgl. Northrop Frye, *Die doppelte Vision. Sprache und Bedeutung in der Religion*, Salzburg 1991, 69; Engelse vert. *The Double Vision. Language and Meaning in Religion*, Toronto 1991.

analyse en diagnose, zonder een oordeel te geven. Omdat ik mijn tijd grotendeels besteed aan het onderwijs en het pastoraat aan universitaire studenten, wil ik graag een bijdrage leveren aan het beantwoorden van de eerder geformuleerde vraag *welk type geloof* (niet: welke religie) de aankomende generatie het beste kan helpen omgaan met de uitdagingen waarvoor de komende nieuwe tijd hen stelt en welk soort transformatie de Kerk, de theologie en de spiritualiteit moeten ondergaan om de huidige crisis te omarmen als een kans om mensen tot steun te zijn in wat ik in dit boek de namiddag van het christendom noem.

IV DUIZEND JAREN ALS ÉÉN DAG

Ik heb dit boek *De namiddag van het christendom* genoemd. Het woord 'namiddag' werd mij ingegeven door een metafoor van C.G. Jung, de grondlegger van de analytische psychologie, waarmee hij de dynamiek van een individueel mensenleven beschrijft. Ik heb geprobeerd deze metafoor toe te passen op de geschiedenis van het christendom.

Jung vergelijkt de loop van het menselijke leven met het verloop van een dag. Volgens Jung is de jeugd en de vroege volwassenheid de *ochtend* van het leven: de tijd waarin de grondslag voor iemands persoonlijkheid wordt gelegd, waarin hij de buitenmuren en pijlers van zijn levenshuis opbouwt, zijn huishouden inricht, zijn plaats in de samenleving gaat innemen, een carrière kiest en zijn loopbaan begint, trouwt en een gezin sticht. Hij creëert een beeld van zichzelf, de voorstelling die hij vindt dat anderen van hem moeten hebben, een masker (in Jungs terminologie een *persona*[1]) dat zijn gezicht naar buiten toe is, dat hem een identiteit verschaft en hem tegelijkertijd naar buiten toe beschermt tegen de kwetsende inbreuk op zijn intieme levenssfeer door anderen. Jung stelt dat wie een geestelijk rijpingsproces wil ondergaan, de diepte in, zonder eerst te wortelen in deze wereld, op een onverantwoorde wijze het risico neemt om schipbreuk te lijden.

Dan komt de *middagcrisis*. De namiddag is een tijd van vermoeidheid, van slaperigheid. Hij geniet niet langer van alles waar hij tot dan toe vol van was. Zelfs de kluizenaars uit de Vroege Kerk kenden de strikken van de 'middagduivel', 'de pijl die suist overdag' (Ps. 91:5). Ze

---

1 Het begrip 'persoon' (*prosopon*) is afkomstig uit het antieke theater: een acteur die verschillende rollen speelde en daarvoor steeds een ander masker opzette om de identiteit van de verschillende personen te onderscheiden.

waarschuwden tegen de ondeugd van de *acedia*.² Hoewel het woord vaak met 'luiheid' wordt vertaald, betekent het meer dan dat. Het gaat eerder om een verlies van energie en levenslust, een geestelijke verslapping en onverschilligheid, waarvoor we tegenwoordig termen als depressie of burn-out zouden kunnen gebruiken. Zo'n crisis kan gevolgen hebben voor onze gezondheid, onze loopbaan, ons huwelijk en onze familierelaties, ons geloof en ons geestelijke leven.

Maar deze crisis is – zoals elke crisis volgens Jung – tegelijkertijd een kans. Hier vraagt het deel van ons wezen dat we niet genoeg hebben ontwikkeld het woord, het deel dat we hebben verwaarloosd of zelfs bewust of onbewust hebben onderdrukt en naar het onbewuste hebben verdrongen. Het onderdrukte of niet erkende deel van ons zelf – onze schaduw, onze schulden – laat zich horen. In de christelijke traditie gaat het bij zonden (schulden) immers niet alleen om slechte daden, slechte woorden en een verkeerde manier van denken, maar ook om het nalaten van het goede, het begraven van de ons toevertrouwde talenten.

Pas als je de beproevingen van de middagcrisis hebt doorstaan – bijvoorbeeld als je in staat bent te aanvaarden en te integreren wat je over jezelf niet wilde weten en wat je aan jezelf niet wilde toegeven – ben je er klaar voor om aan de reis van je levensmiddag te beginnen. De kansen die deze nieuwe levensfase biedt, kun je echter mislopen door haar in te vullen met louter een voortzetting van de activiteiten uit je levensochtend: door vooral verder te bouwen aan je carrière en je financiële zekerheden, door je imago in de ogen van anderen op te poetsen en te verbeteren, door applaus te blijven najagen en een groeiend aantal glimmende medailles op je borst. Je kunt je *persona* zo opblazen dat die uiteindelijk je innerlijke leven verstikt. Ook successen brengen risico's met zich mee en carrière en bezit kunnen een valstrik worden.

De *namiddag van het leven* – de volwassenheid en de ouderdom – heeft echter een andere en belangrijkere taak dan de *ochtend van het leven*: een geestelijke reis, een afdaling in de diepte. De namiddag van het leven is een *kairos*, een tijd die geschikt is voor de ontplooiing van het geestelijke leven, een gelegenheid om het levenslange rijpingsproces

---

2 Vgl. Halík, *Niet zonder hoop*, 20-22.

te voltooien. Deze levensfase kan waardevolle vruchten voortbrengen: inzicht, wijsheid, vrede en verdraagzaamheid, het vermogen je emoties te beheersen en je egocentrisme te overwinnen. Dit laatste is de belangrijkste hinderpaal op de weg van het Ego, het centrum van ons bewuste leven, naar een dieper centrum, het innerlijke ik (das *Selbst*). Door deze wending van het 'kleine ik' naar het meest fundamentele en wezenlijke (we kunnen dit God of 'Christus in ons' noemen), vervult de mens de zin van het leven en bereikt hij de volwassenheid en de volheid. Voor Jung betekent die volheid niet dat je vrij van gebreken bent, maar *heelheid*. (In veel talen zijn de woorden 'heel' en 'heilig' aan elkaar verwant: *whole* and *holy*, *heil* und *heilig*.)

Daarentegen leidt het niet vervullen van de opdracht van deze levensfase – 'op een verkeerde manier ouder worden' – tot verstarring, emotionele onrust, angst, achterdocht, bekrompenheid, zelfmedelijden, zwaarmoedigheid en het terroriseren van de omgeving. Jung stelt: waarschijnlijk hielden alle psychologische problemen van mensen in de tweede helft van hun leven die ik in mijn langdurige klinische praktijk ben tegengekomen, verband met de afwezigheid van een spirituele en religieuze dimensie – in de breedste zin van het woord – in hun leven.

Volgens mij moeten we deze inspirerende metafoor van Jung in één opzicht herzien. Jung situeert de *middagcrisis* en de overgang naar de namiddag van het leven rond het vijfendertigste levensjaar. Maar mensen zijn in de afgelopen decennia steeds ouder geworden en die ontwikkeling staat nog niet stil. De cultus van de jeugd, die de culturele revolutie van de late jaren zestig met zich meebracht, beïnvloedt ook de middelbare leeftijd en slokt vrijwel het hele productieve leven op, waardoor het proces van ouder-worden dat volgens Jung de namiddag van de volwassenheid zou moeten zijn, wordt vertraagd en versluierd. De periode van ouderdom wordt daarentegen steeds langer en dat roept veel problemen en vragen op. Moet de ouderdom een imitatie van de jeugd zijn of ontvangen de mensen van vandaag en morgen het kostbare geschenk om gedurende langere tijd een diepere cultuur van geestelijk leven en geestelijke rijping te ontwikkelen?

De Schrift zegt: 'Voor de Heer is één dag als duizend jaren en duizend jaren als één dag' (2 Petr. 3:8). Al jaren houdt de vraag mij bezig of en in hoeverre je de metafoor van de dag, die Jung gebruikte om de dynamiek van het individuele leven te verklaren, ook op een creatieve manier kunt toepassen op de geschiedenis van het christendom. Daarom kwam dit thema in de afgelopen jaren steeds weer terug in mijn lezingen, artikelen en boeken. Om de paradigmaverschuivingen in de geschiedenis van het christendom te begrijpen – en dan vooral de betekenis en de uitdagingen van onze tijd – stel ik de volgende metafoor voor.

De geschiedenis van het christendom, vanaf het begin tot aan de drempel van de moderniteit, zie ik als een ochtend, een lange tijd waarin de kerk haar institutionele en leerstellige structuren heeft opgebouwd. Toen kwam de middagcrisis, die deze structuren aan het wankelen bracht. Het epicentrum daarvan lag in Midden- en West-Europa. Met wisselende intensiteit heeft ze in vele landen geduurd vanaf de late middeleeuwen tot en met de moderne periode: vanaf de renaissance en de Reformatie, het schisma binnen het westerse christendom en de daaropvolgende oorlogen die de geloofwaardigheid van de verschillende denominaties ter discussie stelden, via de Verlichting, de periode van de godsdienstkritiek en de opkomst van het atheïsme, tot en met de periode waarin het atheïsme zich langzaam ontwikkelde tot de daaropvolgende fase van apatheïsme, de religieuze onverschilligheid.

Ik ben ervan overtuigd dat wij vandaag op de drempel van de namiddag van het christendom staan. Aan het einde van een lange crisisperiode schemeren al enkele kenmerken door van een nieuwe, misschien wel diepere en rijpere vorm van christendom. Maar net als al zijn vroegere vormen zal ook de namiddagvorm van het christendom niet tot stand komen door een onpersoonlijke en onomkeerbare logica van de historische ontwikkeling. Hij komt als een mogelijkheid, als *kairos* – als een kans die zich op een bepaald moment zal voordoen en openen, maar die alleen zal worden vervuld als de mensen haar begrijpen en uit vrije wil aanvaarden. Veel hangt af van de vraag of er op een bepaald historisch moment voldoende mensen te vinden zijn die, net als de 'wijze meisjes' uit de gelijkenis van Jezus (vgl. Mat. 25:1-13), alert en voorbereid zijn op de *kairos*, het moment waarop ze moeten handelen.

Zelfs in de geschiedenis van het christendom doemt de mogelijkheid op van 'verkeerd oud worden'. Als het de tijd voor hervorming niet gebruikt of zelfs probeert terug te keren naar de tijd van vóór de middagcrisis, kan dat leiden tot een steriele en weerzinwekkende vorm van christendom. Maar even gevaarlijk zijn de pogingen om de huidige crises op een ondoordachte manier op te lossen, namelijk door een louter uitwendige hervorming van kerkelijke instellingen, zonder diepere veranderingen in de theologie en de spiritualiteit. Dit kan alleen maar tot chaos en oppervlakkige resultaten leiden.

In dit boek presenteer ik een bepaalde visie op de namiddag van het christendom, maar tegelijkertijd blijf ik benadrukken dat of en in hoeverre deze visie in vervulling zal gaan, alleen bekend is bij de Heer van de geschiedenis, die nog altijd de geschiedenis schept in dialoog met onze daden en ons verstaan ervan. Gezien door de bril van de theologie van de geschiedenis is de geschiedenis niet slechts het product van bewuste en doelbewuste menselijke activiteit, economische omstandigheden of sociale conflicten; ze wordt niet beheerst door het blinde lot of de wetten van de dialectiek en evenmin geleid door een goddelijke poppenspeler van gene zijde. Ze is een verlossingsdrama, waarin sprake is van een mysterieuze wisselwerking tussen God en de menselijke vrijheid. Voor zover de vrije, geschiedenisscheppende daden van mensen uitingen zijn van menselijke zelftranscendentie (zelftranscendentie in liefde en scheppend handelen), openen zij ruimte voor wat mensen terecht ervaren als een geschenk dat voorafgaat aan, gepaard gaat met en een aanvulling vormt op hun vrije wil. In traditionele theologische termen gaat het hierbij om de verhouding tussen vrijheid en genade in de geschiedenis.

Met de metafoor van de middagcrisis doel ik op de lange, nader onder te verdelen periode van de geleidelijke teloorgang van de *christianitas* – een bepaalde vorm die het christelijk geloof in de westerse cultuur en beschaving had aangenomen. Over deze periode zijn duizenden historische en sociologische studies geschreven, die haar met allerlei verschillende theorieën proberen te verklaren. We kunnen deze fase op verschillende manieren dateren, rechtvaardigen, evalueren en benoemen: het tijdperk van secularisatie, de onttovering of desacralisering, het tijdperk van de ontkerkelijking of ontkerstening, het tijdperk van de ontmythologisering van het christendom, het einde van het Constantijnse tijdperk, of het tijdperk van de dood van God.

De klassieke werken over de secularisatie beschouwen de secularisatie als de laatste fase van de geschiedenis van het christendom of van religie in het algemeen. Sommige erfgenamen van de Verlichting vierden de secularisatie als een overwinning van de vooruitgang en van het licht van de rede op de duisternis en nevels van het religieuze bijgeloof. Sommige christenen met heimwee naar het verleden betreurden en demoniseerden haar. Lange tijd was de opvatting ver te zoeken dat de secularisatie ook voor het christendom een kairos-moment kon betekenen, een nieuwe uitdaging en nieuwe kansen om het geloof te vernieuwen en te verdiepen.

In de afgelopen decennia is de seculariseringsthese zelf echter in twijfel getrokken. Sommige sociologen, filosofen en cultuurhistorici hebben haar beschreven als een wetenschappelijke misvatting, een ideologische mythe, als een product van 'wishful thinking' van bepaalde denkers en sociaal-politieke kringen.[3] Het blijkt dat de klassieke theoretici van de seculariseringsthese, hoewel zij zelf meestal tot antiklerikale kringen behoorden (bijvoorbeeld Émile Durkheim), in veel opzichten vasthielden aan een enge, klerikale opvatting van geloof en religie. Hoewel zij verschillende soorten religie bespraken, projecteerden zij daarop vooral de vorm van religie die zij om zich heen zagen en die haar vitaliteit en aantrekkingskracht verloor, waarbij ik vooral denk aan de Katholieke Kerk aan het einde van de negentiende en het begin van de twintigste eeuw. Ze generaliseerden de crisis van een bepaalde *vorm* van geloof en religie, en duidden die als een crisis van de religie als zodanig. Het ontging hun lange tijd dat de secularisatie geen neergang, maar een *transformatie* van de religie betekende.

---

3 Tot de bekendste 'revisionisten', die oorspronkelijke voorstanders en latere felle critici van de seculariseringsthese waren, behoort de eminente Amerikaanse socioloog Peter L. Berger.

Toen ik lang geleden mijn veertigste verjaardag vierde – ja, dat was nog in het vorige millennium – reageerde ik op de toosten en felicitaties met een zekere gêne: 'Valt er echt iets te vieren? Mijn jeugd is voorbij!' Een van mijn vrienden, de filosoof Zdeněk Neubauer, reageerde onmiddellijk nogal fel: 'Je jeugd is niet slechts een voorbijgaande levensfase, je jeugd is een dimensie van je persoonlijkheid!'

Het komt erop aan hoe we met onze jeugd omgaan. We kunnen de jongere die we ooit waren, verraden en afwijzen, hem in onszelf verdringen; we kunnen ook op een dwaze manier proberen onze jeugd vast te houden, krampachtig te doen alsof en ons te verzetten tegen de volwassenheid en de ouderdom. Maar we kunnen onze jeugd ook integreren, organisch opnemen in onze doorgaande levensgeschiedenis en ernaar terugkeren, zoals een componist steeds terugkeert naar een motief en dat op creatieve wijze laat doorklinken in allerlei nieuwe variaties. Wat we hebben meegemaakt, vergezelt ons op een bepaalde manier en blijft ons altijd bij, maar het kan op heel verschillende manieren doorwerken. Het hangt er maar van af hoe we de taak waarvoor een bepaalde fase ons stelt, hebben vervuld. Dat geldt niet alleen in het leven van een individu, maar ook in het leven van volken en culturen. De tijd waarin ons levensverhaal en de gebeurtenissen in onze geschiedenis zich ontvouwen, is geen eenrichtingsweg: onze levensruimte is multidimensionaal. Zelfs ons afgesloten, vergeten en verdrongen verleden kan alleen maar schijnbaar dood en alleen maar tijdelijk afgesloten blijken te zijn. De psychoanalyse heeft ons geleerd dat wat we met geweld verdringen, de neiging heeft in een gewijzigde vorm terug te keren.

Hetzelfde geldt voor de postmoderniteit en de postsecularisatie. Culturele tijdperken zijn ook dimensies van het leven van een samenleving en niet simpelweg opeenvolgende tijdsperioden die exact op een bepaald moment eindigen. De relatie tussen moderniteit en postmoderniteit, tussen seculier en postseculier, is ingewikkelder dan de wisseling van dagen of seizoenen. Ook met de metafoor van de dag (de ochtend, middag en namiddag van de geschiedenis) moeten we heel voorzichtig omgaan: als het bij ons hier een namiddag in de lente is, is het elders op de planeet een ochtend of avond in een gure herfst. In onze wereldwijd verbonden samenleving bestaan premoderne, moderne, hypermoderne en postmoderne levenswijzen naast elkaar en soms ontmoeten ze elkaar op een verrassende manier.

In deze gevallen impliceert het voorvoegsel 'post' geen eenvoudige opeenvolging in de tijd of een kwalitatieve sprong. Het huldigen van een evolutionaire opvatting, namelijk dat postmoderniteit en postsecularisatie automatisch hogere stadia van ontwikkeling zijn, zou verraden dat we nog steeds vastzitten aan de cultuur van de moderniteit, want de mythe van de evolutie als constante vooruitgang in één richting was een van de kenmerken van het moderne denken. Het aanvaarden van evolutie als het principe van alle leven betekent niet dat we kritiekloos de vooruitgangsideologie omarmen. Als we aan de greep van de moderniteit willen ontsnappen, moeten we ons ontdoen van de naïeve opvatting van de geschiedenis als een onstuitbare eenrichtingsbeweging naar een betere toekomst, beheerst door bepaalde historische wetten. In seculiere ideologieën ging achter het idee van de vooruitgang die werd beheerst door externe wetten, een niet-erkend theologisch model schuil, namelijk dat van het deïsme. Vooral voor communistische ideologen was vooruitgang een verborgen god, die de geschiedenis van buitenaf manipuleerde, en zelf waren ze zijn profeten en instrumenten. Een van vele zaken die Nietzsche met vooruitziende blik al onderkende, was zijn idee dat veel moderne idealen slechts de schaduw van een dode god zijn.[4]

Een tijdperk met veel 'post'-begrippen roept een aantal vragen op. Wat is de relatie tussen de postmoderniteit en de moderniteit? Zal het postmoderne tijdperk werkelijk transmodern zijn, de moderniteit overstijgen en overtreffen, of is het eerder supermodern, dat wil zeggen, slechts een geïntensiveerde voortzetting van bepaalde tendensen van de moderne tijd onder nieuwe omstandigheden? Om een analogie te gebruiken, zien we in het postcommunistische tijdperk niet nog veel terug van de hardnekkige gevolgen van het communistische tijdperk en veel trekken van het gedrag van mensen onder het totalitarisme, maar dan gewoon in een nieuw jasje?

Net als bij het postmodernisme en het postcommunisme, impliceert het voorvoegsel 'post' ook bij het *postsecularisme* niet dat het volledig

---

4   Vgl. Nietzsche, *Die fröhliche Wissenschaft*.

losstaat van het voorgaande tijdperk. Het is eerder omgekeerd. Alleen al het feit dat we nog geen nieuwe naam voor dit nieuwe hoofdstuk van de geschiedenis hebben bedacht, wijst erop dat we in zekere zin nog steeds onder invloed van ons verleden leven. De verlichtingsdenkers vonden al snel een trotse naam voor hun cultuur. Vervolgens plakten ze minachtende etiketten op het verleden. Zo noemden ze het gotische tijdperk naar de barbaarse Goten, de middeleeuwen werden alleen al door hun naam gekarakteriseerd als een onbeduidende en sombere tussenperiode tussen de hoogstaande antieke oudheid en hun eigen verlichte tijdperk in. Volgens Hegel moeten we bij het interpreteren van alle eeuwen middeleeuwse filosofie zevenmijlslaarzen aantrekken om zo snel mogelijk door dit saaie landschap heen te zijn. Misschien wijst het feit dat we er niet in slagen een geheel nieuwe, passende naam voor onze tijd te vinden erop dat het slechts een overgangstijd is, een tussenperiode. Alleen in die zin kun je onze tijd aanduiden als de 'nieuwe middeleeuwen'.

Wanneer zal het postseculiere tijdperk er eindelijk in slagen zich van het seculiere tijdperk los te maken? Wanneer vindt het zijn eigen thema's en geeft het zichzelf een naam? Misschien heeft het voorgaande tijdperk ons een taak gegeven die we nog niet volledig hebben volbracht. Hebben we de vragen die de ervaring van de secularisatie oproept, al uitputtend beantwoord? Hebben we over dit fenomeen in onze cultuurgeschiedenis al grondig genoeg nagedacht? Geen enkele godsdienst heeft zo'n zuiverend spervuur van kritiek doorstaan als het christendom. Hebben we alles uit deze schat gehaald wat kan bijdragen aan een grotere volwassenheid en rijpheid van het christelijk geloof? Hebben we ons laten inspireren door de teksten in de Hebreeuwse Bijbel die ons vertellen dat God houdt van hen die met Hem worstelen, zoals we zien in het verhaal van Jakobs nachtelijke strijd en in het hele boek Job?

De wereld van de religie is een wereld vol paradoxen. Als we die wereld willen begrijpen, moeten we niet langer dogmatisch vasthouden aan het principe dat 'a' niet tegelijkertijd 'niet-a' kan zijn. We kunnen beter uitgaan van wat volgens mijn leermeester Josef Zvěřina het grondbeginsel van het katholicisme is: *et ... et* – niet alleen ..., maar ook ...[5]

---

5 Vgl. Halík, *In het geheim geloven*, 254.

Is onze tijd seculier of postseculier, modern of postmodern? Is het een tijd van religiecrisis of van religieherleving? Het is allebei waar. Het ene aspect mag er niet toe leiden dat we het andere over het hoofd zien; een eerlijke beoordeling van het ene hoeft niet te betekenen dat we het belang van het andere onderschatten. Secularisatie en moderniteit hebben een blijvende invloed gehad op de geschiedenis van het geloof en hebben die in bepaalde opzichten getekend, maar zij waren niet wat de radicale voorstanders ervan dachten, namelijk de culminerende en laatste fase van een historische ontwikkeling. De secularisatie was niet het einde van de religiegeschiedenis; het was niet de overwinning van het licht van de rede op de duisternis van de religie, zoals de ideologen van het secularisme het zich voorstelden. Het was een transformatie van de religie en een stap op weg naar een volwassener geloof. Door middel van dit boek wil ik ons aanmoedigen om deze kans ten volle te benutten.

V RELIGIEUS OF RELIGIELOOS CHRISTENDOM?

Dit boek gaat over de transformatie van het christelijk geloof, maar het gaat ook over de transformatie van religie en de veranderende relatie tussen geloof en religie. In de geschiedenis van het christendom onderscheid ik drie stadia: ten eerste de ochtend, de premoderne tijd; ten tweede de tijd van de middagcrisis, de periode van secularisatie; ten derde de komende namiddag van het christendom, een nieuwe vorm die zich al aankondigt in onze tijd: een periode van postmoderne desintegratie van de moderne wereld.

In de loop van de geschiedenis verandert echter ook de religie, zowel de betekenis en het gebruik van dit woord alsook de sociaal-culturele verschijnselen en rollen die ermee worden aangeduid. Ik onderscheid met name twee verschillende opvattingen over religie. Ten eerste de religie als *religio*, als een samenbindende kracht in de samenleving en in de staat, een gemeenschappelijke 'taal'. De term *religio*, waarvan de meeste westerse talen de term 'religie' hebben afgeleid, werd voor het eerst gebruikt in het oude Rome ten tijde van de Tweede Punische Oorlog. Religie als *religio* had in het oude Romeinse Rijk een overwegend *politieke* betekenis en betekende een systeem van rituelen en symbolen die de identiteit van de samenleving tot uitdrukking brachten; het stond dicht bij wat de sociologie tegenwoordig 'burgerlijke religie' (*civil religion*) noemt. Volgens Cicero was *religio* 'de correcte uitvoering van riten ter verering van de juiste (dat wil zeggen, de door de staat erkende) goden'; het tegenovergestelde daarvan was *superstitio* (bijgeloof), de religie van de anderen.[1] Zoals ik zal laten

---

[1] Vgl. Eric J. Sharpe, *Understanding Religion*, Londen 1997.

zien, kreeg het christendom pas in de vierde eeuw na Christus de rol van *religio*.

Ten tweede spreek ik over de religie zoals die na de Verlichting is ontstaan en zoals ze sindsdien nu algemeen wordt opgevat: religie als een van de vele sectoren van de samenleving en de cultuur, als een 'wereldbeschouwing' die zich voornamelijk bezighoudt met 'het hiernamaals' en op aarde wordt vertegenwoordigd door gespecialiseerde religieuze instellingen (kerken).

Toch mogen we ook de archaïsche vorm van religie niet vergeten: religie als een relatie tot het heilige, dat vooral in de natuur wordt ervaren. Deze 'heidense' vorm van religiositeit werd aanvankelijk onderdrukt door het op de Bijbel gebaseerde geloof in een God die de wereld overstijgt. Later, vooral in de middeleeuwen, heeft het volkschristendom deze heidense vorm van religie grotendeels geïntegreerd en 'gedoopt'. Tijdens de modernisering en secularisatie van de westerse samenleving werd vervolgens gepoogd die heidense vorm uit te roeien (samen met de christelijke volksreligiositeit), maar de romantiek blies haar weer nieuw leven in. Tegenwoordig keert het motief van de heiligheid van de natuur in getransformeerde vormen weer terug, van Heideggers opvatting van het heilige tot allerlei ecologisch georiënteerde newageachtige vormen van spiritualiteit.[2] De encycliek *Laudato Si'* van paus Franciscus kun je zien als een poging om deze hedendaagse gevoeligheid voor de natuur te 'dopen'; alleen al de titel ervan doet een terecht beroep op de traditie van de franciscaanse spiritualiteit van de schepping.

Mijn hypothese is dat het christelijk geloof eerdere vormen van religie is ontgroeid en dat iedere poging om het weer in een van die eerdere mallen te persen, contraproductief werkt. De uitspraak van Heraclitus dat 'je niet tweemaal in dezelfde rivier kunt stappen' geldt ook voor de levende rivier van de geschiedenis en de stroom van de traditie, de creatieve overdracht.

---

2 De term *new age* kwam voort uit de door C.G. Jung gepopulariseerde astrologische symboliek: 'Het nieuwe tijdperk onder het teken van de Waterman' heeft het tijdperk van het christendom, het tijdperk van de Vissen, afgelost.

Het christendom als *religio*, belichaamd in de culturele en politieke vorm van de *christianitas* ('christelijke beschaving'), behoort definitief tot het verleden en nostalgische nabootsingen ervan leiden slechts tot traditionalistische karikaturen. De secularisatie creëerde vervolgens een tweede, modern type religie: het christendom als *wereldbeschouwing*, als *gezindte* en geleidelijk aan aanvaardde ook het christendom zelf deze vorm van religie. Nu de moderniteit voorbij is, gaat ook het type christendom dat zich met religie in de moderne zin van het woord identificeerde tot het verleden behoren.

Atheïstische critici van religie, zoals Nietzsche, Freud en Marx, richtten hun kritiek vooral op dit soort religie, waarvan het geloof moet worden bevrijd; daarom kan het kritische (niet het dogmatische) atheïsme eerder een katalysator voor het geloof zijn dan een vijand ervan. De voorbodes van de transformatie waarmee het christendom in onze tijd wordt geconfronteerd, waren profetische figuren uit de eigen geledingen, zoals Pascal met zijn kritiek op de 'religie van de filosofen', Kierkegaard met zijn kritiek op het kleinburgerlijke christendom en Teilhard de Chardin en Jung met hun kritiek op een christendom 'dat zijn vruchtdragende kracht heeft verloren'. Noch de middeleeuwse, noch de moderne vorm van religie kan de permanente sociaal-culturele behuizing van het christelijk geloof zijn.

Het laatmoderne christendom verkeert in een situatie van een soort culturele dakloosheid, wat een van de oorzaken is van zijn huidige crisis. In deze tijd van veranderende culturele paradigma's zoekt het christelijk geloof nog naar een nieuwe vorm, een nieuw thuis, nieuwe middelen om zich uit te drukken, nieuwe sociale en culturele rollen en nieuwe bondgenoten. Zal het zijn vorm vinden in een van de bestaande of opkomende vormen van religie of wordt het een religieloos geloof, zoals sommige theologen hebben verkondigd? Misschien is het juist de dynamiek en diversiteit van de postmoderniteit, de incubatieperiode van het christendom van de toekomst, die veel christenen beangstigt.

Aan het einde van dit boek zullen we nadenken over mogelijke toekomstscenario's. Eerst wil ik kort ingaan op de belangrijkste fasen in de historische ontwikkeling van het christendom met betrekking tot de veranderende relatie tussen geloof en religie.

Aan het begin van zijn geschiedenis was het christendom geen godsdienst in de zin van de antieke *religio*. Het was vooral een 'weg van navolging van Christus', een van de joodse sekten van het messiaanse type. Maar het bouwt voort op de 'universalistische' gedachten die vooral de profeten in het jodendom uitdroegen. Voor hen was de Heer niet slechts de 'lokale' God van één volk, een uitverkoren volk, maar de schepper en Heer van hemel en aarde, en de heerser over alle volken. In de prediking van Jezus zien we een soortgelijke ontwikkeling. Aanvankelijk beschouwt Hij zichzelf als uitsluitend of primair gezonden 'naar de verloren schapen van het huis van Israël'. Vervolgens zendt Hij zijn apostelen echter uit naar de hele wereld om alle volken te onderwijzen en verklaart Hij: 'Mij is alle macht gegeven in de hemel en op aarde' (Mat. 15:24; 28:17-20).

De apostel Paulus vertegenwoordigt de 'eerste reformatie': hij maakt het jonge christendom los uit het keurslijf van het jodendom van zijn tijd. Hij intensiveert Jezus' geschil met de starre uitleggers van de wet van Mozes. Hij bevrijdt de niet-Joodse bekeerlingen van de verplichting eerst jood te worden – dat wil zeggen, de besnijdenis te ondergaan en de vele andere rituele voorschriften van de mozaïsche wet te aanvaarden – door het geloof centraal te stellen, dat zich manifesteert in de praktijk van de naastenliefde (vgl. 1 Kor. 13:8-10). Zo opent hij de weg voor 'vrome heidenen' (hellenistische sympathisanten van het jodendom, onder wie ook aanhangers van het filosofische monotheïsme) om toe te treden tot de christelijke gemeenschappen. Door deze gemeenschappen tegelijkertijd van de veeleisende joodse voorschriften te bevrijden, stelt hij hen in staat gemakkelijker door te dringen in de bredere wereld van de antieke cultuur. In de opvatting van Paulus overstijgt het geloof alle grenzen. Allen zijn nu gelijk in Christus, ze zijn deel van de 'nieuwe schepping' (2 Kor. 5:17; Gal. 3:28).

Door zich los te maken van de missie van Petrus, Jakobus en andere eerste leerlingen van Jezus en de nadruk te leggen op het *geloof* als een 'nieuw bestaan' en op de christelijke vrijheid, behoedde Paulus het jonge christendom ervoor dat het de vorm van een rechtssysteem kreeg. Een religie die primair een rechtssysteem is, speelde een grote rol in het jodendom en later ook in de islam. Maar de verleiding van het wetticisme loopt ook als een rode draad door de kerkgeschiedenis. De grote hervormers – van Luther tot Bonhoeffer – beroepen zich steeds op de paulinische vrijheid van de wet.

Jakobus, Petrus en Johannes, de steunpilaren van de apostolische gemeente in Jeruzalem, vonden de kracht plaats te maken voor de radicale hervormer Paulus en wisten een schisma te voorkomen door elkaar te erkennen en de verantwoordelijkheden te verdelen. De Jeruzalemse apostelen zouden hun werk onder de Joden en de Jodenchristenen voortzetten, terwijl ze het Paulus toevertrouwden en hem de vrijheid gaven zending te bedrijven in de niet-Joodse wereld (Gal. 2:6-10). Laten we niet vergeten dat wat wij nu het christendom noemen, vooral is voortgekomen uit de moedige hervormingsmissie van Paulus, terwijl de verschillende stromingen van het joden-christendom geleidelijk aan ten onder gingen. We kunnen er alleen maar naar gissen of dit te wijten was aan externe historische gebeurtenissen of aan het verschil tussen het 'conservatisme' van de gemeente in Jeruzalem en de intellectuele dynamiek van Paulus' missionaire visie.

Paulus brengt zijn versie van het christendom en het christelijke universalisme binnen in een wereld die door de hellenistische filosofie en Romeinse politiek is gevormd, in een tijd waarin de Griekse mythologie en de Romeinse politieke *religio* in een geloofwaardigheidscrisis verkeerden. Uiteindelijk stuit zijn idee van een 'nieuw Israël' zonder grenzen echter op de grenzen van deze cultuur van de antieke wereld. In plaats van een Israël zonder grenzen wordt de kerk een 'tweede Israël' en een derde 'religie', naast het jodendom en het hellenistische heidendom. Ze moest zich ook afgrenzen tegenover de gnostische stromingen, de scholen van wijsheid en vroomheid (*pietas*) van die tijd, en tegenover vele religieuze culten. De vertegenwoordigers van de Romeinse staatsgodsdienst zagen de razendsnelle verbreiding van het christendom als een politiek gevaarlijk fenomeen. Ze vervolgden het en versterkten zo zijn karakter van een tegencultuur, een religieus-politieke dissidente beweging. Zo transformeerden zij het tot een alternatief voor de religieuze wereld die haar omringde.

Christenen die op religieuze gronden weigerden deel te nemen aan Romeinse heidense rituelen (omdat ze die als een vorm van afgoderij beschouwden), werden vervolgd als ontrouwe en dus politiek gevaarlijke burgers, als 'atheïsten', die de bescherming van het rijk door de goden (*pax deorum*) in gevaar brachten.

Het conflict tussen de Romeinse *religio* en het jonge christelijke geloof duurde enkele eeuwen, met afwisselend perioden van bloedige vervolging en perioden van relatieve vrede. Toch leidden het getuigenis dat van de heroïsche offers van de christelijke martelaren uitging en de onderlinge solidariteit in de christelijke gemeenten, de inspanningen van vroege theologen om het geloof te integreren in de intellectuele concepten van de hellenistische filosofie, evenals de politieke berekening van de keizers, uiteindelijk tot een verandering in de status van het christendom in het Rijk, de Constantijnse wending. Als aanvankelijk getolereerde en vervolgens bevoorrechte godsdienst nam het christendom de politieke en culturele rol van de *religio* over. De *religio* kreeg echter wel een nieuwe vorm: niet alleen veranderden het 'object' en de ideologische inhoud, ook de vorm onderging een verrijking. In zijn christelijke vorm bracht de *religio* een aantal voorheen gescheiden terreinen samen, namelijk ritueel, filosofie, spiritualiteit en politiek.

Het heidense Rome kende zeker ook dat wat veel mensen in onze tijd met de term religie associëren, namelijk vroomheid, een bepaalde levensbeschouwing en een wereldbeeld, maar het associeerde dat niet met de *religio*. Vroomheid, spiritualiteit en *pietas* waren meer iets voor de mysteriegodsdiensten. De 'zoektocht naar de zin van het leven' en vragen over de oorsprong en de aard van de wereld lagen voor hen op het terrein van de filosofie, namelijk van de filosofische interpretatie van de mythen. Deze verschijnselen stonden naast elkaar. Pas in het christendom raken het religieuze geloof, de morele praktijk, spiritualiteit en filosofische reflectie, evenals particuliere en openbare rituelen verweven, vertegenwoordigd en beheerd door één enkel instituut.

In de tweede eeuw vóór Christus maakte de heidense filosoof Marcus Terentius Varro onderscheid tussen drie soorten theologie: *theologia naturalis* (de filosofische theologie), *theologia civilis* (het juridische en politieke aspect van de verering van de goden) en *theologia mythica* (de traditionele religieuze symbolen en verhalen). Pas Tertullianus (ca. 160-ca. 230), de invloedrijke theoloog en schepper van de christelijke Latijnse theologische terminologie, bracht al deze aspecten samen in het begrip *religio*.[3] Om zich te onderscheiden van de Romeinse

---

3   Vgl. Denisa Červenková, *Jak se křesťanství stalo náboženstvím*, Praag 2012, 25.

heidense *religio* (en van het jodendom, dat lang voor het christendom de wettelijke status van *religio* in het Romeinse Rijk had verworven), noemden christelijke apologeten hun geloof nu *religio vera*, de *ware* religie.

Doordat Constantijn het christendom legaliseerde en Justinianus dit geloof tot staatsgodsdienst uitriep, werd de weg van de navolging van Christus een *religie* in de zin van een Romeinse politieke *religio*, een 'gemeenschappelijke taal' en de belangrijkste culturele pijler van een machtige beschaving. Het geloof kreeg zo de religie als beschermend (maar ook beperkend) omhulsel. Dat doet denken aan de rol van de *persona* in Jungs concept van de menselijke persoonlijkheid: een masker dat externe communicatie mogelijk maakt en tegelijkertijd de intimiteit en integriteit van het innerlijk beschermt. Maar als dit masker steeds verder aangroeit en hard wordt, verstikt het het leven. Dit geldt niet alleen voor een individu, maar ook voor geestelijke en sociale systemen.

Naarmate het christelijk geloof steeds meer ingebed raakte in de filosofie (of, nauwkeuriger gezegd, naarmate het geloof door de filosofie werd bevrucht, waarbij de Hebreeuwse geest werd gecombineerd met de geest van het hellenistische denken), nam het de vorm aan van een metafysische christelijke theologie, met verschillende accenten in haar Romeinse en Griekse variant. Het geloof werd steeds meer als een leer opgevat, als een doctrine. Jezus' toehoorders hadden met verbazing op zijn prediking gereageerd: 'Wat is dat toch? Een nieuwe leer, met gezag!' (vgl. Marc. 1:21-28). De vraag rijst of de verbinding van het geloof met de politieke macht en het feit dat het geloof de gestalte van een 'leer' krijgt, niet een geleidelijke verzwakking van de goddelijke macht inhoudt, waarover de eerste leerlingen van Jezus juist zo geestdriftig waren.

Al in de oudheid nam het christendom ook de rol van de spiritualiteit over, door het systematisch cultiveren van de dieptedimensie van het geloof. Dit gebeurde vooral dankzij de woestijnvaders, een radicale, alternatieve versie van het christendom, die aanvankelijk afweek van het gangbare 'rijkschristendom' dat zich bij de macht en de privileges al snel op zijn gemak voelde. Deze beweging van mannen en vrouwen die zich terugtrokken in de woestijnen van Palestina, Syrië en Egypte en daar als een 'alternatief christendom' gemeenschappen vormde, werd later in de 'grote kerk' geïntegreerd en geïnstitutionaliseerd in de vorm van het monastieke leven en de kloostergemeenschappen. Ze kregen een juridische status naast andere kerkelijke structuren, maar juist vanuit dit monastieke milieu kwamen in de loop der eeuwen de aanzetten tot hervorming van de Kerk voort.

Als een combinatie van politieke *religio*, filosofisch doordachte *fides* en scholen van vroomheid (*pietas*) was het christendom cultureel uiterst vruchtbaar en politiek succesvol. Het heeft een van de machtigste rijken ter wereld opgebouwd en wist dat eeuwenlang in stand te houden. Het slaagde erin vele nieuwe impulsen uit verschillende culturen en filosofieën te integreren. Het wist de val van Rome en later het grote schisma tussen Rome en Byzantium te overleven, zich te verdedigen tegen invasies van buitenaf en zich uit te breiden naar de andere delen van de wereld, die geleidelijk werden ontdekt. Op deze manier werd het christelijk geloof (vooral in de vorm van de leer en de liturgie) de gemeenschappelijke taal van een groot deel van de wereld.[4]

Toch moeten we de romantische voorstelling van de middeleeuwen als een soort gouden eeuw voor het geloof met een korreltje zout nemen. Diepgaander historisch onderzoek laat namelijk zien dat de evangelieverkondiging en kerstening vooral specifieke lagen van de samenleving bereikten. Het beïnvloedde met name degenen die de cultuur actief vormgaven (vooral in de kloosters en later aan de universiteiten), op basis waarvan wij ons vaak een beeld van die periode vormen. De spiritualiteit en het ethos van het christendom drongen maar langzaam en geleidelijk door tot de brede lagen van de bevolking. Lang bleven ze sterk vermengd met de oude, voorchristelijke religiositeit. Paradoxaal genoeg had het christelijk geloof aan het begin van de moderne tijd, toen de kerk haar politieke macht verloor, zijn grootste invloed op het volk. Vóór die tijd waren bisschoppen vooral feodale heren die grote landgoederen konden beheren, maar toen ze gekozen werden uit de goed opgeleide burgerlijke klasse, zorgde die ervoor dat de priesters en het volk scholing ontvingen.[5]

---

4   Vooral in het eerste millennium bestond er in het christendom een grote verscheidenheid in liturgie, spiritualiteit en theologische accenten; pas na de afscheiding van het Byzantijnse christendom werd de Latijnse Kerk in sterke mate 'geromaniseerd'.
5   Vgl. Charles Taylor, *Catholic Modernity? Charles Taylor's Marianist Award Lecture*, Oxford 1999.

Binnen de *christianitas* begonnen er na de donkere tiende eeuw (met name na de grote crisis van het pausdom) grote verschillen te ontstaan. De hervormingsbeweging, die vooral uitging van het klooster van Cluny, leidde tot een botsing tussen de monniken en de wereldlijke geestelijkheid. Die beweging wilde de geestelijkheid naar een hoger niveau brengen en hen gelijkstellen met de kloosterlingen, door nadruk te leggen op discipline, gehoorzaamheid, de getijden, het celibaat en een opleiding. De hoofdrolspelers van de cluniacenzer hervormingsbeweging wisten de top van de kerkelijke hiërarchie te bereiken en in de strijd om de investituur (het recht om bisschoppen te benoemen) ontketenden ze een 'pauselijke revolutie'. Daarmee werd het monopolie van de keizer doorbroken. De dualiteit van gezag die daardoor ontstond – wereldlijk en kerkelijk, keizerlijk en pontificaal – zou de politieke cultuur van het Westen diepgaand beïnvloeden. Een nevenproduct van dit conflict was het ontstaan van een seculiere cultuur, het terrein van 'het wereldlijke', die zich langzamerhand aan de sfeer van de kerkelijke macht en controle onttrok.

Tijdens de renaissance kreeg deze nieuwe cultuur een krachtige impuls in de vorm van een wetenschappelijke belangstelling voor de studie van het Grieks, mede onder invloed van emigranten uit Byzantium die na de val van Constantinopel aan het Florentijnse hof van de De' Medici terechtkwamen. Enerzijds stimuleerde deze belangstelling de bestudering van het Nieuwe Testament in het Grieks, wat leidde tot vertalingen van de heilige Schrift vanuit de brontalen in de volkstalen. Dat versterkte het nationale zelfvertrouwen en maakte ook de weg vrij voor de hervorming van de Kerk. Anderzijds werd hierdoor de bestudering en de popularisering van de klassieke cultuur nieuw leven ingeblazen, wat bijdroeg aan het ontstaan van het humanisme van de renaissance. De verschuiving van het Latijn naar het Grieks en vooral naar de nationale talen ondermijnde het middeleeuwse culturele imperium (het bereidde de weg voor het ontstaan van natiestaten) en de hegemonie van de scholastieke theologie in het intellectuele domein.

Vervolgens kreeg de middeleeuwse *christianitas* een fatale klap in de vorm van het grote schisma in het westerse christendom, vooral toen de theologische geschillen oversloegen van het intellectuele naar het politieke domein en uitliepen op de verwoestende oorlogen van de zeventiende eeuw. Niet minder fataal was echter een ander schisma: de breuk tussen de traditionele theologie en de zich emanciperende wereld van de natuurwetenschappen. De macht en het prestige van de christelijke godsdienst werden door het bovengenoemde dubbele schisma aangetast, wat veroorzaakt werd door het vasthouden aan een verstard theologisch systeem dat niet in staat was de hervormingsgezinde theologische impulsen en de nieuwe wetenschappelijke bevindingen op een even creatieve als kritische manier te interpreteren en te integreren.

Kritische christelijke intellectuelen – van wie Erasmus van Rotterdam het prototype is – kregen genoeg van de strijdende kerkelijke partijen en probeerden een 'derde weg voor het christendom' te creëren. Omdat ze door beide partijen werden afgewezen, raakten ze steeds verder vervreemd van het traditionele kerkelijke christendom. Uiteindelijk mondde die stroming uit in de Verlichting, die vele vormen kent. Sommige verlichtingsdenkers probeerden de religie te vermenselijken, anderen verwarden de God van de Bijbel met de 'god van de filosofen' en het christendom met het deïsme, terwijl weer anderen het religieuze geloof door de cultus van de menselijke rede vervingen.

Dat *de derde tak van het christendom* uitloopt op de Verlichting en de moderne seculiere cultuur, lijkt besloten te liggen in de aard van het christendom. Volgens Marcel Gauchet is het christendom 'een religie waaruit een religie voortkomt': het verplaatst zich van de politieke infrastructuur van de samenleving naar de superstructuur ('de bovenbouw'), dat wil zeggen, naar de cultuur.[6] Na de Verlichting bereikte dit proces een hoogtepunt: de cultuur maakte geen deel meer uit van de religie, maar de religie van de cultuur.

Stap voor stap verloren de kerkelijke instellingen hun politieke macht. De kracht en vitaliteit van het christendom berustten toen vooral op de morele en intellectuele invloed van het geloof op de culturele mentaliteit van de samenleving.

De culturele mentaliteit van de moderne samenleving veranderde echter en het christendom, zoals dat door de kerken werd vertegen-

---

6 Vgl. Marcel Gauchet, *The Disenchantment of the World. A Political History of Religion*, Princeton 2021.

woordigd, verloor vooral in de achttiende en negentiende eeuw geleidelijk aan zijn intellectuele invloed.

Het moderniseringsproces was een proces van fragmentatie, van emancipatie van elementen die voorheen één geheel vormden. De *christianitas*, de 'christelijke beschaving', viel uiteen en er ontstonden nationale staten en nationale culturen. Het Latijn verloor zijn bevoorrechte positie; vertalingen van de Bijbel in nationale talen, vooral bevorderd door de reformatoren, droegen bij aan de ontwikkeling van die talen. De zelfbewuste jonge natuurwetenschappen verwierpen de dominantie van de theologie. Systematisch rationeel onderzoek, waaraan de middeleeuwse scholastiek een wezenlijke bijdrage had geleverd, werd nu aangevuld met experimentele methoden en keerde zich tegen de scholastieke theologie.

Het *tijdperk van de secularisatie* brak aan: in de moderne tijd speelt de christelijke godsdienst niet langer de rol van *religio*.[7]

Secularisatie betekent niet het einde van de religie of het einde van het christelijk geloof. Ze betekent dat de *relatie* tussen geloof en religie *verandert*: er komt een einde aan het langdurige 'huwelijk' tussen het christelijk geloof en religie in de zin van *religio*.

Religie in de zin van *religio*, de samenbindende kracht in de samenleving, verdwijnt niet, maar deze rol wordt niet langer gespeeld door het christelijk geloof. Andere verschijnselen worden de 'gemeenschappelijke taal' van de moderne samenleving. Na de breuk met religie in de zin van *religio* wordt het christelijk geloof echter niet religieloos, maar neemt het langzamerhand een andere vorm van religie aan, een die is gecreëerd door de seculiere cultuur van de moderne tijd.

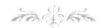

---

7   Ik maak een onderscheid tussen *secularisatie* (een sociaal-cultureel proces), *secularisme* (de ideologische interpretatie van de secularisatie) en het *seculiere tijdperk* (een specifiek historisch tijdperk). Aan het begin van hoofdstuk 7 kom ik hierop terug.

De rol van *religio*, religie als 'gemeenschappelijke taal' en gedeelde culturele basis van de Europese beschaving, is overgenomen door de natuurwetenschappen en de seculiere cultuur, met name de kunsten (denk maar aan de religieuze cultus rond kunstenaars en genieën, vanaf de renaissance via de Romantiek tot aan de postmoderne cultus van popsterren), het nationalisme en de latere 'politieke religies' als het communisme, het fascisme en het nazisme.

De kapitalistische economie, de alomvattende wereldmarkt, zouden we kunnen omschrijven als de *religio* van deze tijd. Veel cultuursociologen en cultuurfilosofen verdiepen zich in de pseudoreligieuze rol van het kapitalisme,[8] de vervanging van het monotheïsme door het 'money-theïsme', de kapitalistische cultus van het geld.

Sommige 'seculiere religies' kennen hun eigen vorm van mystiek en bieden een zekere 'extatische' relatie met het transcendente aan, dat ieder op een eigen manier invult. Als we kijken naar de bloeiende markt van chemische, psychologische en spirituele drugs – kalmerende en stimulerende middelen – zouden we de beroemde uitspraak van Karl Marx kunnen omdraaien: opium is tegenwoordig de religie van het volk.

Hoewel deze verschijnselen in allerlei opzichten bepaalde psychologische en maatschappelijke aspecten van de *religio* hebben overgenomen, vatten ze zichzelf echter niet als een religie op. Het begrip 'religie' zoals dat met name tijdens het secularisatieproces ingang heeft gevonden, heeft nu een heel andere betekenis en inhoud gekregen.

Sinds de Verlichting verwijst het woord 'religie' naar slechts een van de vele sectoren van het maatschappelijke leven. In de opvatting van de moderne mens is religie niet langer een alomvattend geheel, een taal die iedereen begrijpt en bijna iedereen verenigt; het is geen *religio* meer. In de moderne opvatting is religie slechts een van de taalspellen geworden, om een term van Ludwig Wittgenstein te gebruiken. De

---

8   Zie over de pseudoreligieuze rol van het kapitalisme bijvoorbeeld Thomas Ruster, *Der verwechselbare Gott. Theologie nach der Entflechtung von Christentum und Religion*, Freiburg 2000.

gemeenschap die door dit taalspel wordt verenigd en die de regels ervan aanvaardt, wordt geleidelijk kleiner.

Religie wordt nu opgevat als slechts een van de vele 'wereldbeschouwingen'. Naast religie zijn er nu vele andere domeinen in de samenleving die hun eigen regels willen volgen. Religie is niet langer alomtegenwoordig en dus niet langer 'onzichtbaar', zoals de lucht die iedereen inademt; ze is niet langer iets 'vanzelfsprekends'; je kunt er nu op kritische wijze afstand van nemen; sinds de Verlichting is religie een object van studie en kritiek geworden. De middeleeuwse theologie vatte zichzelf op als de 'wetenschap van God'; sinds de Verlichting (denk maar aan Schleiermacher) is de theologie een hermeneutiek van het geloof geworden, die meer in de richting gaat van een 'wetenschap van de religie'.

Op de drempel van de moderne tijd verzwakte het christendom onder meer doordat het uiteenviel in verschillende kerken, 'denominaties' of 'confessies'. Vervolgens werd het in diskrediet gebracht door de vernietigende oorlogen tussen deze confessies. Sinds de Reformatie bestaat het christendom ook in het Westen 'in het meervoud'. Er waren nu verschillende 'christelijke godsdiensten'. Geleidelijk aan beschouwden de hervormingsbewegingen binnen het christendom zichzelf niet langer als vernieuwing van de ene Kerk. Ze begonnen zich duidelijk van de 'oude' Kerk te distantiëren, geestelijk, theologisch en organisatorisch. Het protestantisme stond naast het katholicisme en in het protestantse kamp ontstonden ook weer verschillen. In tegenstelling tot de *religio*, die het geheel bijeenhield, is de *confessio* iets van een *deel*; hoewel men het doorgaans niet graag toegeeft, is ze slechts een van de vele taalspellen.

Toen kwam de volgende stap: het christendom zelf kreeg de status van slechts een van de vele godsdiensten. Ontdekkingsreizigers en kolonisatoren van niet-Europese delen van de wereld bekeken de rituelen, gebruiken en verhalen die ze tegenkwamen door de ogen van hun ervaring met het christendom en beschouwden ze als analoog aan het christendom, als een *religie*; voor hen waren het 'andere religies'. Ook de islam, waarmee het christendom al eeuwenlang te maken had, werd door de christenen geleidelijk aan niet meer als een christelijke ketterij (een door demonen verwrongen vorm van het christendom), maar als 'een andere religie' gezien.

※

In de moderne tijd heeft het christendom zich ingepast in wat het moderne seculiere tijdperk onder het begrip 'religie' verstaat. Ook veel christenen gaan het zien als een wereldbeschouwing die zich vooral bezighoudt met 'het hiernamaals' en in deze wereld vooral met de moraal. Zoals de socioloog Ulrich Beck heeft aangetoond, erkende de wetenschappelijke rationaliteit na de aanvankelijke geschillen tussen de natuurwetenschappelijke rationaliteit en de christelijke religie dat zij niet alle dimensies van het individuele en maatschappelijke leven kon beheersen en vervullen, en stond ze toe dat de 'religie' een expert werd op het gebied van het 'hiernamaals' en het 'geestelijke', die voor enige esthetische en retorische franje kon zorgen bij feesten in de privésfeer en bij uitzondering bij feesten van de gemeenschap als geheel.[9]

Deze opvatting van religie zit nog altijd in het algemene bewustzijn, niet alleen bij het seculiere publiek, maar ook bij veel christenen. Het christendom ziet zichzelf als een religie (een van de religies), als 'een systeem van overtuigingen en praktijken (...) dat al zijn aanhangers tot één morele gemeenschap verenigt, die kerk wordt genoemd'.[10]

Het christendom in de moderne tijd is armer, 'slanker' dan zijn middeleeuwse vorm. Veel van de culturele en maatschappelijke rollen die de premoderne christelijke religie vervulde en waarop ze het monopolie had, zijn overgenomen door seculiere instellingen. Het christendom raakte weliswaar ingebed in de moderne cultuur, maar het dominante element van die cultuur was toch het seculiere humanisme, het 'ongewenste kind' van een christendom dat zich steeds verder van het kerkelijke christendom verwijderde. Terwijl het christendom in zijn kerkelijke (vooral katholieke) vorm de facto deel van de moderne

---

9 Vgl. Ulrich Beck, *Der eigene Gott. Von der Friedensfähigkeit und dem Gewaltpotential der Religionen*, Frankfurt am Main en Leipzig 2008; Engelse vert. *A God of One's Own. Religion's Capacity for Peace and Potential for Violence*, Cambridge 2010.
10 Vgl. Émile Durkheim, *The Elementary Forms of Religious Life*, Oxford 2008, 46.

wereld ging uitmaken, kon het zich lange tijd niet met de moderniteit (en met de haar bepalende filosofie, het verlichtingshumanisme) verzoenen en voerde het er zelfs tal van culturele oorlogen tegen die bij voorbaat kansloos waren.

Juist door de cultuurstrijd met de ideologieën van de laatmoderniteit vond een verdere deformatie van de moderne vorm van het christendom plaats: het geloof raakte zelf in sterke mate geïdeologiseerd. Deze *tegenculturele* vorm van de Katholieke Kerk en theologie van het 'Piustijdperk' (van het pontificaat van Pius IX tot en met dat van Pius XII, midden negentiende tot midden twintigste eeuw), die zich afzette tegen het protestantisme, socialisme en liberalisme, werd tot 'katholicisme', dat wil zeggen, in sterke mate een 'isme' onder de andere 'ismen'. Met andere woorden, ze werd een ideologie.

In de tweede helft van de twintigste eeuw was het Tweede Vaticaanse Concilie niet alleen een poging tot een gentlemen's agreement tussen de Katholieke Kerk en de moderniteit, maar het streefde ook naar een overgang *van katholicisme naar katholiciteit*, een oecumenisch christendom, naar ontideologisering van het geloof en een deklerikalisering van de Kerk. Dit hervormingsconcilie wilde de Kerk bevrijden van heimwee naar de premoderne *christianitas* en wees ook een weg om de Kerk uit haar nauwe confessionele vorm te bevrijden en haar naar een grotere oecumenische openheid te leiden.

Maar de poging om de Kerk met de moderniteit te verzoenen, kwam te laat en kwam paradoxaal genoeg pas op het moment dat de moderniteit al op haar retour was. Het streven van de Kerk naar oecumeniciteit in drieërlei zin – eenheid tussen christenen onderling, dialoog met andere godsdiensten en toenadering tot het seculiere humanisme, de 'ongelovigen' – bleef ondanks alle belangrijke stappen die zijn gezet, halverwege steken. Voortgaan op deze weg blijft een taak voor de *namiddag* van het christendom. Op al deze thema's kom ik later in dit boek nog terug.

Ik heb laten zien dat de moderne vorm van religie niet de eerste sociaal-culturele gestalte van het christelijk geloof in de geschiedenis was en waarschijnlijk ook niet de laatste zal zijn. Deze vorm van religie is aan het begin van het seculiere tijdperk ontstaan, maar aan het einde van het moderne seculiere tijdperk (het einde van de jaren zestig en het begin van de jaren zeventig) begon haar geloofwaardigheid te wankelen en stortte ze helemaal in.

Ik heb de indruk dat dit proces in onze tijd tot een hoogtepunt komt en wel door twee verschijnselen die echter meer een symptoom dan de oorzaak of de essentie ervan zijn. Het ene is de onthulling van een pandemie aan seksueel, psychisch en geestelijk misbruik in de Kerk, het andere is de ervaring van de sluiting van de kerken en het staken van de kerkdiensten tijdens de coronapandemie. Het eerste wijst op een crisis in de status van de geestelijkheid, en roept op tot het beëindigen van het klerikalisme en tot een herbezinning op de rol van de priesters en de relatie tussen priesters en leken in de Kerk. Het tweede was een oproep aan christenen om niet alleen te vertrouwen op de dienst van de geestelijkheid, maar te zoeken naar nieuwe vormen om het geloofsmysterie te beleven en te vieren, buiten de traditionele liturgie en sacrale ruimten om.

Eerder merkte ik al op dat het christelijk geloof zich al lijkt los te maken van de tweede historische vorm van religie. Zal het een andere vorm van religie vinden of creëren, of is de tijd gekomen voor een *religieloos* christendom? Was de religieuze vorm van het christendom slechts een fase in zijn historische ontwikkeling?

Het idee dat het christelijk geloof *buiten de religie* kan en moet leven, dat het zelfs 'antireligieus' is, kwam het duidelijkst tot uitdrukking in de zogenaamde dialectische theologie in Duitsland. Zij verzette zich zowel tegen de liberale pogingen om het geloof met de cultuur van de burgerlijke samenleving te verzoenen als tegen de collaboratie van de nationaalsocialistische Deutsche Christen met het nazisme. Karl Barth poogde het christelijk geloof weg te leiden van de zandbanken van de negentiende-eeuwse liberale theologie. Hij deed dat met eenzelfde pathos en radicaliteit als waarmee Martin Luther het geloof ooit poogde te bevrijden uit het web van de middeleeuwse scholastiek, het opstapelen van morele verdiensten en het vertrouwen op de bemiddelende activiteiten van de hiërarchisch georganiseerde Kerk. Voor Barth was religie een godslasterlijke poging van mensen om op eigen kracht God te bereiken en Hem door menselijke middelen te manipuleren, bijvoorbeeld via theologische speculaties, morele inspanningen en allerlei andere middelen waarmee de mens wil vooruitlopen op de onverdiende gave van de goddelijke genade en die de facto probeert te verdringen. Karl Barth verstaat het geloof als Gods volkomen vrije toewending tot de mensheid door het Woord, door zijn gave van zichzelf in de woorden van de Bijbel en vooral in het mensgeworden Woord, in Jezus Christus en die gekruisigd.

Dietrich Bonhoeffer associeert religie vooral met het idee van een sterke, machtige God, een idee dat volgens hem het ware gezicht van de God van wie de Bijbel getuigt, verduistert en vervalst. Dat gezicht is volgens hem juist herkenbaar in de 'onmacht van God', in Jezus' zelfovergave aan het kruis. Een volwassen mens moet het zonder God als natuurwetenschappelijke hypothese kunnen doen, zonder een God die zijn toevlucht zoekt in de grotten van het 'mysterie' om zich te beschermen tegen het licht van de rationele kennis. Een volwassen christen moet de wereld aanvaarden zonder religieuze, metafysische en quasiwetenschappelijke verklaringen en daarin leven 'alsof God niet bestaat' (*etsi Deus non daretur*); hij moet zijn 'religieuze vooroordelen' opzijzetten, net als de heilige Paulus de besnijdenis als vooronderstelling en voorwaarde voor het christendom afwees. Zonder een patriarchale opvatting van God kun je eerlijk, verantwoordelijk en volwassen voor en met God leven.

Zo nam Bonhoeffer in zekere zin de handschoen op die het traditionele christendom door de godsdienstkritiek van Feuerbach, Marx, Nietzsche en Freud kreeg toegeworpen. Bonhoeffers theologie van het religieloze christendom was geen vrucht van universitaire studie; het feit dat ze in een nazigevangenis werd doordacht en door hem vóór zijn executie in brieven werd opgeschreven, versterkte de urgentie ervan.[11]

In zijn kritiek op de kleinburgerlijke religie, die de radicaliteit van het evangelie had verraden en zich aan de gevestigde orde had gecon-

---

11 Deze brieven van Bonhoeffer zijn na zijn dood gepubliceerd onder de titel *Verzet en overgave. Brieven en aantekeningen uit de gevangenis* (vert. L.W. Lagendijk), 5ᵉ druk, Utrecht 2020.

formeerd, doet Bonhoeffer denken aan Kierkegaard. In zijn afwijzing van religieuze godsbeelden staat Bonhoeffer dicht bij wat de middeleeuwse mysticus Meister Eckhart in zijn gebed verwoordde: 'Ik vraag God mij van God te verlossen.'[12]

Toch heeft Bonhoeffers 'religieloze christendom' ook duidelijke sociale en politieke aspecten. Bonhoeffer erkent de menselijke zelftranscendentie in de zichzelf opofferende liefde als enige authentieke vorm van christelijke transcendentie. Hij bezegelde zijn geloofsopvatting door zijn politieke inzet en het offer van zijn leven. De Latijns-Amerikaanse bevrijdingstheologen kunnen we als erfgenamen van dit politieke aspect van Bonhoeffers opvatting van het christendom beschouwen.

※

Het streven om het christelijk geloof te bevrijden van de 'religie' in de vorm van een metafysische 'ontotheologie' en van de mentaliteit van een Kerk die zich in de burgerlijke samenleving van de laatmoderniteit al te zeer op haar gemak was gaan voelen, was zeker een legitieme poging om de radicaliteit van de boodschap van het evangelie, die onder allerlei ideologische en sociale lagen zat weggestopt, nieuw leven in te blazen.

We moeten echter niet vergeten dat pogingen van hervormers om het 'oorspronkelijke christendom' te herstellen, vaak projecties van hun eigen idealen op de geschiedenis zijn. We moeten erkennen dat dit opnieuw historisch bepaalde interpretaties van het evangelie zijn, die heel waardevol kunnen zijn, maar die we niet moeten opvatten als reconstructies van een zuiver, 'naakt' christendom.

Daarom geloof ik ook dat een volledig 'religieloos christendom' niet meer dan een abstractie is. In de historische werkelijkheid komen we het geloof altijd tegen binnen een bepaalde cultuur, een bepaald cultureel systeem. Dat was al zo bij het vroegste christendom. Dat

---

[12] Soortgelijke Eckhartiaanse motieven zien we later terug in de existentialistische theologie van Paul Tillich, in zijn geloof in een 'God boven de God van het theïsme'. Vgl. Paul Tillich, *Der Mut zum Sein*, Stuttgart 1953, 134-137; Engelse titel: *The Courage to Be*, New Haven 1952.

zette zijn eerste stappen in de context van een bepaalde religie, in de context van de ideeën en concepten van het rabbijnse jodendom. Vervolgens ging het door verschillende vormen van religie en door het proces van secularisatie van de moderne samenleving heen. Zoals we in ons persoonlijke leven niet de ene situatie achter ons kunnen laten zonder een andere binnen te stappen, zo is ook geloof altijd 'gesitueerd'; vroeg of laat krijgt het een culturele en sociale vorm en wordt het een vorm van 'religie'. Maar dat kan wel religie zijn in een andere vorm en in een andere betekenis dan wat we in het verleden met het woord 'religie' aanduidden.

Zoals we nog zullen zien, worden er in het huidige postseculiere tijdperk als vrucht en gevolg van de transformatie van religie door het secularisatieproces met name twee vormen van religie aangeboden: religie als verdediging van de groepsidentiteit (bijvoorbeeld de nationale identiteit of die van de eigen etnische groep) en religie als een spiritualiteit die los staat van Kerk en traditie. Terwijl de eerste vorm vooral is bedoeld om de groepscohesie te versterken en veel lijkt op een politieke ideologie, biedt de tweede een zekere integratie van de persoonlijkheid die vergelijkbaar is met de rol van de psychotherapie. Het christelijk geloof moet een kritische afstand bewaren tot beide vormen, zodat het christendom van de toekomst niet in een identitaire politieke ideologie verandert of in een vage spiritualiteit die vervliegt tot esoterie.

Ik ben ervan overtuigd dat vooral christenen die de *collectieve donkere nachten* van de twintigste eeuw heel intens hebben beleefd, visies en intuïties voor onze tijd hebben nagelaten die op die geloofservaringen zijn gebaseerd en waarop wij verder theologisch moeten reflecteren, zodat ze als inspiratie voor de namiddag van de christelijke geschiedenis kunnen dienen. Ik denk dan met name aan Teilhard de Chardin aan het front tijdens de Eerste Wereldoorlog, Bonhoeffer in een nazicel en de Tsjechische theologen in communistische gevangenissen, mijn leermeesters in het geloof.[13]

Religie in haar premoderne politieke vorm van *religio* en in haar moderne ideologische vorm kan het geloof nauwelijks nog levens-

---

13 Ik denk daarbij vooral aan Antonín Mandl (1917-1972), Josef Zvěřina (1913-1990) en Oto Mádr (1917-2011). Vgl. Halík, *In het geheim geloven*, 66-73.

ruimte bieden; die vormen waren voor het geloof te beperkt en zouden het verstikken. Het is noodzakelijk dat we het geloof naar een nieuwe ruimte overbrengen, zoals destijds, toen Paulus het christendom uit de begrenzing van het jodendom losmaakte.

Het zelfstandige naamwoord *religio* wordt meestal afgeleid van het werkwoord *religare*, 'herenigen'. Religie in de zin van *religio* is een samenbindende kracht in de samenleving; dat wat de samenleving samenbindt, is haar religie (*religio*). Je kunt het zelfstandige naamwoord *religio* echter ook afleiden van het werkwoord *relegere*, dat 'herlezen' betekent. Dit kan het begrip 'religie' een nieuwe betekenis geven.

Ik denk dat het christendom van morgen vooral een gemeenschap van een nieuwe hermeneutiek zal zijn, een herlezing, een nieuwe en diepere interpretatie van de twee bronnen van de goddelijke openbaring, de Schrift en de Traditie, en vooral van Gods spreken in de tekenen van de tijd.

Op deze ideeën kom ik aan het einde van dit boek terug.

VI DUISTERNIS ROND HET MIDDAGUUR

In dit hoofdstuk ga ik in op de middagcrisis in de geschiedenis van het christendom. De titel heb ik ontleend aan Arthur Koestlers roman *Darkness at Noon*,[1] een van de eerste literaire werken die de wereld waarschuwden voor de misdaden van het stalinistische regime in de Sovjet-Unie. De titel was een duidelijke toespeling op het evangelieverhaal over de duisternis die bij de kruisiging van Jezus vanaf het middaguur over het hele land viel. Al associërend komen voor mij in de uitdrukking 'duisternis rond het middaguur' allerlei belangrijke motieven samen: het kruis van Jezus, donkere nachten op de persoonlijke en historische weg van het geloof en de middagcrisis uit Jungs vergelijking van het menselijke leven met een dag.

Voordat we proberen de middagcrisis te begrijpen, moeten we ons afvragen of het gepast is dat we in deze tijd spreken van een geloofscrisis, een crisis van de Kerk, een crisis van het christendom. De term 'crisis' is een van de meest gebruikte woorden van onze tijd; geen wonder dat velen het vermoeiend vinden of irritatie voelen opkomen als deze term weer valt. Is er ooit een tijd zonder crises geweest? Zijn de crises van onze tijd werkelijk uitzonderlijk? Is dit gevoel van exclusiviteit niet gewoon een illusie die zich van elke generatie meester maakt? Is het niet gewoon een uiting van narcistisch egocentrisme, de typische ziekte van onze tijd, dat we, als we dan niet in superlatieven over onze successen kunnen spreken, ten minste toch onze crises willen aanduiden als 'de grootste', 'de ernstigste', 'de meest alarmerende', ...? Ba-

---

[1] Arthur Koestler, *Darkness at Noon*, Londen 1940; Nederlandse vert. *Nacht in de middag* (1946) (vert. Koos Schuur, herz. door Nils Buis), De Bilt 2012.

gatelliseren en onderschatten we de crises uit het verleden niet gewoon omdat ze ons niet meer rechtstreeks raken?

Laten we maar eerlijk toegeven dat we deze vragen niet kunnen beantwoorden. Het zijn vragen voor de Heer van de geschiedenis. Wij bevinden ons niet in een *goddelijke positie* en kunnen niet uit onze tijd stappen om die van buitenaf 'objectief' te beoordelen. Het gaat er immers ook niet om de ernst van de huidige crisis 'objectief' te vergelijken met crises die wij niet hebben meegemaakt. Volgens de eschatologische visie van de christelijke theologie is ieder moment op zijn eigen manier een soort *krisis* (een moment van beslissing en oordeel), in tegenstelling tot de apocalyptische visie, die altijd de huidige crisis als de definitieve beschouwt.

***

De statistieken vertellen ons dat het aantal christenen voortdurend toeneemt, dat er nooit eerder zo veel christenen op deze planeet waren en dat christenen nog altijd de grootste 'levensbeschouwelijke groep' binnen de mensheid zijn. Het aantal christenen groeit echter vooral door het hoge geboortecijfer in niet-westerse landen. Om dezelfde redenen groeit ook het aantal moslims, en wel in een veel hoger tempo.

Laten we ons nu vooral richten op de grootste christelijke kerk, de Katholieke Kerk. Als we de geschiedenis van het pausdom bestuderen, komen we daarin veel vreselijke schandalen tegen. Tegenwoordig is dit anders. Al minstens een halve eeuw zien we op de stoel van Petrus een reeks respectabele personen elkaar opvolgen. Hoewel de Kerk met tal van schandalen wordt geconfronteerd, kunnen we toch zeggen dat het morele gezag van het pausdom internationaal nog nooit zo hoog is geweest als juist in onze tijd. Paus Franciscus is een overtuigende pastor, die ook ver buiten de grenzen van de Kerk gerespecteerd en geliefd is en wereldwijd als een onbetwiste morele autoriteit geldt. Toch hoort het tot de paradoxen van onze tijd dat juist hij binnen de Kerk meer aanvallen en openlijke oppositie te verduren heeft dan welke paus in de moderne geschiedenis dan ook. Diezelfde katholieken die altijd onvoorwaardelijk trouw zijn geweest aan het pauselijke gezag, nemen nu op agressieve wijze stelling tegen een paus die niet aan hun smaak beantwoordt en wiens uitspraken niet hun opvattingen vertolken.

De crisis van de 'georganiseerde religie' treft vooral de reguliere kerken. In veel westerse landen lopen kerken, kloosters en seminaries leeg, kerkgebouwen worden gesloten en verkocht, en het aantal mensen dat de Kerk formeel verlaat of niet langer regelmatig diensten bijwoont, neemt toe. In de tijd van de lege en gesloten kerken tijdens de coronapandemie in 2020 heb ik mezelf afgevraagd of dit niet een soort profetische waarschuwing was voor hoe onze kerken er over enkele decennia zouden kunnen uitzien.[2]

De gedachte dat het verval van de grote kerkgenootschappen zich beperkt tot slechts een deel van Europa en dat dit het gevolg is van de liberalisering van de christelijke theologie en de verzwakking van de kerkelijke tucht, terwijl de kerk op andere continenten floreert, is een waanidee dat in bepaalde kerkelijke kringen leeft. De Verenigde Staten van Noord-Amerika zijn niet langer de christelijke 'stad op een berg' die de alliantie van conservatieve katholieken en evangelicalen tegenover het geseculariseerde Europa stelde. Westerse conservatieve critici van de seculiere cultuur hielden het Westen eerst de postcommunistische landen als voorbeeld voor (*ex Oriente lux, ex Occidente luxus*) en na de teloorgang van deze illusie de vermeende opkomst van het christendom in de zogenaamde ontwikkelingslanden. Sommigen van hen verwachten dat christelijke immigranten, vooral uit Afrika, het traditionele christendom in het Westen nieuw leven zullen inblazen. Maar nuchtere Afrikaanse theologen waarschuwen ons ervoor dat we het Afrikaanse christendom niet moeten idealiseren en dat we ons niet te zeer door het grote aantal gedoopten moeten laten betoveren. Ze wijzen erop dat de groei van het aantal katholieken in Afrika eerder te danken is aan de bevolkingsgroei dan aan het succes van de evangelieverkondiging. De Afrikaanse theoloog Alain Clément Amiézi schrijft: 'Wij brengen wel veel gedoopten voort, maar voeden hen niet op tot christenen.'[3] Hij merkt

---

[2] Vgl. Tomáš Halík, *Die Zeit der leeren Kirchen*, Freiburg 2021, en *Omdat God ernaar verlangt mens te zijn. Overwegingen bij Kerst en Pasen* (vert. Kees de Wildt), 2ᵉ druk, Utrecht 2023, 31-43.

[3] 'Père Alain Clément Amiézi: "En Afrique, on produit des baptisés et non des chrétiens, on leur donne les sacrements, sans évangéliser"', LaCroix Africa, https://africa.lacroix.com/pere-alain-clement-amiezi%E2%80%89-en-afrique-on-produit-des-baptises-et-non-des-chretiens-on-leur-donne-les-sacrementssans-evangeliser (geraadpleegd 14 maart 2023).

op dat Afrikaanse kerken mensen vaak in een toestand van infantiele religiositeit houden, in plaats van hen grondige catechese aan te bieden; ze nemen genoegen met een syncretisme waarin de identificatie met de Afrikaanse cultuur veel meer gewicht in de schaal legt dan de christelijke identiteit.

Gezien het onstuitbare proces van globalisering mogen we verwachten dat zich op andere continenten, waar veel van de zogenaamde ontwikkelingslanden liggen, met enige vertraging soortgelijke ontwikkelingen zullen voordoen als die zich bij de secularisatie van Europa voordeden. De secularisatie is er al begonnen via hun in het Westen opgeleide elites en met het gebruik van internet door jongeren. Het sterk vereenvoudigde beeld van de westerse levensstandaard en levensstijl dat via films en elektronische media wordt verspreid, verandert de waardeoriëntatie in arme landen en roept in hun relatie met het Westen een mengeling op van verlangen en afgunst, van zowel imitatie als afwijzing, angst en afkeer. Ook in sommige moslimlanden ben ik deze ambivalente houding ten opzichte van het Westen tegengekomen: de aantrekkingskracht van het verbodene en het gelijktijdige verlangen om deze verleiding te onderdrukken door middel van demonisering en agressie. Religieuze fanatici willen de aspecten van een vreemde cultuur vernietigen die hen zowel aantrekken als afschrikken.

De Katholieke Kerk heeft veel leden verloren in de landen in Europa en Latijns-Amerika die traditioneel het 'meest katholiek' waren. Doordat de Kerk bleef vertrouwen op de inertie van de traditie, en scholing en een degelijke geestelijke vorming van de gelovigen verwaarloosde, zo heb ik op mijn reizen naar Latijns-Amerika herhaaldelijk te horen gekregen, heeft er een massale uittocht van katholieken naar pinkstersekten plaatsgevonden en hebben mensen zich bekeerd tot hun eenvoudige fundamentalistische theologie en vaak zeer oppervlakkige emotionele religiositeit. De secularisatie van Ierland is mede in de hand gewerkt door de onthulling van talrijke gevallen van seksueel misbruik door geestelijken en in kerkelijke instellingen. In Polen stort het sterke katholicisme snel in als gevolg van een ongelukkige alliantie tussen nationalistische politici en de kerkelijke hiërarchie, die in meerderheid conservatief is. Zij zijn erin geslaagd de kerk in twee jaar tijd veel meer schade toe te brengen dan destijds de communistische regering, die dit decennialang met alle machtsmiddelen die zij tot haar beschikking had, tevergeefs heeft geprobeerd.

Waar het optreden van de Kerk zich beperkt tot het toedienen van de sacramenten en religiositeit niet wordt omgezet in een persoonlijk geloof, wordt het christendom slechts een 'cultuurreligie' die met de verandering van het sociaal-culturele paradigma snel vervaagt en verdwijnt.

In de hele westerse cultuur beleeft de geestelijkheid in de Katholieke Kerk een ernstige crisis. De breed uitgemeten schandalen rond seksueel misbruik zijn slechts één aspect van een veel bredere en diepere crisis van de geestelijkheid als beroepsgroep. Waarin ligt de identiteit van een priester en van zijn rol in de Kerk en de samenleving? Veranderingen in de samenleving en vooral de bovengenoemde crisis hebben de eerdere antwoorden op deze vragen aan het wankelen gebracht.

In de publieke opinie van de seculiere samenleving, die priesters meestal slechts als een historisch relict beschouwt, zullen we geen samenhangend en geloofwaardig antwoord vinden op de vraag hoe de priester van de toekomst eruit moet zien. Ook bij veel gelovigen en zelfs bij veel priesters zien we deze verlegenheid. Achter vrome gemeenplaatsen gaat vaak onzekerheid schuil. De traditionele patriarchale rol van de priester – het ideaalbeeld waarop de opleiding in veel seminaries nog steeds is gericht – komt duidelijk niet overeen met de realiteit en de huidige omstandigheden.

Het aantal mensen dat belangstelling heeft voor de priesterroeping neemt drastisch af en het hele netwerk van parochiale zielzorg dat enkele eeuwen geleden is ontstaan, is in veel landen onherstelbaar beschadigd. De reddingspogingen van de hiërarchie door priesters te importeren uit Polen, Afrika en Azië, parochies samen te voegen enzovoort, zijn geen echte oplossing en ze zullen de verdieping van deze crisis niet tegenhouden of zelfs ook maar afzwakken. Ze lijken meer op 'het verschuiven van ligstoelen op de Titanic'. De voldoening over de aanmeldingen van enthousiaste traditionalisten bij bepaalde seminaries en kloosters verdwijnt meestal snel weer. Traditionalisme is ofwel een voorbijgaande 'kinderziekte' van als mens nog onvolwassen bekeerlingen of het is een dekmantel voor psychisch onevenwichtige mensen, die binnen de kerkelijke structuren ernstige problemen zullen opleveren. Als kerkbreed gebed om nieuwe priesterroepingen al decennialang onbeantwoord blijft, geeft God ons daarmee misschien wel te verstaan dat Hij van ons verwacht dat we andere deuren openen en andere oplossingen zoeken, in plaats van hardnekkig te blijven kloppen op deuren die Hij zelf heeft gesloten.

Ik geloof dat ook de stappen die vroeg of laat genomen moeten worden, maar waarover het Vaticaan nog steeds aarzelt en die dus waarschijnlijk te laat zullen komen, namelijk de wijding van gehuwde mannen en de wijding van vrouwen tot ten minste diaken, deze crisis niet voldoende zullen oplossen. De situatie zal niet veranderen, tenzij de Kerk een volledig nieuw model van pastorale zorg ontwikkelt dat duidelijk anders is dan dat van de territoriale parochies, tenzij ze een nieuwe vorm geeft aan de roeping van de priester in de Kerk en de samenleving, tenzij ze de voorwaarden schept voor een priesteropleiding nieuwe stijl en tenzij ze de ruimte vergroot om leken, zowel mannen als vrouwen, meer bij het leven en de activiteiten van de Kerk te betrekken.

Ook allerlei initiatieven uit de praktijk verdienen het om opnieuw geëvalueerd te worden. Denk bijvoorbeeld aan de activiteiten van de arbeider-priesters of de ervaringen van priesters in de ondergrondse kerk in communistisch Tsjecho-Slowakije, die hun priesterambt combineerden met een burgerlijk beroep.[4] Het model van de synodaliteit of de decentralisering van de Kerk, die paus Franciscus voorstaat, kan misschien helpen om deze veranderingen tot stand te brengen, omdat de specifieke oplossingen altijd aan de sociale en culturele omstandigheden van elk land moeten worden aangepast.

Laten we toch altijd in gedachten houden dat echte vernieuwing van de Kerk niet achter de bureaus van bisschoppen tot stand komt of tijdens conferenties van deskundigen. Er zijn krachtige geestelijke impulsen nodig, een grondige theologische reflectie en de moed om te experimenteren.

---

4 Vgl. Halík, *In het geheim geloven*, 98-100 en 115-158.

De pijnlijkste crises van de afgelopen jaren zijn de wonden die kerkelijke functionarissen aan weerloze mensen hebben toegebracht, vooral aan kinderen en jongeren. Tegelijkertijd hebben ze daarmee ook de geloofwaardigheid van de Kerk in de wereld van vandaag ernstig geschaad en deze wonden zullen slechts moeizaam genezen. De pandemie van seksueel en psychologisch misbruik en het misbruik van macht en gezag door leden van de clerus, die lang in de doofpot waren gestopt en gebagatelliseerd, zijn geleidelijk aan aan het licht gekomen. Voor tienduizenden katholieken was dit kennelijk het laatste zetje dat ze nodig hadden om de Kerk te verlaten.

Over weinig onderwerpen heeft de Kerk in de afgelopen eeuwen zo vaak gesproken als over seksualiteit. Er zijn weinig andere terreinen waarop de Kerk zozeer heeft gedreigd met zonde of helse straffen en mensen zulke zware lasten heeft opgelegd, zonder met begrip en mededogen te willen luisteren naar de problemen die voortvloeien uit pogingen om alle voorschriften van de Kerk inzake het seksuele leven strikt na te leven. Dit is zeer waarschijnlijk de reden waarom het publiek, nadat de hypocrisie van zo veel verkondigers van deze moraal was ontmaskerd, via de media met veel grotere felheid tegen de Kerk tekeerging dan tegen andere instellingen waar misbruik had plaatsvonden. Zo heeft de Kerk de prijs betaald voor haar neiging om het zesde gebod te behandelen als het eerste en belangrijkste van allemaal. Voorheen werden de gelovigen tijdens de biecht op een gênante wijze ondervraagd. Nu moeten hun biechtvaders en rechters zelf biechten voor de rechtbank van de publieke opinie en soms voor de burgerlijke rechter.

Het verschijnsel 'seksueel misbruik' speelt in onze tijd een soortgelijke rol als de verkoop van aflaten in de late middeleeuwen die de Reformatie bespoedigde. Net als toen blijkt wat eerst een marginaal verschijnsel leek, duidelijk te wijzen op nog veel dieperliggende problemen, op een verziekt *systeem*: de relaties tussen Kerk en macht, tussen geestelijken en leken, en vele andere.

In het geval van seksueel misbruik was en is ook de houding van de Katholieke Kerk tegenover seksualiteit een belangrijke factor. Dat geldt vooral voor de leden van de clerus, die vaak niet zijn voorbereid op de psychische gevolgen van een gelofte tot permanente seksuele onthouding en het ontberen van een gezinsleven. Ik denk dat de koppeling van het priesterschap aan het celibaat vroeg of laat zal terugkeren naar waar die vandaan komt: naar de kloostergemeenschappen. Daar kan men de afwezigheid van het gezinsleven enigszins compenseren door een 'geestelijke familie'. Wellicht is men daar ook beter dan aan een gewone seminarie-opleiding in staat de behoefte aan seksuele intimiteit te sublimeren.

Het is een opvallend verschijnsel dat veel religieuze gezagsdragers niet kunnen omgaan met hun eigen 'schaduw' (de naar het onbewuste verdrongen component van hun persoonlijkheid), en met de druk van hun meerderen en de omgeving om hun rigide persona te handhaven: een bepaalde rol en levensstijl en een bepaald gedrag dat hun wordt voorgeschreven, van hen wordt verwacht en afgedwongen. Om het gewenste 'imago' te behouden, misvormen religieuze gezagsdragers in de Kerk soms hun menselijkheid en verdringen ze hun 'zwakheden' naar hun onderbewustzijn. Maar daarmee houden hun zwakheden niet op te bestaan en hun invloed uit te oefenen. Integendeel, zo onttrekken ze zich aan een rationele controle.

Dit leidt niet alleen tot hypocrisie, maar soms ook tot een gespleten persoonlijkheid, het leiden van een 'dubbelleven', het Jekyll-en-Hyde-syndroom. Veel van deze verschijnselen zijn beschreven in uitgebreide psychoanalytische studies (bijvoorbeeld in Eugen Drewermanns ooit zo provocerende boek *Functionarissen van God*) en journalistieke onderzoeken (zoals in Frédéric Martels *Sodoma*).[5] Het is goed te bedenken wat Jezus in zijn polemiek met de farizeeën al heeft gezegd over de wortels van dit kwaad. Hij noemde hen 'witgekalkte graven', die er van buiten stralend en zuiver uitzien, maar van binnen vol schijnheiligheid en onrecht zitten (Mat. 23:27). Ook Pascal wees erop dat het verlangen om 'een engel te zijn' vaak tot demonische resultaten leidt.

Op deze verschijnselen wordt binnen de Kerk verschillend gereageerd. Terwijl paus Benedictus het seksuele misbruik weet aan een lossere moraal van de geestelijkheid ten gevolge van de seksuele revolutie van de jaren zestig, gaf paus Franciscus op moedige wijze een diagnose van de diepere oorzaken van deze verschijnselen: klerika-

---

5   Eugen Drewermann, *Functionarissen van God. Psychogram van een ideaal*, Zoetermeer 1994; Frédéric Martel, *Sodoma. Het geheim van het Vaticaan*, Amsterdam 2019.

lisme, triomfalisme en de manier waarop de Kerk met macht en gezag omgaat. De gevallen van misbruik waren inderdaad al lang vóór de jaren zestig wijdverbreid in de Kerk. Het lijkt erop dat vooral sinds de Kerk de wereldlijke macht is ontnomen sommige leden van de clerus dit verlies compenseerden door hun macht en gezag *binnen* de Kerk uit te oefenen en te misbruiken, met name ten aanzien van weerlozen, kinderen en vrouwen, die binnen de Katholieke Kerk geen gelijkwaardige positie bezaten en nog altijd niet bezitten.

Na deze golf van schandalen bevindt de Kerk zich in een soortgelijke morele en psychische situatie als het Duitse volk na de onthulling van de gruweldaden in de concentratiekampen. Hiermee wil ik de Holocaust niet gelijkstellen aan het seksuele misbruik. Ik bedoel iets anders: zoals de overgrote meerderheid van de Duitsers de misdaden in de concentratiekampen niet heeft gepleegd en er ook geen weet van had, zo hebben ook de meerderheid van de katholieken en het merendeel van de priesters geen kinderen of minderjarigen misbruikt en wisten zij er niet van, of tenminste niet van de omvang ervan. Denkers als Karl Jaspers hebben zich afgevraagd in hoeverre het Duitse volk als geheel verantwoordelijk was voor wat sommige leden ervan in zijn naam deden. Daarbij maakte Jaspers onderscheid tussen verschillende graden van medeplichtigheid.[6] Het is nu tijd de vraag te stellen in hoeverre je de Kerk als zodanig verantwoordelijk kunt houden voor de manier waarop sommige van haar vertegenwoordigers hun 'heilige macht' en gezag hebben misbruikt. Misschien heeft het feit dat juist de Kerk in Duitsland deze vragen zo indringend aan de orde stelt – vooral in het kader van de zogenaamde Synodale Weg – wel te maken met de morele gevoeligheid van het Duitse historische geheugen.

Seksueel en psychologisch misbruik in de kerk is een misbruik van macht dat zich aan controle en kritiek onttrekt door naar de onbetwistbare heilige oorsprong ervan te verwijzen. De romantische pseudo-mystiek van het priesterschap met zijn nadruk op de 'heilige volmacht' van de priester – die in duidelijke tegenspraak is met de geest van het evangelie en zijn opvatting van het ambt – heeft ervoor

---

6   Vgl. Karl Jaspers, *De schuldvraag. Over de politieke aansprakelijkheid van Duitsland* (vert. Mark Wildschut), Amsterdam 2022.

gezorgd dat er rond de persoon van de priester een magisch aura (*persona* in de zin van Jungs dieptepsychologie) hangt dat vaak kandidaten met psychische en morele problemen aantrok.[7]

Jezus was geen priester, maar een 'leek'. In het spanningsveld tussen de priesterlijke, rituele religie en hun profetische critici, koos Hij de kant van de profeten. Zijn profetische woorden over de verwoesting van de tempel en de tempelreligie van de priesters kostten Hem het leven. Jezus maakte van de kring van zijn twaalf vrienden geen priesters in de zin van de tempelreligie van Israël. Hij wilde dat ze zijn voorbeeld zouden volgen en ernaar streven de minste en een dienaar van allen te zijn (vgl. Marc. 10:32-45). Jezus stelde geen 'hiërarchie' in, geen 'heilige regering' in de zin van een heersende klasse te midden van Gods volk. Hij gaf zijn leerlingen de volmacht om een provocerend contrast te zijn met de wereld van macht en religieuze en politieke manipulatie. Bij het breken van het brood aan de vooravond van zijn dood vertrouwde Hij hun de taak toe Hem na te volgen in zijn *kenosis* – zijn zelfontlediging, zijn zelfverloochening, zijn zelfovergave.

Het Nieuwe Testament noemt Christus in de brief aan de Hebreeën niet in een sociologische en historische zin 'hogepriester', maar in een diepere, mystieke, symbolische zin. Allerlei pausen hebben de uitdrukking *sacerdos alter Christus* (de priester is een tweede Christus) in de mond genomen. Hij komt ook herhaaldelijk voor in pauselijke documenten en in veel preken bij de eerste mis van een priester. Toch is het een gevaarlijke uitdrukking, die het risico op grote misverstanden met zich meebrengt. Er is geen tweede, geen andere Christus. Er is maar één Christus, één middelaar tussen God en de mensen. Christus is de enige middelaar, de vertegenwoordiger van God bij de mensen en de vertegenwoordiger van de mensen bij God. Jezus is niet een

---

[7] Dat traditionalistische seminaries tegenwoordig aantrekkelijk zijn voor een bepaald type kandidaten, komt doordat ze vaak een toevluchtsoord worden voor mensen die de bekwaamheid en de moed missen om in de huidige maatschappij te leven en de Kerk te dienen. Zij zoeken liever een beschermd historisch openluchtmuseum op. Helaas is de Katholieke Kerk er tot nu toe onvoldoende in geslaagd de noodzakelijke hervorming door te voeren in de manier waarop priesters worden opgeleid.

'tweede God' en de priester is niet zijn plaatsvervanger.[8] De priester is geen plaatsvervanger van Christus. Iedere christen neemt door het doopsel deel aan de priesterlijke rol van Christus: het verkondigen van de zichzelf schenkende liefde van God aan de wereld. De Katholieke Kerk maakt onderscheid tussen het *algemene priesterschap* van alle gedoopten en het *ambtelijke priesterschap* van de gewijde dienaren van de Kerk. Toch belijdt ze dat iedere christen geroepen is om Christus in deze wereld te vertegenwoordigen, om Hem te representeren. Het leven van iedere christen draagt in zekere zin een eucharistisch karakter.

Het christelijke bestaan draagt een *iconisch* karakter: het is een kunst die door het getuigenis van het geloof het onzichtbare zichtbaar maakt. We moeten daarbij wel onderscheid maken tussen een icoon en een idool, een afgodsbeeld;[9] een priester mag geen idool zijn. De strijd tegen het klerikalisme is een gezonde vorm van iconoclasme. De mensen die de Kerk ertoe roept om priesters te zijn, dragen het onuitwisbare zegel van het ambtelijke priesterschap (het eerdergenoemde algemene priesterschap is gebaseerd op het onuitwisbare zegel van het doopsel) en hebben als taak Jezus' opdracht te vervullen om de minste te zijn en de dienaar van allen.[10] Dat is hun manier van navolging van Christus. Het is ook een niet te verwaarlozen aspect van de 'apostolische successie'.

---

8   Dorothee Sölle maakt onderscheid tussen plaatsbekleding en -vervanging. Bij plaatsbekleding neem je tijdelijk de taak van iemand over: alles wat je doet, doe je in zijn naam. Een plaatsvervanger maakt degene die hij vervangt overbodig. Vgl. Dorothee Sölle, *Plaatsbekleding. Een hoofdstuk theologie na 'de dood van God'*, Baarn 1983; over Sölle: Tomáš Halík, *Theater voor engelen. Het leven als religieus experiment* (vert. Kees de Wildt), Utrecht 2021, 59-64.
9   Jean-Luc Marion, *The Idol and Distance. Five studies*, New York 2001.
10 De woorden waarmee veel Europese talen de priester aanduiden (priest, prêtre, prete enzovoort) zijn afgeleid van het Griekse woord *presbyter* (oudste) en herinneren aan de nieuwtestamentische oorsprong van dit ambt (dat heel anders is dan dat van de offerpriesters in het jodendom en de heidense godsdiensten).

De besproken crisisverschijnselen zijn de opvallendste en komen in de media het meest aan de orde, maar het zijn niet direct de ernstigste. Dit is alleen maar wat aan de oppervlakte zichtbaar is. De crisis van het hedendaagse christendom gaat niet alleen over kerkelijke structuren, maar over het geloof zelf. De bewering dat 'het geloof verzwakt', vind ik nogal voorbarig. Wat verzwakt, is niet alleen de eerdergenoemde macht van de Kerk om het geloofsleven te controleren en te disciplineren, maar bijvoorbeeld ook de band tussen de geloofservaring en de taal die wordt gebruikt om het geloof tot uitdrukking te brengen. De crisis van de Kerk in haar huidige vorm bestaat niet alleen in de afname van het aantal gelovigen, maar ook in de groeiende kloof tussen wat de Kerk verkondigt en de manier waarop ze dat doet aan de ene kant en de ideeën en opvattingen van de gelovigen aan de andere kant. Zoals Charles Taylor ergens opmerkt, herhalen christenen in de liturgie al twee millennia dezelfde woorden (bijvoorbeeld als ze het Credo reciteren), maar vatten ze die verschillend op.[11] Sommigen begrijpen die in het geheel niet.

Veel van deze formuleringen zijn ontstaan als elementen van een wereldbeeld dat heel ver van het onze afstaat. De Kerk en haar theologie hebben een hermeneutische opdracht: ze zijn belast met de taak de haar toevertrouwde boodschap zo te interpreteren dat de betekenis ervan niet door de veranderende culturele en maatschappelijke context wordt vervormd. Als predikers bijbelse, dogmatische en liturgische teksten gebruiken zonder zich ervoor in te spannen om een brug te slaan tussen de wereld van deze teksten en de innerlijke wereld van hun hoorders, als hun kennis van beide werelden slechts oppervlakkig is, geven ze daardoor blijk van een gebrek aan inzet, verantwoordelijkheidsbesef en liefde voor hun roeping; ze zijn dan niet meer dan een 'galmend bekken' (1 Kor. 13:1).

Telkens als ik las over gevallen waarin de Congregatie voor de Geloofsleer theologen vermaande of disciplineerde als een of andere subtiele formulering in hun wetenschappelijke studies te sterk afweek van de traditionele taal van de kerkelijke documenten, vroeg ik me af of

---

11 Vgl. Charles Taylor, *Een seculiere tijd. Geloof en ongeloof in een wereld van nu*, Rotterdam 2009.

de bevoegde autoriteiten in het Vaticaan zich er wel van bewust zijn hoe dramatisch het verschil tegenwoordig is tussen de opvattingen en het gedrag van een groot deel van de 'actieve gelovigen' en wat zij in de dienst reciteren, wat ze tijdens de catechese hebben geleerd of in preken te horen krijgen.[12]

Een van mijn grote leraren in het geloof (maar ook in burgermoed), de theoloog Josef Zvěřina, die vanwege zijn trouw aan Christus en de Kerk dertien jaar in communistische gevangenissen en werkkampen heeft doorgebracht, vatte tijdens het communistische tijdperk zijn relatie tot de Kerk samen met de woorden: 'De Kerk: mijn liefde en mijn kruis.' Als jonge, enthousiaste bekeerling begreep ik in die tijd niet hoe je de Kerk – die ik toen zag als een strijder voor geestelijke vrijheid tegen een totalitair atheïstisch regime – als een kruis zou kunnen ervaren, als een pijnlijke last. Ondertussen weet ik het wel.

Toen ik onlangs corona had en ik een tijdlang niet kon werken, lezen of slapen, overvielen me tijdens die lange slapeloze nachten pijnlijke gedachten over de huidige toestand van de Kerk. Ik dacht steeds weer aan de verhalen die ik had gehoord in mijn gesprekken met misbruikslachtoffers, aan mijn gevoelens van teleurstelling over de houding van mijn bisschop, aan mijn afkeer van katholieken die Donald Trump en andere gevaarlijke populisten steunen en nationalistische demagogen die zich hullen in christelijke retoriek ('ter verdediging van de christelijke waarden'). Ik voelde me overmand door verdriet over de hatelijke aanvallen van zulke katholieken op paus Franciscus.

Terwijl ik nadacht over de Kerk, kwamen de woorden van de profeet Jesaja bij me boven:

---

12 Beck stelt: 'In een nationale enquête over de religieuze opvattingen van katholieken en protestanten in Zwitserland was slechts twee procent van de respondenten het eens met de stelling: "Alle religies moeten worden gerespecteerd, maar alleen de mijne is waar." (…) Volgens een onderzoek dat in 1998 in Frankrijk is uitgevoerd, beschouwde zes procent van alle respondenten en slechts vier procent van de deelnemers tussen 18 en 29 jaar hun religie als de enig ware.' Beck, *Der eigene Gott*, 117.

Uw hoofd is helemaal ziek,
uw hart helemaal uitgeput.
Van uw voetzool tot de schedel
is er geen plek meer gaaf;
het is niets dan builen, striemen en open wonden,
die niet gedicht en niet verbonden zijn,
noch met olie verzacht.
(JES. 1:5B-6)

Nadat het bewijs was geleverd dat sommige leden van het college van kardinalen zich aan corruptie en seksueel misbruik hadden schuldig gemaakt en dat een van deze gewetenloze seksuele roofdieren de vereerde stichter van een conservatieve religieuze orde en vriend van de heiligverklaarde paus Johannes Paulus II was, moest ik denken aan het Rome van de renaissance. Toen Martin Luther ooit de stad bezocht, had de aanblik hem geschokt en gesterkt in zijn overtuiging dat een radicale breuk met deze gestalte van de Kerk noodzakelijk was. Is het mogelijk te voorkomen dat een nieuwe reformatie, die steeds duidelijker het noodzakelijke antwoord op de huidige toestand van de Kerk lijkt te zijn, niet gepaard gaat met een schisma?

Tijdens die slapeloze nachten probeerde ik de innerlijke toestand van wat Ignatius van Loyola 'de tijd van troosteloosheid' noemt, te overwinnen door voortdurend deze regels uit de Apostolische Geloofsbelijdenis te herhalen: *Credo in Spiritum Sanctum, sanctam ecclesiam catholicam, sanctorum communionem* ... (Ik geloof in de heilige Geest, de heilige Katholieke Kerk, de gemeenschap der heiligen ...).

Wat betekent het dat ik in de Kerk geloof? De taal van het Credo laat het verschil al zien tussen het geloof in God (*Credo in Deum, in Iesum Christum, in Spiritum Sanctum*) en de relatie tot de Kerk (*credo ... ecclesiam*): ons geloof heeft niet op dezelfde manier betrekking op de Kerk als op God. Het geloof in de Kerk wordt niet op hetzelfde niveau geplaatst als het geloof in God, maar het staat ook niet *los* van ons geloof in God. Onze relatie tot de Kerk maakt deel uit van ons geloof in de heilige Geest, gebaseerd op het vertrouwen dat Jezus zijn leerlingen een helper en trooster heeft beloofd, de Geest van de waarheid, die voor altijd bij hen zou blijven. De Kerk is de Kerk van Christus voor zover de Geest van Christus erin werkt: 'Iemand die de Geest van Christus niet bezit, behoort Hem niet toe' (Rom. 8:9). De uitspraak van Jezus in het Evangelie volgens Matteüs dat Hij zijn kerk bouwt op de steenrots van Petrus' belijdenis, namelijk zijn belijdenis dat Jezus de messias is, moeten we aanvullen met het tafereel van de hevige wind van de Geest op de pinksterdag, die traditioneel als de 'verjaardag van de Kerk' wordt beschouwd. De Kerk is wel op een rots gefundeerd, maar ze mag niet versteend raken. Als haar levensbeginsel, de 'bloedsomloop' die de verschillende organen van haar lichaam verbindt, staat de Geest garant voor haar eenheid en voor haar voortdurende vernieuwing.

Zodra ik weer in staat was wat werk te doen, schreef ik in een van die slapeloze nachten een vernietigende tekst onder de titel 'Pseudoreligie F'.[13] Een aantal verschijnselen die mij pijn deden – van religieus gemotiveerde haat en geweld tot aan een rigide wettische religie, een 'katholicisme zonder christendom' – karakteriseerde ik als een pseudoreligie die, ondanks alle verschillen, een aantal gemeenschappelijke kenmerken vertoont. Dan denk ik aan fundamentalisme (het selectief en doelbewust gebruiken van uit hun verband gerukte heilige teksten), fanatisme (het onvermogen en de onwil om een dialoog aan te gaan en kritisch na te denken over de eigen opvattingen) en farizeïsme (het vasthouden aan de letter van de wet dat doet denken aan de houding van de farizeeërs met wie Jezus levenslang strijd voerde). Ik maakte me vooral zorgen over de pogingen van populistische politici in Polen, Hongarije, Slowakije, Slovenië en zelfs ook in Tsjechië om deze religieuze retoriek te gebruiken als instrument voor populistische en vaak xenofobe en nationalistische, extreemrechtse politiek – en over de samenwerking van sommige kerkleiders met dergelijke kringen.

Gaat er hier niet iets schuil achter het masker van religie dat niets te maken heeft met het geloof zoals ik het versta? Gaat het hierbij niet om een instrumentalisering en een karikatuur van religie, om een misbruik van religieuze retoriek om zo sterke emoties op te roepen, om

---

13 Tomáš Halík, 'Pseudoreligion F – Beispiel einer religiösen Pathologie', *Münsteraner Forum für Theologie und Kirche*, 14 november 2020. Zie: www.theologie-und-kirche.de.

'de geest uit de fles los te laten', uit de afgrond van het onbewuste? Waar mensen iets ervaren wat werkelijk krachtig is, *tremendum et fascinans*,[14] is seculiere taal niet in staat de kracht en intensiteit van die ervaring uit te drukken en grijpen mensen (ook 'ongelovigen') spontaan naar religieuze termen en beelden. Dan kunnen ze spreken over een goddelijke schoonheid, maar ook over het demonische; hun vijanden zijn niet langer tegenstanders, maar 'de grote satan'. In de regel onderschatten seculiere mensen de kracht van religie. Ze beseffen niet welke onbewuste irrationele krachten deze termen kunnen losmaken; ze kunnen er niet mee omgaan en ze kunnen ze niet temmen. Zoals Richard Kearney opmerkt, kun je met 'de grote satan' niet langer onderhandelen. Politieke conflicten veranderen daarmee in een toneel van apocalyptische veldslagen.

Waar een levend geloof ontbreekt, ontstaat er ruimte voor zowel cynische seculiere populisten die de 'religieuze agenda' uitbuiten om christelijke kiezers aan te trekken (bijvoorbeeld met de belofte abortus strafbaar te stellen), als voor fanatici die religieuze concepten als munitie voor hun cultuurstrijd inzetten. Ik kan het niet helpen: ik kan onmogelijk onder dezelfde vlag lopen met mensen bij wie ik achter hun christelijke retoriek 'pseudoreligie F' (dat wil zeggen, fundamentalisme, fanatisme en farizeïsme) herken. Als ik die christenen zie die het goede nieuws van Jezus misschien nooit hebben begrepen en van het christendom een militante godsdienst hebben gemaakt, begin ik de hoop te verliezen dat het in de nabije toekomst zal lukken om allen te verenigen die de naam van Jezus belijden. Ook ik beschouw het ongeboren leven als heilig, maar ik kan niet deelnemen aan de marsen van mensen die zich obsessief op dit ene terrein hebben gefixeerd en het christendom veranderen in een militante kruistocht om abortus te criminaliseren en anticonceptie te verbieden. Zij hebben deze agenda tot het belangrijkste en vaak enige criterium gemaakt om het 'chris-

---

14 Met de woorden *mysterium tremendum et fascinans* (vreeswekkend en fascinerend geheimenis) karakteriseert de godsdienstfenomenoloog Rudolf Otto het heilige (numineuze), dat hij als de wezenlijke dimensie van de religie beschouwt. Rudolf Otto, *Das Heilige. Über Das Irrationale in der Idee des Göttlichen und sein Verhältnis zum Rationalen*, München 2014; *Het heilige. Over het irrationeele in de idee van het goddelijke en de verhouding ervan tot het rationeele* (vert. J.W. Dippel), Amsterdam 1928.

telijke' gehalte van politici aan af te meten en hun stemgedrag bij verkiezingen mee te bepalen, waardoor ze een goedkope prooi zijn geworden voor sluwe demagogen. De kloven – niet tussen, maar binnen de kerken – zijn momenteel te diep. Deze verdeeldheid onder christenen is een van de pijnlijke kenmerken van de huidige crisis.

Het is mogelijk om de middagcrisis in de geschiedenis van het geloof te zien als een tijdperk van het atheïsme en 'de dood van God'. We associëren de term 'de dood van God' meestal met Nietzsche. Maar nog vóór Nietzsche had Hegel in zijn *Phänomenologie des Geistes* een andere versie van 'de dood van God' naar voren gebracht, een 'biografie van God' (*Lebenslauf Gottes*), geïnspireerd door Joachim van Fiores trinitarische geschiedopvatting. Voor Hegel is de uitdrukking 'dood van God' een codewoord voor het historische moment tussen het 'tijdperk van de Zoon' en het 'tijdperk van de Geest'. Hegel kent dit moment in de geschiedenis van de Geest een sleutelrol toe: de ervaring van de radicale verduistering van Gods aanwezigheid is een soort actualisering van het offer van Christus aan het kruis (de 'historische Goede Vrijdag'). In het vrijwillige liefdesoffer van Jezus wordt de dood, die in wezen de ontkenning van het leven en de vrijheid inhoudt, door de vrijheid en de liefde ontkend, en daardoor wordt deze dood de ontkenning van de ontkenning, tot de dood van de dood. Voor Hegel is het atheïsme, dat de ervaring van dat moment in de geschiedenis van de Geest verwoordt, dus ook slechts een overgangsverschijnsel in de geschiedenis.

Ik houd me al jaren bezig met het atheïsme en zal er in dit boek een apart hoofdstuk aan wijden. Het existentiële atheïsme, dat voortkomt uit pijn en een protest is tegen de pijn, het kwaad en het lijden in de wereld, heb ik een mystieke deelname aan het kruis, aan Jezus' schreeuw in zijn Godverlatenheid, genoemd.[15] Ik ben ervan overtuigd dat een volwassen geloof deze ervaring van nachtelijke duisternis rond

---

15 Vgl. bijv. Tomáš Halík, *Geduld met God. Twijfel als brug tussen geloven en niet-geloven* (vert. Peter Morée), 11e druk, Utrecht 2022, en *Raak de wonden aan. Over niet zien en toch geloven* (vert. Kees de Wildt en Henriëtte de Wildt), 7e druk, Utrecht 2021.

het middaguur, die deel uitmaakt van zowel het evangelieverhaal als van de geestelijke weg van de gelovige, serieus moet nemen en in staat moet zijn die te omarmen en te integreren. Dit protest-atheïsme verwerpt terecht het naïeve beeld van God als een waarborg voor geluk en harmonie in de wereld, evenals de theodicee die met halsbrekende toeren het mysterie van het kwaad (*mysterium iniquitatis*[16]) met schijnbaar vrome religieuze gemeenplaatsen probeert te bagatelliseren.

De middagcrisis in de geschiedenis van het geloof is op opmerkelijke wijze theologisch verkend door denkers van het 'religieloze christendom' (met name Dietrich Bonhoeffer), de 'theologie van de dood van God' (met name Thomas Altizer), het 'christelijke atheïsme' (bijvoorbeeld Don Cupitt) en postmoderne filosofen als Gianni Vattimo. Zij hebben allen gewezen op het onvermogen van de klassieke metafysische theologie om de radicale implicaties van de historische en culturele veranderingen te vatten en op de noodzaak om de crisis van de bestaande opvatting van God serieus te nemen, de duisternis rond het middaguur en de vallei van de schaduw des doods van de metafysische God van de filosofen. Zij hebben 'oor gekregen' voor de boodschap van Nietzsches dwaze mens, die rond het middaguur met een lantaarn de oppervlakkige atheïsten en de oppervlakkige christenen van zijn tijd uitdaagde.

Noch het premoderne theïsme, noch het moderne atheïsme kan de geestelijke ervaring van onze tijd adequaat uitdrukken en een afdoende antwoord geven op de vragen en uitdagingen ervan. Dit feit vormt de aanleiding tot nieuwe benaderingen in de postmoderne filosofie en theologie. Nieuwe horizonten en een nieuwe taal bieden vooral denkers uit de continentale en Amerikaanse fenomenologische en hermeneutische godsdienstfilosofie en de filosofische theologie, vooral in samenhang met de zogenaamde 'theologische wending' (*tournant théologique*) in de Franse fenomenologie.[17] Hierin zie ik een inspiratiebron voor die vernieuwing van de theologie, die ik als een

---

16 'Het geheim van de wetteloosheid' (2 Tess. 2:7).
17 Ik denk daarbij vooral aan auteurs als Paul Ricoeur, Jean-Luc Marion, Jean-Luc Nancy, Michel Henry of de Ier William Desmond en, in de Verenigde Staten, John D. Caputo, Merold Westphal en vooral Richard Kearney, een Ier die al lang in de Verenigde Staten werkt en aan wie ik me het meest verwant voel.

onmisbaar element voor de noodzakelijke hervorming van het christendom beschouw.

Richard Kearney en zijn school van het anatheïsme, die heel nauw verwant is aan mijn denken, laat zien dat het denken over geloof na de breuk met het traditionele theïsme (de opvatting van God als het hoogste wezen tussen andere wezens) een beroep kan doen op alles wat waardevol en geldig was in de moderne religiekritiek, zonder het atheïsme als het enige alternatief te hoeven aanvaarden. Anatheïsme betekent 'opnieuw geloven', nieuw en dieper, nadat het geloof door het vagevuur van de filosofische kritiek is gegaan. Het anatheïsme staat even ver af van het traditionele metafysische theïsme als van het atheïsme. Volgens Kearney komt God tot de mens als een mogelijkheid,[18] als een aanbod; de mens bevindt zich in een situatie van een vrije keuze tussen geloof en ongeloof. Deze keuze is echter niet slechts een rationele berekening, zoals bij de weddenschap van Pascal; het gaat om een existentiële keuze. God komt vaak als vreemdeling en confronteert de mens met de keuze of hij Hem gastvrij of vijandig tegemoet wil treden.

Het lijkt me dat het begrip anatheïsme in zekere zin een antwoord geeft op de vraag welke soort bezinning op het geloof ons over de drempel naar de namiddag van het christendom zal brengen, nadat het geloof de middagcrisis, de donkere nacht, heeft doorstaan en op zoek gaat naar een nieuwe uitdrukkingsvorm. Ik heb tientallen jaren ervaring in mijn pastorale praktijk; daarin kom ik steeds meer mensen tegen die op latere leeftijd het geloof dat ze ooit de rug hebben toegekeerd herontdekken. Ze belijden: 'Ik geloof opnieuw in wat ik ooit geloofde, maar nu geloof ik er anders in.' Juist dit 'anders' verdient onze aandacht; juist dit 'anders' heeft me aangezet tot mijn beschouwingen in dit boek.

Zoals ik al heb gezegd doen de uitdrukkingen 'middagcrisis' en 'duisternis rond het middaguur' mij denken aan de donkere nachten in de persoonlijke geloofsweg en de weg van het geloof door de geschiedenis.

---

18 Vgl. Richard Kearney, *The God Who May Be. A Hermeneutics of Religion*, Bloomington 2001.

We associëren de uitdrukking 'donkere nacht' gewoonlijk met een gelijknamig werk van de mysticus Johannes van het Kruis uit de Spaanse barok.[19] Johannes schrijft eerst over de 'donkere nacht van de zintuigen'. Aan het begin van de mystieke reis is de ziel zo in de ban van de liefde van God, in de roes van het hartstochtelijke verlangen, dat het lijkt op de vlucht van een geliefde naar haar minnaar tijdens een zomernacht. Al het 'aardse' dat de liefde op deze reis zou kunnen tegenhouden en afleiden, ligt in het duister verzonken: het enige licht is het verlangen zelf. Maar vanuit dit begin leidt God ons verder. Een ziel die gewend is aan gevoelens van troost, aan kennis en ervaring die hij door contemplatie heeft opgedaan, zou bedreigd worden door 'geestelijke fijnproeverij'. Daarom leidt God de ziel dan in een toestand van 'contemplatieve dorheid': hij is niet meer in staat tot diepgaande contemplatie. De ziel komt 'in duisternis' terecht, ervaart dorheid, maar tegelijkertijd een blijvend verlangen om in eenzaamheid en stilte met God te verkeren.

Maar dan komt de bittere en pijnlijke 'nacht van de geest', de nacht van het geloof, waarin we God kwijtraken in de duisternis van de stilte en de ziel lijdt onder zijn afwezigheid. In dit stadium van de geestelijke weg heeft het geloof geen externe steunpunten en in het innerlijk heerst de dorheid en eenzaamheid van de woestijn in plaats van de vochtigmakende rivier van troost in het gebed. De meest fundamentele zekerheden van de geestelijke pelgrim worden aan het wankelen gebracht. Theresia van Ávila kreeg de overtuiging dat haar hele geestelijke leven het werk van de duivel was geweest; Johannes van het Kruis voelde zich voor eeuwig verworpen door God; Theresia van Lisieux had het gevoel dat God niet bestond en was bewust solidair met de atheïsten van haar tijd. Voor Johannes van het Kruis is echter juist dit deel van de weg een belangrijke transformatie van het geestelijke leven tot een vorm van 'naakt' geloof, waarin het zich blootgeeft en de ware kern ervan naar voren komt.

Lang vóór hem had de middeleeuwse mysticus Meister Eckhart op een soortgelijke manier gesproken over het geloof van de 'innerlijke

---

19 Johannes van het Kruis, *Die dunkle Nacht*, Freiburg 1995; Jan van het Kruis, *Donkere nacht*, Gent 2001. Vgl ook Halík, *In het geheim geloven*, hoofdstuk 10: 'Nachtervaring'.

mens' dat samen met de uiterlijke (oppervlakkige) mens de 'uiterlijke god' terzijde schuift en 'God achter God' ontdekt, die de ziel, die nu is bevrijd van 'beelden' en van 'fixaties' op uiterlijke dingen, ontmoet 'als een naakte een naakte'.

※ ※ ※

Terwijl ik nadenk over de ideeën van deze klassiekers uit de katholieke mystiek, rijst bij mij de vraag: vindt een soortgelijke rijping van het geloof niet ook plaats in de 'collectieve donkere nachten' van de geschiedenis van de kerk en de samenleving? Tot de donkere nachten van de geschiedenis behoren zeker de tragische gebeurtenissen van de twintigste eeuw, met name de twee wereldoorlogen, de Holocaust en de Goelag, samen met de verschrikkelijke gruweldaden van de nationaalsocialistische en communistische dictaturen, en het terrorisme van onze tijd, dat paus Franciscus de 'gefragmenteerde Derde Wereldoorlog' noemt.

Een zeer tot nadenken stemmende spirituele reflectie op de ervaring van oorlog, op het 'voorover leunen in de nacht', het voorover leunen vanuit de wereld van het nu, de rede en de kracht in de nacht van het niet-zijn, de chaos en het geweld, geeft Jan Patočka in het afsluitende essay van zijn laatste boek, met de toepasselijke titel: 'De oorlogen van de twintigste eeuw en de twintigste eeuw als oorlog'.[20] Hierin herinnert Patočka ook aan Teilhard de Chardins ervaringen aan het front. Dit essay van Patočka – inclusief zijn oproep tot 'solidariteit met hen die een crisis doormaken' – beschouw ik als een voorbeeld van een kairologische benadering van de geschiedenis, een voorbeeld van een spirituele lezing van de betekenis van historische gebeurtenissen. De 'donkere nachten van de geest' en de 'Godsverduistering' komen in de *laatmoderne tijd* naar voren in het werk van vele schrijvers van existentialistische literatuur, filosofie en theologie, die hebben nagedacht over het verlies van religieuze zekerheden in de seculiere samenleving.

Als we nadenken over de 'collectieve donkere nachten' van de geschiedenis, kunnen we ons echter niet beperken tot onze eigen geschiedenis, de geschiedenis van het christendom. Een hoofdstuk van

---

20 Patočka, 'Wars of the 20th Century and the 20th Century as War', 119-138.

de moderne geschiedenis dat we niet kunnen negeren, is de Holocaust, de misdadige poging tot totale genocide op een volk waaraan de onherroepelijke beloften en zegeningen van de God van ons gemeenschappelijke geloof toebehoren. Terecht hebben sommige christelijke theologen, bijvoorbeeld J.B. Metz, zich toegelegd op een 'theologie na Auschwitz' en aandachtig geluisterd naar de Joodse reflectie op deze poging tot genocide op het uitverkoren volk.

Het besluit van de Kerk om de Hebreeuwse Bijbel, de Bijbel van Jezus, als het gezaghebbende Woord van God te aanvaarden, maakt duidelijk dat de herinnering van het volk Israël deel uitmaakt van haar eigen historische herinnering. Daarom mag het christendom de tragische gebeurtenissen uit de moderne Joodse geschiedenis niet uit zijn geheugen verdringen. Veel manieren waarop het joodse geloof omging en omgaat met het mysterie van het radicale kwaad, zijn ook inspirerend voor het christendom, dat tegenwoordig op veel plaatsen in de wereld aan wreed geweld blootstaat, waarbij het aantal christelijke slachtoffers in onze tijd al groter is dan het aantal martelaren in de eerste eeuwen.

Sommige Joodse denkers, bijvoorbeeld Hans Jonas, zijn tot de conclusie gekomen dat de ervaring van de Holocaust ons beeld van God en ons spreken over God niet onveranderd kan laten.[21] Is ons idee van een machtige God niet gewoon een projectie van onze eigen machtsaspiraties op de hemel? Jonas grijpt terug op het kabbalistische idee van de schepper die zich vrijwillig in zichzelf heeft teruggetrokken om ruimte te maken voor zijn schepping en daarmee ook voor de menselijke vrijheid en verantwoordelijkheid. Andere theologen interpreteren het donkere uur van de Joodse geschiedenis als *hester panim*, een zich verbergen van (Gods) aangezicht, een uitdrukking die we in de Psalmen tegenkomen. Elie Wiesel ziet het geloof na de Holocaust als een uiting van trouw aan hen die zelfs in de hel van Auschwitz het geloof behielden.

Voor christelijke denkers is de crisis in het beeld van God als een onbewogen, almachtige regisseur van de natuur en de geschiedenis

---

21 Vgl. Hans Jonas, *Der Gottesbegriff nach Auschwitz. Eine jüdische Stimme*, Frankfurt am Main 1987; ibid., 'The Concept of God after Auschwitz. A Jewish Voice', *Journal of Religion* 67/1 (1987), 1-13.

een gelegenheid om de theologie van het kruis te herontdekken: om een God te ontdekken die zijn *pathetische* liefde (een hartstochtelijke en lijdende liefde) toont in Jezus, die zichzelf overgaf aan het kruis.

Hiermee loop ik vooruit op een van de belangrijkste ideeën van dit boek: de identiteit van het christelijk geloof vloeit voort uit het steeds opnieuw binnentreden in het paasdrama van dood en opstanding. Zo is ook de langdurige duisternis rond het middaguur, voordat de nieuwe historische fase van de namiddag van het christendom aanbreekt, een soort *anamnese*, die de herinnering aan Pasen oproept. Elke viering van Pasen is een gelegenheid om het hart van het christendom opnieuw te raken en beter te begrijpen. Ik schrijf deze tekst kort na het tweede paasfeest dat christenen in een groot deel van de wereld vanwege de coronapandemie niet op de gebruikelijke manier konden vieren. Misschien was deze nieuwe ervaring ook een uitnodiging van God aan ons om het mysterie van Pasen, dat wij elk jaar herdenken, op een nieuwe manier te verstaan.

VII KOMT GOD TERUG?

Laten we eerst terugkeren naar onze beschouwingen over de secularisatie. We moeten drie fenomenen onderscheiden: *secularisatie* als een bepaald sociaal-cultureel proces, *secularisme* als een eenzijdige ideologische interpretatie van de secularisatie en het *seculiere tijdperk* als een bepaald hoofdstuk van de geschiedenis waarin het secularisatieproces zich in een aantal Europese landen op verschillende manieren voltrekt.

Met het *seculiere tijdperk* duid ik de fase van de geschiedenis aan die ongeveer samenvalt met de 'moderniteit', het moderne tijdperk. Vooral in Midden-, West- en Noord-Europa zijn in deze periode de vorm en de rol van de christelijke godsdienst in de samenleving en de cultuur veranderd. De wortels van het *secularisatieproces* reiken echter veel verder terug dan het tijdperk van de moderniteit en dit proces werkt ook daarna nog door. Sinds het einde van de twintigste eeuw kunnen we van een postseculier tijdperk spreken.

Het *secularisatieproces* heeft zijn wortels in de bijbelse 'onttovering van de wereld': in de ontmythologisering van de natuur in het verhaal over de schepping in Genesis, in de desacralisering van de politieke macht in het boek Exodus en in de profetische kritiek op de machthebbers.[1] Het *tijdperk van de secularisatie* omvat de moderne tijd, maar begint niet pas met de Verlichting in de zeventiende en achttiende eeuw of zelfs met de renaissance; het werd al voorbereid door de scheiding van de machten van kerk en staat na de 'pauselijke revolutie' tijdens de investituurstrijd in de hoge middeleeuwen. Daarop volgden

---

1 In de Bijbel heeft de natuur geen goddelijk karakter, ze zit niet 'vol goden en demonen', maar is een schepping van God die aan de zorg van mensen is toevertrouwd. Ook de politieke heersers zijn geen goden of godenzonen. Zo weigert Mozes naar de farao te luisteren en levert Nathan harde kritiek op koning David.

eeuwen van co-existentie, maar ook van wederzijdse spanning en openlijk conflict tussen kerkelijke en seculiere ('leken') sferen van politieke macht en invloed. Vooral in Frankrijk waren deze botsingen aan het einde van de negentiende en het begin van de twintigste eeuw bijzonder dramatisch, van de Franse Revolutie tot en met de Dreyfus-affaire.

Het begin van het postseculiere tijdperk werd door Jürgen Habermas aangekondigd in zijn beroemde lezing op de Frankfurter Buchmesse in de herfst van 2001, kort na de terroristische aanslag op de Twin Towers in New York op 11 september. Hij verklaarde dat de lang overheersende ideologie van het secularisme, die religie beschouwt als een steeds zwakker wordend fenomeen dat naar het verleden verdwijnt, niet langer houdbaar was. Religies zullen belangrijke spelers zijn waarmee ook in het komende hoofdstuk van de geschiedenis rekening gehouden moet worden.

De klassieke secularisatietheorieën, die de verzwakking of vroegtijdige neergang van de religie in de loop van het moderniseringsproces voorspelden, werden beïnvloed door de ideologie van het secularisme. Maar in het laatste kwart van de twintigste eeuw verloren ze hun overtuigingskracht volledig. In boekhandels zijn de studies over de secularisatie vervangen door een rijke oogst aan boeken over de nieuwe bloeitijd van religie, over de 'de-secularisatie' of de 'de-privatisering' van de religie. Er verschenen boeken met titels als *De terugkeer van de religie* of *God is terug*.[2]

Maakt religie werkelijk een comeback? Om ten minste twee redenen ben ik het daarmee niet eens. De eerste reden is dat de religie niet terugkomt, omdat ze nooit is weggeweest. Ze was niet verdwenen, ze is niet weggegaan, ze was er altijd. Alleen is ze in de loop van haar geschiedenis voortdurend veranderd en dat blijft ze doen. Maar onder invloed van de selffulfilling prophecy van de secularisatietheorieën was ze alleen enige tijd ontsnapt aan de aandacht van de academici,

---

2 Ik doel vooral op het boek van John Micklethwait en Adrian Wooldridge, *God Is Back, How the Global Revival of Faith Is Changing the World*, Londen 2009.

de media en het publiek in de westerse wereld. Zoals gezegd richtten de meeste van deze theorieën zich echter alleen op bepaalde vormen van religie en zagen ze andere vormen over het hoofd.

De tweede reden dat de religie geen comeback maakt, is dat wat nu in een groot deel van onze wereld de geestelijke ruimte vult die na het wegvallen van de traditionele religie of na het tijdperk van de harde secularisatie in communistische landen is vrijgekomen, beslist niet hetzelfde is als wat er in het verleden was, in de premoderne tijd. De vermeende 'terugkeer van de religie' is in werkelijkheid de opkomst van nieuwe, getransformeerde vormen van religie. Dit betekent een grote verrassing, zowel voor de aanhangers van de theorie van de radicale secularisatie, die geen toekomst voor de religie meer verwachtten, als voor de vertegenwoordigers van de traditionele religieuze instellingen die het historische en steeds veranderende karakter van religie niet erkennen.

Het 'traditionalisme' en het fundamentalisme – ook een van de vormen op het hedendaagse religieuze toneel – zijn niet simpelweg een voortzetting van de premoderne religie waarop zij zich beroepen. Ze zijn een modern verschijnsel, en hun poging om een bepaalde vorm van de religie uit het verleden te imiteren en in stand te houden, is in feite *antitraditioneel*. Ze ontkennen het wezen van de traditie zelf; die is namelijk een creatief proces van recontextualisering en aanpassing van de religieuze inhoud aan nieuwe contexten.

Net als alle andere vormen van religie had ook de premoderne vorm daarvan een eigen sociaal-cultureel klimaat, dat geleidelijk aan het verdwijnen is, zelfs waar het nog lang overleefde (zoals nu bijvoorbeeld in Polen). De overgang van een overwegend agrarische naar een industriële en stedelijke beschaving, en van een gemeenschap (*Gemeinschaft*) naar een maatschappij (*Gesellschaft*),[3] en de culturele dominantie van het natuurwetenschappelijke en technische denken, hebben de traditionele religiositeit aan het wankelen gebracht. Deze verschijnselen maakten een transformatie van de christelijke religie noodzakelijk, in het bijzonder van haar plaats in de cultuur.

Tijdens het 'Pius-tijdperk' (van Pius IX tot Pius XII, midden ne-

---

3   Ferdinand Tönnies, *1880-1935: Gemeinschaft und Gesellschaft*, red. Bettina Clausen en Dieter Haselbach, Berlijn en Boston 2019.

gentiende eeuw tot midden twintigste eeuw) voerde de Roomse Kerk een intellectuele zelfcastratie uit door tijdens de ongelukkige *antimodernistische strijd* veel creatieve denkers binnen haar eigen gelederen het zwijgen op te leggen. Zo verloor de Kerk op het moment dat de moderniteit haar hoogtepunt bereikte haar vermogen om een eerlijke dialoog aan te gaan met de filosofie van die tijd en met de wetenschap die toen een hoge vlucht nam.

De trauma's van het jakobijnse terreurbewind onder leiding van Robespierre tijdens de Franse Revolutie en van latere revoluties (die soms gepaard gingen met sluiting van de kloosters en massamoord op de geestelijkheid) dreven de Roomse Kerk tot ongelukkige politieke allianties. De angst verlamde haar kritische onderscheidingsvermogen en ze begon loopgraven en verdedigingsmuren te bouwen tegen het hele complex van de moderne cultuur. Tegenover de moderne wereld koos het katholicisme uit de 'Pius-tijd' voor de strategie van de tegencultuur, volgens het principe 'partij tegen partij, pers tegen pers, vereniging tegen vereniging'. De 'ideale katholiek' van die tijd moest zijn hele leven in een klerikaal getto doorbrengen: van het doopvont in een katholieke kerk tot het graf op een katholiek kerkhof. De oproepen aan leken tot meer activiteit, zoals bij monde van Pius XI, de inspirator van de Katholieke Actie, weken niet af van het klerikale model van de Kerk, omdat ze altijd waren gekoppeld aan het principe dat alle lekenactiviteit door de hiërarchie moest worden geleid en gecontroleerd.

Het negentiende-eeuwse retro-katholicisme was gebaseerd op nietcreatieve imitatie van het verleden, zoals de neogotische en neoromaanse stijlen in de beeldende kunst, en de neoscholastiek in de theologie en de 'christelijke filosofie'. Het ontbrak de neothomisten aan de moed van de heilige Thomas van Aquino, die de theologie van zijn tijd radicaal vernieuwde met behulp van de ideeën van de heidense filosoof Aristoteles, wiens leer destijds door de kerkelijke autoriteiten verboden was. In hun streven een solide systeem van 'wetenschappelijke theologie' te construeren, imiteerden de neothomisten in feite de ongelukkige denkwijze van hun toenmalige tegenstander: het positivisme. De neothomisten ontkenden de historische dynamiek van het geloof. Daardoor belemmerden ze de creativiteit van hun eigen filosofische en theologische reflectie, op dezelfde manier als de positivisten en 'wetenschappelijke materialisten' van die tijd de wetenschappelijke kennis op een dogmatische manier in hun steriele filosofische systeem wilden persen. Beide partijen realiseerden zich niet dat geloof en wetenschap allebei het karakter van een levende stroom bezitten, die je alleen kunt begrijpen in de context van zijn historische ontwikkeling, in de loop waarvan paradigma's veranderen en legitieme interpretatieconflicten ontstaan.

In die tijd heeft het kerkelijke leergezag (*Magisterium*) op grond van een 'roekeloos vertrouwen' op de mechanisch opgevatte hulp van de Voorzienigheid overhaast en onverstandig veel waardevolle inzichten en profetische aansporingen veroordeeld. Later was het genoodzaakt zijn houding op een onhandige en moeizame manier te herzien en sommige achterstanden met grote vertraging weer in te halen.[4] Veel vertegenwoordigers van het kerkelijke leergezag namen hun rol als hoeders van de traditie en de orthodoxie serieuzer dan de even belangrijke taak om ruimte te behouden voor profetische openheid en gevoeligheid voor de tekenen van de tijd. In tijden van sociale en culturele veranderingen namen zij herhaaldelijk angstvallig een defensieve houding aan, waarbij zij zich verzetten tegen hen die probeerden nieuwe benaderingen van de wereld op een creatieve manier te interpreteren en te integreren in de geestelijke wereld van het christendom.

De inspanningen van de Kerk in de negentiende en de eerste helft van de twintigste eeuw om tegenover het protestantisme, liberalisme en socialisme een parallelle *polis* te creëren, leidden tot de exculturatie van het katholicisme en droegen daardoor in belangrijke mate bij aan de secularisatie van de moderne samenlevingen. Aan deze vorm van katholicisme moeten we echter wel het tijdige en uitdrukkelijke verzet van de Katholieke Kerk tegen de totalitaire ideologieën van het communisme en het nazisme toeschrijven. Dit verzet werd bezegeld door het martelaarschap van vele katholieken op executieplaatsen, in naziconcentratiekampen in Duitsland en in communistische werkkampen in vele landen in Europa en Azië. Toch was een groot deel van de

---

4 Denk maar aan het 'iconische voorbeeld' van de veroordeling van Galileo en zijn rehabilitatie door Johannes Paulus II, of de discrepantie tussen de *Syllabus errorum modernorum* ('Verzameling van moderne dwalingen') van paus Pius IX en de documenten van het Tweede Vaticaanse Concilie, met name *Gaudium et spes*, *Nostra aetate* en *Dignitatis humanae*.

katholieke hiërarchie lang niet zo waakzaam tegen de verleidingen van het fascisme in de Romaanse en Slavische landen (Spanje, Italië, Portugal, Kroatië en Slowakije). Ook nu nog voelen veel katholieken in de postcommunistische landen zich aangetrokken tot een bondgenootschap met het nationalisme en rechts-extremisme.

Hoewel we moeten erkennen dat deze parallelle wereld van het 'integrale katholicisme' niet alleen aanleiding gaf tot de uitputtende en tot mislukken gedoemde cultuurstrijd tegen de moderne wereld, maar ook tot het eerder genoemde heroïsche verzet tegen de totalitaire ideologieën en regimes, kunnen we niet over het hoofd zien dat het laatmoderne katholicisme in deze strijd zelf tot op zekere hoogte een eigensoortig totalitair (gesloten, intolerant) systeem werd en dat deze mentaliteit bij een deel van de katholieken nog steeds voortleeft.

In het genoemde 'Pius-tijdperk' is de Kerk er niet in geslaagd een wijze, omzichtige middenweg te vinden tussen twee gevaren: een kritiekloze fascinatie voor nieuwe ideeën en een op voorhand angstig, kleingeestig wantrouwen tegen alles wat nieuw is. Vaak heeft ze de tweede optie gekozen en daarvoor de prijs betaald met een steriele theologie die de marginalisering van de Kerk versterkte. Van het brandpunt voor het scheppen van nieuwe vormen van cultuur en samenleving gleed ze af tot een droevig dal van heimwee naar een verloren wereld. Het katholicisme in de Verenigde Staten vormde in zekere zin een uitzondering. Anders dan in de Franse Verlichting had de Verlichting in de Angelsaksische wereld geen antireligieuze inslag en kenden de revoluties daar geen jakobijnse fase. Het katholicisme werd daar dus niet verlamd door angst voor de moderniteit en het vond een modus vivendi in een door democratie, burgermaatschappij en religieus pluralisme bepaalde omgeving. Nadat het vanuit Rome de les was gelezen wegens de 'ketterij van het amerikanisme', vormden zijn ervaringen in hoge mate een inspiratiebron voor de hervormingen van het Tweede Vaticaanse Concilie.[5]

---

5   De grote verdienste hiervoor komt toe aan de Amerikaanse jezuïet John Courtney Murray en de Franse filosoof Jacques Maritain, die vele jaren aan Amerikaanse universiteiten doorbracht.

In de loop van de twintigste eeuw gingen de stemmen van christelijke denkers die erkenden dat de cultuur van de moderniteit die voortkwam uit de Verlichting, veel christelijke genen bevatte, geleidelijk aan steeds luider klinken. Ze erkenden dat de 'legitimiteit van de moderniteit'[6] niet de capitulatie van het christendom hoefde te betekenen of het verlies van zijn identiteit door opgenomen te worden in de moderniteit.

Het Tweede Vaticaanse Concilie (1962-1965) was het moment waarop de inspanningen van de pioniers van de vernieuwing op het gebied van theologie, bijbelse en historische studies, liturgie en pastorale praktijk werden bekroond. De theologen die zich hadden ingespannen om de inhoud van het christendom te vertalen in de taal en het denken van de moderne cultuur, hadden tot aan het concilie te maken gehad met verdachtmakingen, frequente pesterijen en onderdrukking door de kerkelijke autoriteiten, maar nu kregen ze legitimiteit en ruimte.

Het concilie sprak zich uit voor een open dialoog, niet alleen met andere christelijke kerken, maar ook met de andere religies en met het seculiere humanisme van de mondiale burgerlijke samenleving. De Kerk herinnerde zich de ooit veroordeelde moed van de jezuïetenmissionarissen om het christelijk geloof te *incultureren* en er op een creatieve manier vorm aan te geven in niet-Europese culturen, in plaats van slechts mechanisch de Europese vormen ervan te exporteren; daarmee waren ze de wegbereiders voor een werkelijk mondiaal, maar tegelijk cultureel pluralistisch christendom. Daar droegen ook de liturgische hervormingen aan bij, met name de invoering van de volkstaal in de mis.

Tijdens de cultuurstrijd in de negentiende eeuw was het werk van de Kerk in het Westen langzamerhand uit het openbare leven naar de privésfeer verdrongen. Na het concilie leek het erop dat de oecumenische openheid en de aanvaarding van het beginsel van godsdienstvrijheid en tolerantie de Katholieke Kerk de mogelijkheid zouden bieden om actief mee vorm te geven aan een pluralistische, mondiale burgermaatschappij. Veel katholieken zagen het concilie als een nieuwe lente voor de Kerk, een 'nieuw Pinksteren'.

---

6   Vgl. Hans Blumenberg, *Die Legitimität der Neuzeit*, Berlijn 1966.

Maar de nieuwgebouwde kerken, seminaries en kloosters stroomden niet vol; integendeel, het aantal kandidaten voor de ambten liep gestaag terug. In de jaren na het concilie raakten duizenden priesters zo bedwelmd door de lentegeuren van de vrijheid, dat ze hun roeping opgaven en soms zelfs de Kerk verlieten. Deze tendens zet zich tot op de dag van vandaag voort. Er is nog steeds discussie over de vraag of de crisis te wijten is aan de hervormingen van het concilie of aan pogingen om ze af te remmen, dus of de Kerk bij het invoeren van de hervormingsideeën van het concilie in haar pastorale praktijk te haastig of juist te traag en inconsequent was.

In reactie op de hervormingen van het concilie vormde zich in de Katholieke Kerk een kleine groep radicale tegenstanders onder leiding van aartsbisschop Marcel Lefebvre, wiens verzet in 1988 uitliep op een formeel schisma. Maar ook onder de overweldigende meerderheid van de katholieken die de conciliaire hervormingen aanvaardden, ontstonden langzamerhand twee verschillende stromingen. De Amerikaanse jezuïetentheoloog (en latere kardinaal) Avery Dulles (en vervolgens ook paus Benedictus XVI) gaf beide stromingen en hun manieren om het concilie te interpreteren een naam. Hij onderscheidde een hermeneutiek van de continuïteit en een hermeneutiek van de discontinuïteit. De eerste stroming beriep zich op de *letter* van de documenten van het concilie en benadrukte dat het concilie in geen enkel opzicht van de bestaande traditie was afgeweken; de tweede probeerde in de *geest* van het concilie het nieuwe van het concilie in de geschiedenis van de Kerk verder te ontwikkelen.

In de openingszin van de constitutie *Gaudium et spes* belooft de Katholieke Kerk de hedendaagse mensheid solidariteit met haar vreugde en hoop, verdriet en pijn. De zin klinkt als een huwelijksgelofte om de ander lief te hebben, te eren en trouw te zijn. Toch lijkt de 'moderne mens' dit aanbod niet met open armen te hebben ontvangen. Misschien vond hij de bruid die zich hier aanbood wat te oud en niet meer zo aantrekkelijk.

Het is zeker prijzenswaardig dat de Kerk ophield de moderniteit te vrezen en te demoniseren. Maar we kunnen niet om de kritische vraag heen of de Kerk zich, paradoxaal genoeg, niet met de moderne cultuur heeft verzoend juist op het moment dat de moderniteit ten einde liep. De moderniteit, die sinds de Verlichting politiek en cultureel in de westerse beschaving de overhand had gekregen, was in de jaren zestig weliswaar op het toppunt van haar macht, maar het 'einde van de moderniteit' was al in zicht. Het concilie heeft de Kerk voorbereid op de dialoog met de moderniteit. Maar heeft het haar ook voldoende toegerust voor de ontmoeting en confrontatie met de postmoderniteit, die al voor de deur stond?

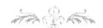

De culturele revolutie van 1968 was waarschijnlijk zowel het hoogtepunt als het laatste woord van de moderne tijd. De wereldwijde opstand van de jeugd aan Europese, Amerikaanse en zelfs Japanse universiteiten tegen het vaderlijke gezag en het disciplinerende 'superego' van de heersende maatschappelijke orde werd politiek de kop ingedrukt, maar behaalde in cultureel opzicht de overwinning. In de heersende mentaliteit van de westerse samenleving heeft ze bepaalde waarden ingebracht die je kunt samenvatten met de slogans die vooral door de humanistische psychologie werden gepopulariseerd: 'zelfverwerkelijking' en 'zelfontplooiing'. Maar sindsdien lijkt de moderniteit niet meer met iets echt nieuws te zijn gekomen. Het jaar 1969, het jaar waarin de mens de maan betrad en de microprocessor werd uitgevonden, kun je omschrijven als het symbolische begin van de postmoderniteit, van het wereldwijde 'internettijdperk'.

In reactie op de culturele revolutie van 1968, met name op één element hiervan, de seksuele revolutie, namen de pogingen toe om de hervormingen in de Katholieke Kerk af te remmen. De encycliek *Humanae vitae* van Paulus VI, die in datzelfde jaar verscheen en kunstmatige anticonceptie strikt afwees, werd door velen gezien als het eerste signaal van een 'koerswijziging'. Het streven om deze encycliek in de pastorale praktijk rigoureus toe te passen, droeg eraan bij dat het sacrament van de verzoening in sommige landen vrijwel verdween. Veel katholieke leken voelden zich te volwassen om de details van hun echtelijke seksleven aan de controle en het strenge oordeel van hun celibataire biechtvaders te onderwerpen. De kloof tussen de leer en de prediking van de Kerk aan de ene kant en het denken en de levensstijl van een aanzienlijk aantal katholieken aan de andere kant begon zorgwekkend groot te worden.

Het katholicisme dat tot dan toe in veel West-Europese landen (bijvoorbeeld Duitsland) een relatief uniform cultureel milieu had gevormd, viel in diezelfde periode om een aantal externe en interne redenen uiteen.⁷ Het proces van individualisering van het geloof nam toe in tempo en intensiteit. De verandering in de waardeoriëntatie van de westerse cultuur droeg bij aan de verdeeldheid onder de christenen. Een groot deel van hen was sterk beïnvloed door de mentaliteit van de jaren zestig en maakte de banden met de Kerk, haar leer en haar praktijk losser, terwijl een ander deel deze mentaliteit verwierp en het kerkelijke milieu begon te zien als een beschermende schuilplaats tegen de invloeden van de omringende wereld. Deze twee stromingen in de Kerk waren niet in staat tot een dialoog. In landen met een communistisch regime bleef onder deze druk van buitenaf een schijn van eenheid overeind (afgezien van de spanningen tussen vertegenwoordigers van de Kerk die met het regime samenwerkten en christenen die betrokken waren bij de politieke dissidentenbeweging). De verschillen in religieuze mentaliteit kwamen pas na de val van het Sovjetrijk aan het licht.

In een interview zei kardinaal Ratzinger, de latere paus Benedictus XVI, dat de postconciliaire ontwikkelingen in de Kerk deels verantwoordelijk waren voor de liberale culturele revolutie aan het einde van de jaren zestig: de Kerk zou niet langer een stabiele pijler van een solide maatschappelijke orde zijn geweest.⁸ Maar had zij zo'n rol kunnen en moeten spelen? Had zij op dat moment nog de macht en de invloed om de voortgaande culturele trend een halt toe te roepen? Zou zij die hebben kunnen stoppen door vast te houden aan onveranderlijke beginselen of zou zij zich daardoor hebben veroordeeld tot de rol van een marginale obscure sekte aan de rand van de samenleving, zoals met de schismatieke vleugel van de volgelingen van de geëxcommuniceerde aartsbisschop Lefebvre is gebeurd?

Hoewel sommige ideeën van het concilie tijdens de pontificaten van Paulus VI, Johannes Paulus II en Benedictus XVI in pauselijke

---

7   Vgl. bijvoorbeeld Karl Gabriel, *Christentum zwischen Tradition und Postmoderne*, Freiburg 1992.
8   Vgl. Joseph Kardinal Ratzinger, *Zur Lage des Glaubens. Ein Gespräch mit Vittorio Messori*, München 1985; Engelse uitgave: *Ratzinger Report. An Exclusive Interview on the State of the Church*, San Francisco 1985.

documenten (vooral in de sociale encyclieken) en in belangrijke initiatieven op het gebied van de oecumenische en interreligieuze dialoog werden uitgewerkt, bleef de noodzakelijke hervorming van de kerkelijke structuren uit. Bovendien concentreerde de officiële morele leer van de Kerk zich opnieuw te veel op bepaalde kwesties in de seksuele ethiek, op een manier die pas paus Franciscus treffend heeft durven omschrijven als een 'neurotische obsessie'. De perceptie van seksualiteit is in een groot deel van de westerse samenleving veranderd en de argumenten van de Kerk, gebaseerd op een ahistorische opvatting van een onveranderlijke menselijke natuur, waarbij bijvoorbeeld de bevindingen van de medische wetenschap over homoseksuele geaardheid werden genegeerd, zijn niet overtuigend gebleken.

Tegenwoordig hangt de invloed van de Kerk op de samenleving echter volledig af van de overtuigingskracht van haar argumenten; al sinds de Verlichting kan de Kerk op geen enkele andere macht meer terugvallen. Toch is er geen gemeenschappelijke, wederzijds aanvaarde filosofische basis gevonden voor een rationele dialoog tussen de theologie en de seculiere liberale mentaliteit (dat wil zeggen, die 'derde weg' tussen regelrechte afwijzing en kritiekloze aanvaarding in). Het seculiere publiek begon de Kerk te zien als een boosaardige gemeenschap, die zich obsessief bezighield met een paar kwesties (zoals abortus, condooms en verbintenissen tussen personen van hetzelfde geslacht), waarover zij haar anathema's herhaalde op een manier die men niet kon begrijpen. De mensen wisten waar de katholieken *tegen* waren, maar begrepen niet meer waar zij *vóór* waren, of hoe zij de hedendaagse wereld nog konden dienen. De hardnekkigheid waarmee bepaalde kerkelijke kringen vasthouden aan een antropologie die gebaseerd is op een ahistorische, aristotelisch-thomistische opvatting van de menselijke natuur en het feit dat ze weigeren de bevindingen van de sociale en natuurwetenschappen serieus te nemen, doet denken aan het vroegere dwaze vasthouden aan het geocentrische model van het heelal. De noodzaak om de theologische antropologie te herzien wordt steeds duidelijker, bijvoorbeeld door in de seksuele ethiek niet langer te denken vanuit een statisch concept van de 'menselijke natuur', maar op basis van een dynamische ethiek van intermenselijke relaties en een erotiek die in een tijd van commercialisering van seksualiteit aanmoedigt tot tederheid en wederzijds respect.

De goedbedoelde oproep tot een 'nieuwe evangelisatie' die op de drempel van het nieuwe millennium in de Katholieke Kerk klonk, heeft niet de verwachte weerklank gevonden, waarschijnlijk onder meer omdat ze niet 'nieuw' en radicaal genoeg was. De pogingen van sommige 'nieuwe bewegingen' (*movimenti*) in de Kerk om zich op de emotionele kant van religie te richten, om het enthousiasme van de evangelicals en de spiritualiteit van piëtistische groepen te imiteren, waren blijkbaar niet geschikt om het vermoeide westerse christendom uit zijn middagslaap te wekken. Na meer dan een halve eeuw is paus Franciscus teruggekeerd naar de hervormingsgeest van het concilie. Zijn pogingen om structurele hervormingen door te voeren en de kerkleer nieuw leven in te blazen, stuitten echter al snel op verzet van de conservatieve vleugel, waaronder een deel van de Romeinse Curie en het College van Kardinalen. Toen paus Franciscus opriep tot een wijze en tegelijk barmhartige pastorale benadering van mensen in 'situaties die niet volgens de regels zijn', die individuele verschillen respecteert en die bevordert dat mensen hun geweten volgen, stuitte dit bij een groot deel van de geestelijkheid op onwil om hun rol op te geven van rechters, die mechanisch de letter van het kerkelijk recht uitvoeren.

De oproep van het concilie om op de tekenen van de tijd te reageren door een actieve deelname aan het politieke leven, bleef niet onopgemerkt. Katholieken in veel delen van de wereld, van Latijns- en Midden-Amerika en sommige Afrikaanse landen tot Europese dissidentenbewegingen – zowel tegen rechtse autoritaire regimes, zoals in Spanje en Portugal, als tegen communistische dictaturen – zijn betrokken geweest bij de strijd voor mensenrechten, sociale rechtvaardigheid, democratie en burgerlijke vrijheden. Ze hebben vaak een aanzienlijke bijdrage geleverd aan de geweldloze overgang van autoritaire regimes naar een democratie. Sommige katholieken zijn sindsdien echter onaangenaam verrast en teleurgesteld; ze hebben soms zelfs een cultuurschok ondergaan toen de kerken na de val van de dictaturen en de triomf van de democratie in hun nieuwe of vernieuwde pluralistische omgeving geleidelijk terrein verloren en in toenemende mate te maken kregen met wantrouwen en afwijzing van de kant van het seculiere liberalisme. Hun verwachting dat het christendom na de val van het communisme het gat zou opvullen dat achterbleef (zoals dat tot op zekere hoogte in Duitsland na de val van het nazisme gebeurde), is niet uitgekomen. Er wordt wel gezegd dat het voor paus Johannes Paulus II de grootste teleurstelling is geweest dat veel Polen na de val van het atheïstische regime naar de supermarkt gingen in plaats van naar de kerk.

Het lijkt erop dat de Kerk, die over het algemeen had standgehouden tijdens de *harde* secularisatie onder atheïstische regimes, des te meer verrast werd door de daaropvolgende *zachte* secularisatie onder de hernieuwde democratie. Sommigen leken niet zonder vijand te kunnen leven en ruilden deze na de val van het communisme in voor het 'decadente Westen'. In veel preken in de postcommunistische landen hoor je steeds meer klachten over de 'tsunami van secularisme, liberalisme en consumentisme', waarmee ze onbewust de antiwesterse retoriek van de communistische ideologen kopiëren. Deze kerkelijke kringen werden gegrepen door een duizelingwekkende vrijheidsangst, een agorafobie – angst voor de open ruimte of letterlijk: angst voor de markt.

De halve eeuw na het concilie wordt getekend door onophoudelijke conflicten tussen conservatieven en progressieven in de Katholieke Kerk. Ook deze slopende conflicten hebben eraan bijgedragen dat de Katholieke Kerk nu op de rand van een schisma verkeert. Ik kan me al lang niet aan de indruk onttrekken dat het beide partijen in deze conflicten, vooral de radicalen onder hen, schort aan een profetisch inzicht in de tekenen van de tijd. De pogingen van de traditionalisten om de noodzakelijke hervormingsbesluiten van het concilie af te wijzen en terug te keren naar de premoderne wereld, hebben de Kerk veel schade berokkend en eindigen, in de woorden van een Tsjechische klassieker, eerder als een klucht dan als een tragedie.[9] Maar ook de vele pogingen van de progressieven hebben de waarheid van het *bon*

---

9 Vgl. Slavoj Žižek, *Eerst als tragedie, dan als klucht* (vert. Ineke van der Burg), Amsterdam 2011.

mot bevestigd dat wie met de tijdgeest trouwt, snel weduwnaar wordt. Wie het door het concilie geëiste *aggiornamento*, de noodzakelijke herziening van de bruikbaarheid van wat de Kerk als de haar toevertrouwde schat bewaart, heeft opgevat als louter aanpassing aan de seculiere samenleving en een ondoordachte uitverkoop van de traditie, is mentaal in het te strakke korset van de moderniteit blijven steken. Daarom zijn sommige bezwaren van goed opgeleide conservatieve christenen tegen het oppervlakkige vooruitgangsgeloof in de kerk en de theologie nuttige feedback en het aandachtig beluisteren waard. Maar het fatale tekort van de conservatieven is dat ze niet in staat zijn met een levensvatbaar alternatief te komen.

Het verschil tussen voorstanders van een hermeneutiek van de continuïteit en die van een hermeneutiek van de discontinuïteit bij de interpretatie van de boodschap van het concilie weerspiegelt het algemene verschil tussen hoeders en hervormers in de geschiedenis van de Kerk. De Kerk heeft ze allebei nodig, in sommige situaties vooral de ene, in andere meer de andere. Misschien was het in de turbulente jaren na het concilie wel logisch dat vooral de mensen die de radicaliteit van de veranderingen wilden matigen, hun stem weer meer lieten horen. Toch ben ik ervan overtuigd dat dit een *kairos*moment voor een fundamentele hervorming is en dat het echt geen toeval is dat iemand die de dynamiek van het Latijns-Amerikaanse continent vertegenwoordigt, tot de stoel van de bisschop van Rome werd beroepen. Het zorgvuldig doordenken van zijn aanzetten tot hervorming beschouw ik als een dringende opgave voor het *leergezag van de theologen*.

Paus Franciscus ziet een deel van de oplossing in de vermindering van het centralisme in de Kerk en in de versterking van het synodale principe, alsook in de grotere autonomie en verantwoordelijkheid van de lokale kerken. De spanningen binnen de plaatselijke kerken vormen echter nog een ander probleem. Zijn de leiders in de Kerk, vooral de bisschoppen, bereid de monarchale opvatting van hun rol op te geven en bemiddelaars van de dialoog binnen de Kerk te worden? Zijn ze voldoende bereid om een ruimte te scheppen en te verdedigen voor de ontplooiing van de gaven van individuele gelovigen, mannen en vrouwen? Zijn ze bereid te erkennen dat vrouwen beschikken over de capaciteiten om op een gelijkwaardige manier medeverantwoordelijkheid te dragen voor de geloofsgemeenschap?

Ik blijf benadrukken dat de hervorming van de Kerk dieper moet gaan dan veranderingen in institutionele structuren, dat ze uit diepere bronnen van theologische en geestelijke vernieuwing moet voortkomen.

De namiddag van het christendom, de uitweg uit de aanhoudende middagcrisis, zal waarschijnlijk niet gepaard gaan met het plechtige bazuingeschal van de engelen in de Openbaring aan Johannes, maar eerder komen 'als een dief in de nacht' (1 Tess. 5:2). Velen roepen al lang triomfantelijk: 'God is terug.' Maar ook hier geldt de waarschuwing van Jezus: 'Ga er niet naar toe en loop er niet achteraan' (Luc. 17:23).

De namiddag van het christendom zal waarschijnlijk op dezelfde manier komen als Jezus op de paasmorgen: we zullen Hem herkennen aan de wonden in zijn handen, zijn zij en zijn voeten. Maar de wonden zullen *van gedaante veranderd* zijn.

VIII DE ERFGENAMEN VAN DE MODERNE RELIGIE

De secularisatie heeft de religie niet uitgebannen, maar getransformeerd. Het is duidelijk geworden dat religie een veel dynamischer, levendiger, krachtiger en vooral veel breder, complexer en veelzijdiger verschijnsel is dan het in de afgelopen twee eeuwen leek. De religie is niet uitgestorven, maar neemt nieuwe vormen aan – nu niet meer alleen in de privésfeer, maar opnieuw ook in de publieke ruimte. Het geloof is buiten de oude institutionele oevers getreden. De kerken zijn hun monopolie op religie kwijtgeraakt. Tijdens de Verlichting verloren ze de controle over het wereldlijke terrein, nu zijn ze ook de controle over het religieuze leven kwijtgeraakt. De grootste concurrent van de kerken is tegenwoordig niet het seculiere humanisme en atheïsme, maar een religiositeit die zich aan de controle van de Kerk onttrekt.

De seculiere cultuur van de moderne tijd heeft de religie als wereldbeeld voortgebracht; deze vorm verdrinkt nu in het radicale pluralisme van de postmoderniteit. De crisis van de traditionele religieuze instellingen duurt voort, maar ook het oude dogmatische atheïsme is op zijn retour. In de huidige wereld moeten we op drie opmerkelijke verschijnselen letten: ten eerste op de transformatie van religie tot een politieke identitaire ideologie; ten tweede op de transformatie van religie tot spiritualiteit; en ten derde op het groeiende aantal mensen dat noch de 'georganiseerde religie' noch het atheïsme belijdt.

Door de secularisatie zijn veel verschijnselen waardoor de traditionele vorm van religie bijeengehouden werd – de leer, de moraal, het ritueel, de persoonlijke vroomheid enzovoort – van elkaar losgeraakt en leiden een eigen leven.[1] In een pluralistische postmoderne

---
1 Beck, *Der eigene Gott*, 116.

samenleving zijn deze geëmancipeerde componenten van de religie een vrij toegankelijke bron geworden, waaruit individuen en menselijke groepen naar believen kiezen en hun eigen pakket samenstellen. Losgemaakt uit hun oorspronkelijke context duiken religieuze symbolen in hedendaagse kunst op, inclusief de popcultuur[2] en mode-accessoires. Soms wordt de oorspronkelijke context van deze symbolen vergeten en genegeerd, terwijl op andere momenten de bewust provocerende spanning met de oorspronkelijke context hun bekoring en aantrekkingskracht vergroot. De auteurs van dergelijke werken rekenen er vaak bij voorbaat op dat de kerkelijke autoriteiten, die het onconventionele en provocerende gebruik van religieuze symbolen mogelijkerwijs louter als godslastering zien, er publiekelijk tegen zullen protesteren, waardoor ze free publicity krijgen en hun commerciële succes verzekerd is. Soms heeft het onconventionele, provocerende en schijnbaar godslasterlijke gebruik van religieuze motieven echter een paradoxaal effect: het prikkelt tot nadenken, onderzoek en een herontdekking van de oorspronkelijke context.[3]

Zowel de politiek-ideologische als de 'zuiver spirituele' vorm van religiositeit kunnen we als erfgenamen van de twee polen van het vroegere type religie beschouwen, namelijk de publieke en de private gestalte. In het tijdperk van de moderniteit, toen de christelijke religie confessionaliseerde, verloor ze haar invloed op het geheel van de moderne samenleving en verplaatste ze zich van de publieke ruimte naar een steeds nauwer domein: dat van de kerk, het gezin en vervolgens de privésfeer, de persoonlijke overtuigingen, en zo raakte ze 'gepriva-

---

2   Een voorbeeld is het pseudoniem of de artiestennaam Madonna, die wordt gebruikt door een populaire zangeres die beslist niet symbool staat voor de traditionele eigenschappen van Maria.

3   Ik heb het zelf verschillende keren meegemaakt dat sommige films en toneelstukken waarop conservatieve christenen verontwaardigd reageerden (bijvoorbeeld de films *The Last Temptation of Christ* of *Jesus Christ Superstar*) jonge mensen uit hun 'apatheïsme' hebben wakker geschud en hun belangstelling voor religie hebben gewekt – of hen zelfs ertoe hebben gebracht zich tot het christendom te bekeren. Jezus' gelijkenis over het koren en het onkruid zou de vertegenwoordigers van de Kerk moeten waarschuwen tegen pogingen tot censuur van kunst.

tiseerd'. Zoals in eerdere hoofdstukken al aan de orde kwam, had ook het katholicisme als tegencultuur tegen het protestantisme, liberalisme, socialisme en uiteindelijk tegen de hele moderne wereld, eerder een defensief dan een offensief karakter.

Zo ongeveer in het laatste kwart van de twintigste eeuw veranderde de situatie: in een poging te profiteren van de crises en zwakheden van de liberale samenleving, zetten religies de tegenaanval in en proberen belangrijke spelers op het politieke toneel te worden. De religies streven dus opnieuw naar de rol van *religio*, een integrerende kracht. Ze willen een bepaalde groep (bijvoorbeeld een specifieke etnische groep) laten integreren en hun identiteit laten verdedigen, maar daarbij gaat het nu om een *verdediging door middel van een aanval*. Deze vormen van religie worden dus intolerant en militant. Op sommige plaatsen houden zij het bij militante retoriek (zoals tegenwoordig meestal het geval is bij het christelijke fundamentalisme), maar op andere plaatsen (bijvoorbeeld in het geval van het radicale politieke islamisme) aarzelen ze niet om aan te zetten tot fysiek geweld en om oorlogen en terroristische aanslagen te rechtvaardigen.

Een van de eerste auteurs die de aandacht vestigden op deze wereldwijde trend was de Franse socioloog Gilles Kepel met zijn boek *De wrake Gods*.[4] Kepel toonde aan dat het radicale islamisme dat sinds de revolutie van Khomeini in Iran wereldwijd in de belangstelling staat, parallellen vertoont met de politisering van de andere monotheïstische godsdiensten. Het boek van Kepel werd al snel een bestseller, waarop talloze studies over de wereldwijde repolitisering van religie zijn gevolgd, vooral sinds de terroristische aanslag op New York in 2001.

Een voorbeeld van het politieke gebruik en misbruik van de christelijke symbolen en retoriek is het Amerikaanse *Religious Right*, dat eraan bijgedragen heeft dat in de Verenigde Staten de amorele populist Donald Trump aan het roer kwam te staan. In Europa zijn het vooral de zogenaamde verdedigers van de westerse christelijke waarden onder de extreemrechtse politieke demagogen en nationalistische populisten in Frankrijk en Italië, maar ook in Hongarije, Polen, Slowakije, Slovenië en Tsjechië. Tot hun favoriete doelwitten behoren de Europese Unie

---

4 Gilles Kepel, *De wrake Gods. Christelijk, joods en islamitisch fundamentalisme*, Baarn 1992.

en de migranten uit islamitische landen. Deze nationalistische trends worden door de huidige grootschalige Russische propaganda-industrie systematisch aangewakkerd door middel van nepnieuws en desinformatie via sociale media. In de hybride oorlog van het Poetin-regime tegen het Westen zijn christelijke conservatieven een specifiek doelwit; president Poetin wordt afgeschilderd als de 'nieuwe heilige Constantijn', die de christelijke wereld zal leiden in een kruistocht tegen het verdorven Westen. Ze maken daarbij misbruik van het feit dat een gevaarlijke affiniteit met autoritaire regimes in het DNA van het conservatieve christendom zit.

Ik ben ervan overtuigd dat de liberale democratie een tot nu toe onovertroffen staatsvorm is en dat ze voor christenen een veel geschiktere omgeving is dan welke 'katholieke staat' dan ook. Toch zie ik ook wel zwakheden in het hedendaagse liberalisme en ik denk dat de christelijke sociale leer, vooral in de vorm van de sociale encyclieken van paus Franciscus, de politieke cultuur van de toekomst kan inspireren en als tegenwicht kan dienen voor het eenzijdige neoliberalisme.

Het huidige populisme, vooral in de postcommunistische landen, stelt tegenover de liberale democratie het ideaal van de 'illiberale (of 'gestuurde') democratie', een schuilnaam voor een autoritaire staat. Waar deze populistische krachten aan de macht komen, beginnen zij de liberale democratie naar westers model te vernietigen door de vrijheid van de media, de universiteiten, de ngo's en de rechtbanken, met name het Constitutionele Hof, te betwisten.

Het is veelzeggend dat de meest luidruchtige voorstanders van de 'terugkeer van het christelijke Europa' vaak mensen zijn van wie hun hele mentaliteit en levensstijl mijlenver afstaat van het evangelie en bij wie hun 'christendom' uitsluitend bestaat uit vijandigheid tegenover migranten, moslims en seksuele minderheden. Zelfs vertegenwoordigers van de kerken werken soms samen met populisten en nationalisten; ze proberen de waarschuwende profetische stem van paus Franciscus te overstemmen, in diskrediet te brengen en het zwijgen op te leggen. De vraag rijst of het in deze gevallen gaat om politisering van de religie of om sacralisering van politiek, het creëren van een vals aura rond de zeer onheilige en goddeloze machtsbelangen van bepaalde groepen. De reden waarom ik nog een keer terugkom op het onderwerp 'politiek en religie' is dat ik de combinatie van deze twee domeinen een uiterst gevaarlijk verschijnsel vind. Onder invloed van de ideologie van het secularisme heeft de wereldopinie de kracht van religie lange tijd onderschat, er geen aandacht aan geschonken en haar niet begrepen. Religie is een kracht die zowel therapeutisch als destructief gebruikt kan worden: onder bepaalde omstandigheden kan ze internationale politieke conflicten laten ontaarden in een destructieve botsing van beschavingen. Daarom moeten we naar manieren zoeken om de morele invloed van religie in te zetten in de *tikoen olam* – 'het herstel van de wereld'. Kan de andere erfgenaam van de moderne religie, de spiritualiteit, hieraan bijdragen? Als de wereldreligies hun spirituele dimensie ontwikkelen, kan dit een belangrijke bijdrage leveren aan de interreligieuze dialoog, een van de meest urgente opgaven voor onze tijd. Juist op dit gebied staan de grote religies waarschijnlijk het dichtst bij elkaar.

Terwijl de huidige pogingen om religie terug te brengen in het openbare en dan vooral het politieke leven een reactie op de moderne trend tot privatisering en individualisering van het geloof zijn, is de postmoderne wending naar spiritualiteit eerder een uitdrukking en vrucht van deze trend van *personalisering* van de religie. Aan de perspectieven en gevaren van de spiritualiteit in onze tijd zal ik een afzonderlijk hoofdstuk wijden. Daarin probeer ik de belangstelling voor spiritualiteit als uitdrukkingsvorm van de zoektocht naar de zin van het menselijk bestaan te onderscheiden van de goedkope esoterie die de vrucht is van commercialisering en trivialisering van spiritualiteit.

Een belangrijke sleutel tot het begrijpen van de grote verschillen op religieus gebied biedt het werk van Gordon Allport, een psycholoog die aan Harvard werkt. In het midden van de twintigste eeuw vond in de Verenigde Staten een uitgebreid empirisch onderzoek plaats naar de hypothese dat religieuze mensen gevoelig zijn voor autoritarisme en een rigide wereldbeeld, net als de aanhangers van totalitaire ideologieën als het fascisme en het communisme. De resultaten waren niet bepaald eenduidig. Het gold voor sommige religieuze mensen wel, terwijl bij anderen een sterke neiging tot altruïsme, tolerantie en creativiteit werd vastgesteld. Op basis van deze bevindingen maakte Gordon Allport onderscheid tussen extrinsieke en intrinsieke religiositeit.[5]

Mensen met een *extrinsieke* religiositeit, voor wie religie een middel is om een ander doel te bereiken (bijvoorbeeld maatschappelijke erkenning, bevestiging van de groepsidentiteit of het behoren tot een bepaalde groep) hebben de neiging heel rigide en autoritair te zijn. Mensen met een *intrinsieke* of geïnternaliseerde vroomheid, voor wie het geloof op zichzelf betekenis heeft, zijn meestal open, tolerant, flexibel, sociaal gevoelig, opofferingsgezind en solidair. Allport karakteriseert extrinsieke religiositeit als onvolwassen. Hij noemde een reeks aanwijzingen voor de volwassenheid van een intrinsiek geloof: de innerlijke rijkdom, diversiteit en dynamiek ervan, het vermogen om een complexe levensbeschouwing te ontwikkelen, om twijfel te verdragen, te kunnen omgaan met het kwaad en met de hedendaagse culturele en wetenschappelijke kennis, en het is een bron van praktisch handelen. Terwijl extrinsieke vroomheid de Kerk vooral waardeert om haar sociaal-culturele functie en slechts marginaal deelneemt aan haar leven, bijvoorbeeld alleen aan haar belangrijke feestdagen, is de kerk voor mensen met een intrinsieke vroomheid een gemeenschap waarbij ze actief betrokken zijn en waarvan ze regelmatig de diensten bijwonen.

Later voegde de Amerikaanse psycholoog Daniel Batson aan deze typologie een derde soort religie toe: het geloof als een queeste, als een avontuurlijke reis, als een voortdurende zoektocht, een weg naar de diepte.[6]

Wat kunnen we in het licht van onze huidige ervaring over deze theorieën zeggen? Extrinsieke religie komen we overal tegen. Daartoe behoren de politieke instrumentalisering van de religieuze taal en symbolen (van islamistische radicalen tot rechtse 'verdedigers van de christelijke waarden'), maar ook de gecommercialiseerde spiritualiteit, de vermenging van religie en psychotherapie in spirituele wellnesscentra.

De volwassen, intrinsieke religiositeit kwam Allport voornamelijk tegen bij trouwe, actieve leden van religieuze communiteiten, parochies en kerkelijke gemeenten. Maar zoals ik op veel plaatsen in dit boek

---

5 Vgl. Gordon Allport, *The Individual and His Religion. A Psychological Interpretation*, Oxford 1967.
6 Vgl. C. Daniel Batson en Patricia A. Schoenrade, 'Measuring Religion as Quest: 1) Validity Concerns', *Journal for the Scientific Study of Religion* 30 (1991), 416-429.

laat zien, maakt deze institutionele vorm van het christendom in deze tijd grote veranderingen en crises door, die waarschijnlijk zelfs met het einde van de middagcrisis van het christendom niet zullen verminderen. De parochies, kerkelijke gemeenten en de meest uiteenlopende instellingen die in de loop van de geschiedenis zijn ontstaan, zullen beslist niet verdwijnen. Maar hun positie in de samenleving is al veranderd en zal nog verder veranderen. In de postmoderne en postseculiere maatschappij zoekt het christendom een nieuw thuis en nieuwe uitdrukkingsvormen.

De vitaliteit van de kerken – en de vitaliteit van de intrinsieke religiositeit – hangt duidelijk af van de mate waarin zij kunnen communiceren met die derde vorm van religiositeit, het geloof dat Batson beschreef als een weg die zelf geen vaste institutionele vorm kent. Naast de dialoog tussen de kerk en de seculiere wereld, waartoe het Tweede Vaticaanse Concilie heeft opgeroepen, ontstaat er behoefte aan een *dialoog tussen de verschillende psychologische typen van geloof binnen het christendom*: tussen het geloof als weg en het geloof als zekerheid, tussen de kerk als een gemeenschap van pelgrims en de kerk als een thuis, tussen de kerk als gemeenschap van herinneringen en verhalen en de kerk als een veldhospitaal. Zal de Kerk van de toekomst een gemeenschappelijk thuis kunnen zijn voor al deze verschillende aspecten en vormen van religiositeit?

Veel institutionele vormen van christendom bevinden zich in een crisis en daarom zoekt ook het geloof naar nieuwe vormen. Dit wil niet zeggen dat we iedere institutionele vorm van geloof alleen nog maar als een overblijfsel uit het verleden kunnen beschouwen. Het is een typische zwakte van de liberale theologie dat ze het belang van de religieuze instituties onderschat. Dat heeft er zeker toe bijgedragen dat de huidige religieuze instituties grotendeels door christelijke conservatieven en traditionalisten zijn overgenomen.[7]

---

7 Hierop wijst onder anderen de Amerikaanse theoloog Massimo Fagiolli; vgl. van hem: 'A Wake-Up Call to Liberal Theologians. Academic Theology Needs the Church' www.commonwealmagazine.org/wake-call-liberal-theologians (geraadpleegd 14 maart 2023).

Laten we het dan nu hebben over een derde opmerkelijk verschijnsel op het postseculiere toneel: het groeiende aantal mensen dat, op de vraag welke religie zij aanhangen, antwoordt met 'geen'. Sociologen hebben op deze groep het collectieve etiket *nones* geplakt.

Na de christenen en de moslims zijn de *nones* in aantal de derde groep op aarde. Het gaat om een ongelooflijk bonte verscheidenheid aan levensbeschouwelijke en existentiële opvattingen (*faith* en *belief*). Een buitenstaander zal zich er misschien over verbazen dat de overtuigde atheïsten slechts een klein deel van de *nones* uitmaken.

Tsjechië is daarvan een opmerkelijk voorbeeld. Ten onrechte wordt het vaak beschouwd als een van de meest atheïstische landen, zo niet hét meest atheïstische land van Europa en misschien wel van de hele planeet. In werkelijkheid is het het land met waarschijnlijk het hoogste percentage *nones*. Hun aantal ligt hier veel hoger dan het aantal mensen dat zich tot de verschillende kerken en religies rekent. De Boheemse landen hebben een heel complexe religieuze ontwikkeling doorgemaakt. Daar waren de religieuze hervormingsbewegingen ontstaan die aan de Duitse Reformatie voorafgingen; na de storm van de Hussitische revolutie en na vijf kruistochten leken ze een tijdlang een oase van religieuze tolerantie, dankzij een zekere verzoening tussen katholieken en utraquisten op het Concilie van Bazel en vooral in de tijd van de majesteitsbrief van keizer Rudolf (1609). Kort daarna werden de Boheemse landen echter het decor van de verwoestende Dertigjarige Oorlog en ondergingen ze in de tijd van de Barok een rekatholisering, gevolgd door de hervormingen tijdens de Verlichting onder keizer Jozef II. Daarop volgden drie verschillende golven van secularisatie. Op de grens van de negentiende en de twintigste eeuw vond eerst een *zachte* secularisatie plaats, voornamelijk onder invloed van de culturele gevolgen van de industriële revolutie. Daarop volgde de *harde* secularisatie in de vorm van de religievervolging onder het communistische bewind, aanvankelijk, in de jaren vijftig, heel wreed en vervolgens in de jaren zeventig en tachtig bureaucratischer, maar met meer geavanceerde methoden. Nadat aan het begin van de jaren negentig korte tijd een religieuze heropleving leek plaats te vinden, volgde een nieuwe golf van *zachte* secularisatie, waardoor de Tsjechische samenleving tegenwoordig wat uiterlijke kenmerken betreft veel dichter bij de postmoderne culturele mentaliteit van sommige sterk geseculariseerde West- en Noord-Europese landen staat.

Maar zelfs in Tsjechië heeft deze ontwikkeling niet tot een zuiver atheïstische samenleving geleid; eerder tot een samenleving die sterk ontkerkelijkt is. Ze is een mengeling van apatheïsme (onverschilligheid voor religie), agnosticisme, religieus analfabetisme (gebrek aan zelfs de meest elementaire religieuze kennis), antiklerikalisme (allergie voor tal van uitspraken van de Kerk) en verschillende vormen van alternatieve spiritualiteit en geestelijk zoeken.

Soms wijst dat wat al te snel een atheïsering van de samenleving wordt genoemd, er eigenlijk op dat het geestelijke leven van de mensen de door de kerken aangeboden vormen is ontgroeid; het al te beperkte en stereotiepe aanbod van de kerken sluit niet aan bij de vraag naar een meer volwassen en verfijndere vorm van geestelijk leven. Anders dan in de buurlanden – Duitsland en Oostenrijk en in de laatste jaren ook Polen – is in Tsjechië het aantal formele kerkverlaters niet toegenomen. De gedoopten, die in steeds mindere mate bereid zijn diensten bij te wonen of bij een volkstelling hun kerklidmaatschap formeel op te geven, nemen niet eens de moeite zich bij de kerk te laten uitschrijven.[8] Er is wel sprake van een lichte toename van het aantal volwassenen dat zich wil laten dopen. Toch is het verre van zeker dat deze gelovigen, die hun geloof meestal hebben gevonden via boeken, radio- of tv-programma's, het getuigenis van vrienden of in mindere mate via actieve parochies, met name via het studentenpastoraat, binnen de traditionele parochiestructuren hun permanente geestelijke thuis zullen vinden.

Een deel van de *nones* bestaat uit mensen die de kerk de rug hebben toegekeerd, vooral de Katholieke Kerk. Zoals ik al verschillende keren heb aangegeven, is het vooral de doorlopende golf van onthullingen van ernstige gevallen van seksueel en psychologisch misbruik in de kerken waardoor veel gelovigen in de afgelopen jaren hebben besloten de Kerk formeel te verlaten. Voor velen van hen was dit waarschijnlijk slechts de spreekwoordelijke druppel die de emmer deed overlopen, de culminatie van hun teleurstelling over de Kerk. Ze zagen de Kerk al langer niet meer als een steun en toevlucht voor hun leven, als 'moeder en herderin', om het met paus Franciscus te zeggen.

---

8   Daarbij speelt het ook een rol dat gelovigen in Tsjechië geen kerkbelasting betalen.

Maar door te breken met de kerk worden mensen in de regel geen atheïst. Wie zich na het verlaten van de kerk als atheïst afficheert, was dat daarvoor meestal ook al en viel daarmee in de categorie *belonging without believing*: een slechts formeel lidmaatschap zonder innerlijke overtuiging.[9] Maar tegenwoordig nemen er ook mensen afscheid van de kerk die het geloof en het evangelie zeer serieus nemen. Hun motief is dan de overtuiging dat de Kerk van haar missie vervreemd is geraakt.

In het verleden sloten de christenen die braken met de Katholieke Kerk zich meestal aan bij een andere kerk; tegenwoordig blijven ze eerder gelovig zonder kerkelijke binding. Bij de volkstelling en bij enquêtes over religiositeit bleek dat ook in Tsjechië een aanzienlijk percentage van de inwoners zegt dat ze van geen enkele kerk lid zijn, maar zich toch met het christelijk geloof identificeren.

In veel landen hebben de kerken – en om welbekende redenen vooral de Katholieke Kerk – de laatste decennia nogal aan geloofwaardigheid ingeboet. Niet alleen 'ongelovigen', maar ook een aanzienlijk deel van hun leden achten de kerk niet in staat deskundige, overtuigende en begrijpelijke antwoorden te geven op de wezenlijke vragen. Als ik bepaalde preken hoor en sommige herderlijke schrijvens en een bepaald soort stichtelijke publicaties lees, denk ik: we moeten niet alleen onderzoeken waarom mensen vertrekken, maar ook waar degenen die nog blijven hun energie en geduld vandaan halen.

***

Het meest interessante deel van de *nones* vind ik de *seekers*, de mensen die geestelijk op zoek zijn. Sociologen maken onderscheid tussen *dwellers* (mensen die zich er thuis weten) en *seekers*. Het zou onjuist zijn om mensen te verdelen in gelovigen en zoekers, want zowel onder gelovigen als onder atheïsten komen *dwellers* en *seekers* voor.

Ik ben ervan overtuigd dat de toekomst van het christendom vooral zal afhangen van de mate waarin christenen een relatie weten aan te

---

9 Een louter formeel lidmaatschap van de kerk, voornamelijk vanwege het vastzitten in familie- of culturele tradities, zonder dat er een persoonlijke geloofservaring achter zit.

gaan met de geestelijke zoekers onder de *nones*.

Hoe moet die relatie eruitzien? Ik zou ernstig willen waarschuwen tegen *proselitisme*, tegen een eenvoudige apologetische en missionaire benadering, tegen pogingen deze mensen in de bestaande institutionele en mentale mal van de Kerk te persen. *Deze grenzen* moeten we juist overschrijden *en* openen.

Met zijn oproep aan de Kerk om binnen haar structuren iets te creëren wat lijkt op de 'voorhof van de heidenen' in de tempel van Jeruzalem, bedoeld voor de 'vromen uit de volken', heeft Benedictus XVI een duidelijke stap gezet in de richting van de geestelijke zoekers buiten de zichtbare grenzen van de Kerk, een oproep die hij heel toepasselijk voor het eerst heeft geformuleerd in een vliegtuig op weg naar Tsjechië.[10] Dit was absoluut een goedbedoeld initiatief en in verschillende delen van de wereld wordt er nog steeds over gediscussieerd. Het geestelijke gezicht van onze wereld verandert echter snel en deze stap is al lang niet meer voldoende. De schitterende 'tempelvorm' van de Kerk behoort definitief tot het verleden.

In zekere zin heeft ook de sluiting van kerken tijdens de coronapandemie hieraan bijgedragen. Een deel van de gelovigen, vooral daar waar levendige parochies een natuurlijk onderdeel van de samenleving waren en tijdens de pandemie allerlei vormen van hulpverlening hadden ontwikkeld, keek reikhalzend uit naar de hervatting van de openbare kerkdiensten. Een ander deel, voor wie kerkbezoek op zondag meer een kwestie van gewoonte dan van innerlijke behoefte was, vond echter al snel andere manieren om hun zondag door te brengen. Zij keerden niet meer terug in de Kerk. Anderen waren te zeer gewend geraakt aan het gemak van het kijken naar diensten op televisie of via internet. Het valt nog te bezien of mensen die eerder geen kerkgangers waren, maar bij wie de confrontatie met lijden, dood en menselijke kwetsbaarheid tijdens de pandemie toch metafysische, existentiële en geestelijke vragen opriep, naar de Kerk zullen gaan en of zij daar antwoorden op hun vragen, of ten minste begrip, zullen vinden.

In onze tijd verkeert de Kerk niet langer in een positie waarin ze het zich kan veroorloven zoekers in de voorhoven van haar tempels uit te nodigen. Aan de vooravond van zijn verkiezing tot paus citeerde

---

10   *Theater voor engelen* is mijn uitvoerige reflectie op deze oproep.

kardinaal Bergoglio Jezus' woorden: 'Ik sta voor de deur en Ik klop' (Openb. 3:20). Maar hij voegde eraan toe dat Jezus vandaag klopt op de binnenkant van de kerkdeur en naar buiten wil gaan, vooral naar alle armen, gemarginaliseerden en gewonden in onze wereld, en dat wij Hem moeten volgen.

Ten slotte moet ik nog één andere vorm van geloof in onze wereld noemen. Robert Traer, een leerling van Wilfred C. Smith, spreekt over een 'seculier geloof'. Hij citeert daarvoor allerlei VN-functionarissen en uit belangrijke VN- en andere internationale mensenrechtendocumenten die expliciet over *geloof* spreken, vooral over geloof in de waardigheid van de menselijke persoon en in zijn onvervreemdbare grondrechten.[11] Het gaat hierbij beslist niet om een 'religieuze overtuiging', maar toch zouden we er heel wat argumenten voor kunnen aanvoeren dat het om een *christelijk* geloof gaat, ook al legt het zelf geen expliciete link met het christendom.

In dit verband wordt vaak de uitspraak geciteerd van Ernst-Wolfgang Böckenförde, een Duitse jurist constitutioneel recht, dat de democratie gebaseerd is op waarden die niet door middel van een democratische stemming zijn aangenomen. Ze is gebaseerd op een *geloof* in bepaalde waarden. Dat geloof is niet 'rechtstreeks uit de hemel komen vallen', het is evenmin de vrucht van een ahistorische universele en alomvattende menselijke natuur of gegrond op de 'natuurlijke rede', maar de vrucht van één bepaalde cultuur, de joods-christelijke, die zich baseert op de Bijbel, de hellenistische filosofie en het Romeinse recht.

Veel wezenlijke kenmerken van deze geloofsstroom die de geschiedenis nog altijd doortrekt, zijn afkomstig uit het christendom. Wie denkt dat het geloof in de waardigheid van de menselijke persoon en de legitimiteit van de mensenrechten alleen aan de Verlichting is ontleend, vergist zich. Je moet dieper afsteken en je afvragen waar de Verlichting deze ideeën vandaan heeft. Vaak zijn het ideeën uit het evangelie die in het verleden in de theologie en vooral in de praktijk van

---

11   Robert Traer, *Faith, Belief and Religion*, Aurora 2001.

de Kerk onvoldoende tot hun recht zijn gekomen en soms zelfs, tegen de politieke opstelling van de kerkelijke instituten in, ingang hebben gevonden.

Charles Taylor heeft in diverse boeken aangetoond dat veel ideeën uit het evangelie pas een integraal onderdeel van de Europese politieke cultuur zijn geworden, toen de kerk haar politieke macht was kwijtgeraakt.[12] Op een soortgelijke manier wijst ook Hans Küng op de bijbelse oorsprong en de christelijke legitimiteit van de leuzen van de Franse Revolutie: vrijheid, gelijkheid en broederschap.[13] Als de Katholieke Kerk in deze tijd haar katholiciteit – haar universaliteit – wil versterken door middel van een 'derde oecumene',[14] een open dialoog met het seculiere humanisme dat uit de Verlichting is voortgekomen, kan ze in deze dialoog veel herontdekken van haar eigen erfgoed dat ze in de loop van de geschiedenis vaak niet heeft benut of waaraan ze zelfs ontrouw is geweest.

---

12 Vgl. Taylor, *A Catholic modernity?*; ibid., *Een seculiere tijd*.
13 Vgl. Hans Küng, *Waarom priester? Een handreiking*, Roermond 1972.
14 Het begrip 'derde oecumene' is afkomstig van de Erfurter theoloog en filosoof Eberhard Tiefensee. Vgl. 'Kirche hat eine Stellvertreterfunktion', *Herder Korrespondenz* 51/12 (2016), 17-21.

IX VAN GLOBAL VILLAGE NAAR 'CIVITAS OECUMENICA'

Het globaliseringsproces is ongetwijfeld het belangrijkste maatschappelijke proces dat al gedurende enkele eeuwen de economische, politieke, culturele en morele ontwikkeling van onze wereld bepaalt. Ik behoor tot de generatie die zowel het hoogtepunt van dit proces als ook de grote crisis ervan heeft meegemaakt.

Beschouwingen over de wortels van de globalisering vallen buiten het bestek van dit boek. Laten we ons beperken tot de hypothese dat de wortels ervan in het Europese christendom liggen en wel in de missionaire expansie ervan. De eeuwenlange inspanningen om gehoorzaam te zijn aan Jezus' oproep om zijn getuigen te zijn 'tot het uiteinde van de aarde', hebben de Kerk tot een wereldspeler gemaakt en in belangrijke mate bijgedragen aan het proces waardoor de verspreide beschavingen op deze planeet 'één wereld' zijn geworden, en stammen en volken de 'ene mensheid'.

De evangelieverkondiging in 'nieuwe werelden' (de niet-Europese culturen) ging echter vaak hand in hand met de kolonisatie ervan door Europese ontdekkingsreizigers en veroveraars. De ijver en toewijding van de missionarissen, die zelfs tot het martelaarschap bereid bleken, waren dus niet het enige gezicht van de Europese expansie. De donkere kant ervan waren de roofzucht en het geweld van de veroveraars, hun machts- en handelsbelangen. De verkondiging van het christelijk geloof ging vaak gepaard met de export van Europese materiële goederen, wetenschap, technologie en politieke idealen (en werd daardoor steeds meer overschaduwd). In de negentiende eeuw verbreidden zowel de prediking van het evangelie als tal van elementen van de westerse beschaving zich naar vrijwel alle uithoeken van de wereld, waardoor een steeds groter deel van de planeet zich daaraan aanpaste.

Door de 'zelfmoord van Europa' gedurende de twee oorlogen die in de twintigste eeuw op dit continent ontstonden, kwam het roer van het globaliseringsproces in handen van de 'erfgenamen van Europa', met name de Verenigde Staten van Noord-Amerika.[1] De dynamiek van de globalisering is versneld en geïntensiveerd door de technologische ontwikkelingen, met name de ontwikkeling van de communicatiemiddelen. Het globaliseringsproces lijkt zijn hoogtepunt te hebben bereikt aan het einde van de Koude Oorlog, het einde van de bipolaire wereld waarin de twee supermachten hun invloedssferen hadden verdeeld.

De snelle en schijnbaar gemakkelijke ineenstorting van het communisme was op zichzelf niet zo'n belangrijke culturele transformatie als ze aanvankelijk leek te zijn. Ze was het gevolg van een samenloop van omstandigheden, vooral van het feit dat de 'echt socialistische' regimes niet in staat waren te concurreren op de wereldwijde vrije markt van goederen en ideeën. Timothy G. Ash heeft de politieke veranderingen van de herfst van 1989, het *annus mirabilis* (wonderjaar), 'een revolutie zonder ideeën' genoemd.

Het verzet tegen het communisme putte ideologisch vooral uit de filosofie van de mensenrechten, dat wil zeggen uit de erfenis van het christendom en het seculiere humanisme van de Verlichting. Het omarmde het westerse intellectuele erfgoed en bracht enkele inspirerende persoonlijkheden voort, zoals Václav Havel, maar bracht geen nieuwe visies, geen werkelijk nieuwe politieke filosofie. In geestelijk opzicht was dit verzet lang niet zo invloedrijk als de Franse Revolutie tweehonderd jaar eerder.

Dankzij de invloed van Johannes Paulus II en Joseph Tischner omarmde de Poolse arbeidersopstand waaruit de beweging Solidarność ontstond – waarschijnlijk de enige 'revolutie van het proletariaat', die paradoxaal genoeg een marxistisch regime omverwierp – de ideeën van de katholieke sociale leer. Het lukte de revolutie dus de non-con-

---

1 Vgl. Jan Patočka, *Europa und Nach-Europa*, Baden-Baden 2023.

formistische intellectuelen (die de belangrijkste hoofdrolspelers waren geweest in eerdere protesten, zoals de Tsjecho-Slowaakse Charta 77-beweging) samen te brengen met de sociale eisen van de arbeiders. De eis tot intellectuele vrijheid die door een beperkte kring van dissidente intellectuelen werd geformuleerd, kreeg pas kracht door het verlangen van de grote massa om de welvaartsstandaard van de naburige westerse samenlevingen te bereiken – en dan ook nog door een combinatie van een gunstige internationale constellatie, de invloed van verschillende prominente westerse staatslieden en het morele gezag van de Poolse paus.

Het bovengenoemde gebrek aan nieuwe ideeën heeft er echter waarschijnlijk toe bijgedragen dat het ideologisch-politieke landschap van de postcommunistische landen al snel werd gedomineerd door de ideologen van het marktfundamentalisme, de pioniers van het ongebreidelde kapitalisme en vervolgens weer door populisten en nationalisten. De plotseling open ruimte van de wereldwijde markt bracht in de jaren negentig in de postcommunistische landen vooral macht en rijkdom aan hen die op de concurrentiestrijd waren voorbereid. Vaak waren dat leden van de voormalige communistische elite, die als enigen beschikten over het nodige kapitaal en over contacten en informatie. Maar mensen die door de veranderingen in de politieke, economische en sociale omstandigheden werden verrast, kwamen op de rand van de armoede terecht. Het vertrouwen op de onzichtbare hand van de markt bleek een gevaarlijk naïeve illusie. De Europese Unie heeft haar nieuwe lidstaten royale steun verleend, maar doordat het in de postcommunistische landen aan een juridische cultuur ontbrak, is een groot deel van dit kapitaal door corruptie in verkeerde handen terechtgekomen.

Het was zeker een goede zaak dat de revoluties in de meeste Midden- en Oost-Europeese landen geweldloos verliepen, anders dan in Roemenië en de landen van het voormalige Joegoslavië. De ongelooflijk gemakkelijke overgang van politiestaat naar vrije samenleving had echter een prijs: daardoor verwaarloosde men de belangrijke politieke, psychologische en morele taak om in het reine te komen met het verleden. Het is in ieder geval een goede zaak dat de drempel van het nieuwe tijdperk niet door geweld en wraakzucht werd bezoedeld. De onwil om met het verleden om te gaan, was echter niet te danken aan de deugden van barmhartigheid en vergeving, maar eerder te wijten aan de zonde van nalatigheid, een zonde tegen de waarheid en de gerechtigheid.

Als het kwaad waaraan de samenleving was blootgesteld en dat haar moreel had aangetast, niet voldoende wordt doordacht of zelfs maar eerlijk benoemd, is het onmogelijk het te overwinnen. Het is jammer dat het eerdergenoemde boek van Karl Jaspers, *De schuldvraag*, of de ervaringen in Zuid-Afrika na de afschaffing van de apartheid niet als blauwdruk hebben gediend voor deze etappe van de weg naar de vrijheid. Ook de kerken hebben gefaald als het gaat om de verwerking van het verleden in de postcommunistische samenlevingen. Als 'experts op het gebied van vergeving' hadden zij moeten laten zien dat vergeving en verzoening ingewikkelde processen zijn die je niet kunt omzeilen door de schuld simpelweg te negeren en maar naar het duister van de vergetelheid te verbannen. De kerken hebben niet de moed gevonden om de collaboratie binnen hun eigen gelederen aan te pakken, eerst de balk uit hun eigen oog te halen. Daardoor verloren ze steeds meer geloofwaardigheid en daarmee ook het morele recht om zich te wijden aan de behandeling van de ongenezen littekens van de samenleving.

Het geschenk van de vrijheid bleek voor een groot deel van de postcommunistische samenleving, inclusief de kerken in deze landen, al snel een veeleisende opdracht, waarmee ze maar moeizaam leerde omgaan. De recente electorale successen van populisten in postcommunistische landen (vooral onder ouderen met weinig opleiding) zijn grotendeels het resultaat van nostalgie naar de 'vleespotten van Egypte' (vgl. Ex. 16:3), naar de zekerheden van autoritaire en totalitaire regimes, die hun burgers niet blootstelden aan de noodzaak om keuzes te maken en verantwoordelijkheid te dragen.

Na de ineenstorting van het communisme kondigde Francis Fukuyama in de geest van Hegel het 'einde van de geschiedenis' aan: de wereldwijde overwinning van het kapitalisme en de westerse democratie. In de afgelopen drie decennia is de wereld door een reeks verontrustende verschijnselen uit deze illusie ontwaakt: de terroristische aanslag van

11 september 2001, de opkomst van het islamitische fundamentalisme en van het rechts- en links-extremisme, de mislukking van de Arabische lente, de crises van de postcommunistische democratieën, de wereldwijde opkomst van populistische politici (ook in de Verenigde Staten en het Verenigd Koninkrijk), de Brexit, financiële crises, migratiegolven, de arrogantie van de ondemocratische hegemonieën China en Rusland, de Russische invasie van de Krim, de hybride desinformatieoorlog van het Poetin-regime tegen het Westen en de hete oorlog in delen van Oekraïne.

Het globaliseringsproces laat steeds duidelijker zijn schaduwzijden zien. Het kan de talrijke problemen waarvoor het bestaande economische en politieke systeem ons stelt, niet oplossen. Het mondiale kapitalisme vereist immers een onbeperkte groei van productie en consumptie. Ondertussen vormen klimaatverandering, milieuvernietiging, pandemieën en stijgende jeugdwerkloosheid een ernstige bedreiging, die angst voor de toekomst oproept. De huidige *risicomaatschappij* is een postoptimistische maatschappij.[2]

De massamediacommunicatiemiddelen zijn een belangrijk instrument van de globalisering. Zij geven het kostbaarste goed van onze tijd door: informatie. Vooral in de tijd dat de televisie met slechts één of een paar kanalen het dominante medium was, nam zij veel van de belangrijke sociale rollen van de religie over: ze interpreteerde de wereld, bepaalde wat waar en relevant was, voorzag de samenleving van gedeelde verhalen en symbolen en beïnvloedde de levensstijl en het denken van een groot deel van de samenleving.

Wat men 'met eigen ogen' (maar in werkelijkheid door het perspectief van de camera en de regisseur) op het journaal had gezien, was waar; als een bericht een grote plaats in het nieuws kreeg (opnieuw

---

2 Op deze term van Ulrich Beck ben ik nader ingegaan in mijn boek *De nacht van de biechtvader. Christelijk geloof in een tijd van onzekerheid* (vert. Peter Morée), 4ᵉ druk, Utrecht 2019. Milan Petrusek beschouwt deze term als een van de hedendaagse sociologische diagnoses van onze tijd. Zie Milan Petrusek, *Společnosti pozdní doby*, Praag 2006, 303-304.

door middel van een redactionele keuze), werd het over het algemeen als belangrijk beschouwd.

De elektronische media leveren nog steeds 'brood en spelen': een noodzakelijke dosis informatie om te overleven en de producten van de amusementsindustrie. Ze bieden ons ook de mogelijkheid tot virtuele deelname aan de heilige spelen van onze tijd: sportwedstrijden, popconcerten en verkiezingscampagnes van politici.

In de jaren zestig voorspelde mediatheoreticus Marshall McLuhan dat de elektronische media de cohesie in de samenleving flink zouden vergroten, waardoor de hele wereld langzamerhand een 'global village' zou worden.[3] Dit is slechts in die mate gebeurd dat mensen in verschillende delen van de wereld naar dezelfde programma's kijken, vooral als het gaat om amusement. De verdere ontwikkeling van sociale media heeft echter geleid tot een mediapluraliteit, die de versplintering van de wereld weerspiegelt en verdiept, in plaats van een cultuur van communicatie en wederkerigheid te bevorderen. Ze leidt tot het ontstaan van 'bubbels', afzonderlijke werelden die met elkaar in botsing komen.

De media hebben geen 'global village' gecreëerd. Ze hebben niet voorzien in wat een dorp tot een dorp maakt: een 'dorpsplein' waar buren met elkaar meeleven en met een gemeenschappelijke kerk. In plaats daarvan hebben ze de waarheid aangetoond van Martin Heideggers idee dat de technologie wel alle afstanden heeft overbrugd, maar niet voor nabijheid heeft gezorgd.[4] Ze heeft een soort pseudo-nabijheid gecreëerd – mensen wedijveren in hun aantal zogenaamde vrienden op Facebook. Maar hoeveel van deze 'vrienden' zouden hen steunen in moeilijke levenssituaties? De technische pseudo-nabijheid vertroebelt en verergert juist dat waarop het existentialisme tijdens de moderniteit heeft gewezen: een toenemende vervreemding, eenzaamheid, desoriëntatie en angst.

Sommige auteurs, bijvoorbeeld Teilhard de Chardin, hoopten dat de technologie mensen die zich fysiek op grote afstand van elkaar bevonden, in staat zou stellen elkaar meer te zien en met elkaar mee te leven. Bepaalde beelden hebben de wereld inderdaad veranderd. Zo

---

3   Marshall McLuhan, *Understanding Media*, Londen 1964.
4   Vgl. Martin Heidegger, 'Dichterisch wohnet der Mensch' (1951), in: F.-W. von Herrmann (red.), *Vorträge und Aufsätze (1936-1953)*, Frankfurt am Main 2000.

droeg de foto van een huilend, naakt Vietnamees meisje dat een met napalmbommen bezaaid dorp ontvluchtte, meer bij aan de nederlaag van de Amerikanen in de Vietnamoorlog dan de wapens van de communistische guerrillastrijders.

De huidige overdaad aan beelden van geweld op het nieuws wekt echter niet langer ons geweten, maar stompt het af. We lijken allemaal maar over een beperkt vermogen tot waarneming en mededogen te beschikken.

Aan het begin van de coronapandemie hadden velen van ons, als ze naar het dagelijkse ochtendnieuws luisterden, het gevoel dat we misschien wel in een nachtmerrie waren beland of dat we wakker waren geworden in een of andere horrorshow van de media, zoiets als Orson Welles' beroemde, suggestieve hoorspel over een invasie van Marsbewoners dat in oktober 1938 in de Verenigde Staten paniek veroorzaakte.[5] Maar na meer dan een jaar werden de dagelijkse statistieken over het aantal coronadoden en -besmettingen in de wereld door veel kijkers en luisteraars genegeerd.

Maar toen tijdens de coronapandemie in een paar weken tijd vrijwel de hele wereld een dramatische, existentiële bedreiging van leven, gezondheid en sociaaleconomische zekerheid ervoer, gebeurde er toch iets met onze wereld: het gevoel van het verlies van veiligheid en de angst voor een wereldwijde dreiging verdiepten zich. In onze tijd wankelen niet langer alleen de traditionele religieuze zekerheden, maar ook de zekerheden van het seculiere humanisme en het vertrouwen in de almacht van de wetenschappelijke en technologische controle over en beheersing van de wereld. De psychische stress en de angst voor de toekomst hebben de weg vrijgemaakt voor etnische en sociale onrust, voor de verdere toename van de ideologische invloed van populisten en extremisten ter linker- en rechterzijde, voor de toename van het nepnieuws, de complottheorieën en het zoeken naar schuldigen (zondebokken), en voor vreemdelingenhaat en demonisering van alles wat vreemd en onbekend is.

---

5   Dit hoorspel was gebaseerd op een boek van H.G. Wells, War of the Worlds; in het Nederlands vertaald als De planetenoorlog.

Op de drempel van het nieuwe millennium had het globaliseringsproces kennelijk zijn hoogtepunt bereikt. Onze hele wereld is op vele manieren met elkaar verbonden, maar niet verenigd. Door deze onderlinge verbondenheid worden de enorme sociale en culturele verschillen alleen nog maar verdiept en duidelijker zichtbaar.

We zijn getuige van talrijke antiglobaliseringsprotesten en van een 'tegencultuur' die ingaat tegen de pogingen om alle verbindingen op onze planeet nog sterker te laten toenemen. In de niet-westerse wereld zien velen dit proces, de vorming van een mondiale beschaving, veeleer als een bedreiging, als een manifestatie van het streven van de westerse samenleving en haar elites naar een wereldwijde hegemonie. Ze beschouwen de westerse samenleving niet als ideaal of universeel. Dit gevoel heeft Samuel Huntington in zijn bekende boek zo onder woorden gebracht: 'Wat voor het Westen universalisme is, beschouwt de rest als imperialisme.'[6]

Maar ook in het Westen (en vooral in de postcommunistische wereld, die politiek gezien deel is gaan uitmaken van het Westen) heeft de angst voor de globalisering tot complottheorieën geleid. Veel mensen kunnen niet aanvaarden dat het niet om een centraal aangestuurd proces gaat en dat het dus rationeel moeilijk te begrijpen en te beheersen is. Ze verzinnen liever mysterieuze verborgen machtscentra, waarin ze allerlei groepen en persoonlijkheden een rol toekennen.[7]

Is er in onze door netwerken verbonden wereld eigenlijk nog wel iets wat een cultuur van nabijheid en echte saamhorigheid zou kunnen creëren? Is er in onze wereld ook maar iets wat ons enigszins in de buurt kan brengen van Jezus' visioen over het huis van zijn Vader, waarin vele woningen zijn (vgl. Joh. 14:2)? Religies in hun traditionele vorm kunnen niet langer een samenbindende rol vervullen, de rol van

---

6 Samuel Huntington, *The Clash of Civilizations and the Remaking of World Order*, New York 1996, 184; Nederlandse vert. *Botsende beschavingen. Cultuur en conflict in de 21^e eeuw* (vert. Jan Bos), Amsterdam 2019.

7 Dit omvat ook de fantasieën over de 'illuminati' en de demonisering van figuren als George Soros of Bill Gates, die de vroegere angst voor wereldwijde samenzweringen van 'joden en vrijmetselaars' vervangen of aanvullen. Een extreme vorm daarvan is de paranoïde waan die met 'QAnon' wordt aangeduid, een complottheorie die in oktober 2017 opdook en ook door president Trump en zijn aanhangers werd aangemoedigd.

religio. De seculiere ideologieën kunnen dat evenmin.

Als het christendom wil bijdragen aan de cultivering van de mondiale samenleving, dan zal het een 'kenotisch' christendom moeten worden, bevrijd van iedere aanspraak op macht en van alle klerikale enghartigheid. Deze wereld heeft geen behoefte aan een 'christelijk rijk' of een christelijke ideologie, maar is alleen gebaat bij een oecumenisch *open* christendom dat bereid is alle mensen die in nood verkeren te dienen.

De beschouwingen van Teilhard de Chardin dat het hoogtepunt van de evolutie, een mondiale beschaving, de energie van de liefde veronderstelt, klinkt de sceptici van onze tijd als nogal idealistisch in de oren. Toch herinneren ze ons aan iets wat we heel serieus moeten nemen. Zoals ik nog zal laten zien, is 'spiritualiteit' een term waarmee we geestelijke *passie* aanduiden – en er zijn taken die je niet kunt volbrengen zonder passie. 'Alleen de liefde', schrijft Teilhard de Chardin, 'is in staat levende wezens één te laten worden op een manier die hen voltooit en vervult, (…) want alleen zij neemt hen mee en verenigt hen in hun diepste zelf.'[8] Liefde is een hartstochtelijk verlangen naar eenwording.

Teilhard de Chardin zag de pogingen van totalitaire regimes om eenheid te bereiken als een gevaarlijke karikatuur van de ware eenheid, die alleen uit een vrije keuze kan voortkomen – en de ultieme uitdrukking van deze vrijheid is liefde, de vrijheid van egoïsme. Daarom zag hij in deze fase van de evolutie voor christenen een bijzondere taak weggelegd, voor de christelijke opvatting van liefde.

Ik ben ervan overtuigd dat het verbreiden van liefde zoals Jezus die opvatte, niet alleen een taak voor individuele christenen is, maar ook voor christelijke gemeenschappen, voor de kerken, die verweven zijn met het grote organisme van de mensheid en medeverantwoordelijkheid dragen voor dit geheel.

Een overtuigende vorm van christelijke liefde, speciaal in onze tijd, is de oecumene, het streven om de wereld in een *oikoumene* te ver-

---

8 Pierre Teilhard de Chardin, *Der Mensch im Kosmos*, München 1959, 259.

anderen, een bewoonbare ruimte, een thuis. Bij de term 'oecumene' denken de meeste mensen aan pogingen de christelijke kerken dichter bij elkaar te brengen. Het Tweede Vaticaanse Concilie heeft ook aanzetten gegeven voor een tweede vorm van oecumene, de interreligieuze dialoog, en zelfs voor een derde vorm, het bevorderen van saamhorigheid tussen gelovigen en mensen die geen religieus geloof hebben.

Van alle kerkelijke documenten in de geschiedenis van het christendom is de meest dringende oproep tot oecumenische openheid gedaan door paus Franciscus in de encycliek *Fratelli tutti* van 4 oktober 2020.

Zoals de democratisering van de Kerk in de Reformatie heeft bijgedragen aan de democratisering van de Europese samenleving als geheel, zo ben ik ervan overtuigd dat ook oecumenische inspanningen het kerkelijke milieu kunnen overstijgen om zo bij te dragen aan wat paus Franciscus menselijke broederschap noemt. Dat is immers de grootste opgave voor onze tijd: het globaliseringsproces omvormen tot een proces van culturele communicatie en samen delen, tot een proces dat tot echte nabijheid leidt.

Het feit dat mensen overal ter wereld dezelfde producten en technische uitvindingen gebruiken, naar dezelfde films kijken en dezelfde computerspelletjes doen, en op termijn misschien met dezelfde munt betalen, maakt de mensheid nog niet tot één familie. Net zomin als de eenwording van de christenen is ook het proces om de mensheid te verenigen er niet op gericht dat alles overal hetzelfde wordt. Het gaat veel meer om wederzijdse erkenning en complementariteit, om het verbreden van perspectieven en het overwinnen van eenzijdigheden.

We moeten op onze hoede zijn voor ideologische beloften van een 'hemel op aarde' die totalitaire politieke partijen ons voorspiegelen. Het christendom leert ons namelijk 'eschatologisch geduld' (en dus politiek realisme): de volledige eenwording van de mensheid zal niet plaatsvinden in de geschiedenis, maar pas bij haar hoogtepunt in de armen van God. Pas dan zal alles aan Christus onderworpen zijn, onderwerpt Christus zich aan God de Vader en kan God 'alles in allen' zijn.[9]

---

9 Vgl. 1 Kor. 15:28: 'En wanneer alles aan Hem onderworpen is, dan zal ook de Zoon zelf zich onderwerpen aan degene die alles aan Hem onderwierp. Zo zal God alles in alles zijn.'

Het zetten van concrete stappen op deze weg is onze taak voor vandaag en morgen, voor de namiddag van het christendom. Ik ben ervan overtuigd dat een geloof dat uit zijn premoderne 'religieuze' en zijn moderne 'wereldbeschouwelijke' rol stapt, de zuurdesem van een *nieuwe* oecumene kan zijn. Het feit dat we in onze tijd een innerlijke dialectiek van geloof en kritisch denken waarnemen, van een basisvertrouwen en een voortdurende zoektocht die ook de twijfel omvat, schept ruimte voor een nederiger zelfbeeld en daarmee ook voor een diepere saamhorigheid tussen culturen en religies. Een van de belangrijkste boodschappen van dit boek is dat de tijd is gekomen voor een diepere oecumene, voor een *zelftranscendentie van het christendom.*

De huidige globaliseringscrisis stelt de wereld voor de keuze tussen twee alternatieven. We staan op een kruispunt: we zien aan de ene kant de dreiging van 'botsende beschavingen' en aan de andere kant de hoop op een *civitas oecumenica.*

Ten tijde van de val van Rome en de grote volksverhuizingen – een historische situatie die enigszins lijkt op onze tijd, de tijd na de ineenstorting van de bipolaire wereld, de tijd van een migratiecrisis en angst voor spanningen binnen een op noodlottige wijze verbonden wereld – werd de heilige Augustinus geconfronteerd met tal van theologische en politieke vragen. Wie wilde God met deze verschijnselen straffen en om welke reden? Augustinus verwierp deze speculaties en op de drempel van een nieuw tijdperk ontwierp hij een eigen, originele theologie van de geschiedenis. Hij spreekt niet over botsende beschavingen, maar over een strijd tussen twee liefdes die de wereld en de Kerk doordringen: liefde voor zichzelf die gaat tot aan de afwijzing van God, en liefde voor God die gaat tot aan de zelftranscendentie. Deze twee liefdes vormen de basis van de twee gemeenschappen: de *civitas Dei* en de *civitas terrena.*

Ook onze tijd heeft een nieuwe theologie van de geschiedenis nodig, een nieuw visioen. Als individuele volken, culturen en religies in een wereld waarin ze niet langer geïsoleerd ten opzichte van elkaar kunnen bestaan, de 'liefde voor zichzelf' cultiveren zonder respect voor anderen met hun belangen en behoeften, vormen ze de *civitas terrena* waarover de heilige Augustinus spreekt. Staten waarvan de politiek wordt gedomineerd door roekeloos nationaal egoïsme in de geest van Trumps slogan 'America first', die zichzelf omringen met muren van onverschilligheid ten opzichte van anderen en zich onttrekken aan hun medeverantwoordelijkheid voor de gerechtigheid in de wereld, zullen – om Augustinus nog maar eens te citeren – 'grote roversbenden' worden.[10]

Waar ligt het tegenovergestelde van de huidige *civitas terrena*? Waar loopt in deze tijd de weg naar de *civitas Dei*? In kerkelijke documenten uit de laatste decennia lezen we allerlei oproepen tot een 'beschaving van liefde' en een 'nieuwe politieke cultuur'. In de namiddag van het christendom is het onze opdracht deze woorden in daden om te zetten, in praktische voorbeelden.

---

10 Augustinus, *De civitate Dei* (*De stad van God*) IV 4.

X EEN DERDE VERLICHTING?

Paus Franciscus heeft onze tijd niet alleen omschreven als een tijdperk van verandering, maar ook als de verandering van een tijdperk.[1] Onder 'een tijdperk' lijkt hij hier een hoofdstuk van de geschiedenis te verstaan dat wordt gekenmerkt door zowel bepaalde samenhangende levensomstandigheden als door de manier waarop we die verstaan en op de veranderingen ervan reageren. De verandering van een tijdperk, ook die we op dit moment doormaken, beschouw ik als een *kairos*, een uitdaging en een kans – een kans om ons denken en handelen te veranderen, om een nieuwe drempel over te stappen op de weg van de verandering (*metanoia*) waartoe Jezus in zijn eerste preken opriep. Een van de redenen voor het bestaan van de Kerk is dat ze ons voortdurend herinnert aan deze oproep tot verandering: 'Stem uw gedrag niet af op deze wereld. Word andere mensen, met een nieuwe gezindheid. Dan bent u in staat om uit te maken wat God van u wil, en wat goed is, welgevallig en volmaakt' (Rom. 12:2). *Metanoia* is innerlijke vernieuwing, niet een aanpassing aan de buitenwereld en haar mentaliteit. Ze veronderstelt *de kunst van het geestelijke onderscheidingsvermogen*.

Het is noodzakelijk dat we steeds opnieuw vragen 'wat de Geest tegen de gemeenten zegt' (Openb. 2:11) en proberen de tekenen van de tijd te verstaan.

---

[1] Zie de toespraak van paus Franciscus over 'een nieuw humanisme in Christus Jezus' ter gelegenheid van het Vijfde Nationale Congres van de Kerk in Italië op 10 november 2015, www.vatican.va/content/francesco/en/speeches/2015/november/documents/papa-francesco_20151110_firenze-convegno-chiesa-italiana.html (geraadpleegd 14 maart 2023).

Ik vraag me af of de laatste vijfentwintig jaar niet het begin zijn van een cultureel tijdperk dat we de 'Derde Verlichting' zouden kunnen noemen en op welke manier dit tijdperk onze beschaving, inclusief het religieuze leven, zal beïnvloeden.

Zoals er in de loop van de geschiedenis steeds opnieuw meer of minder krachtige reformaties en renaissances waren, zo zijn er ook verschillende perioden en vormen van verlichting geweest.[2] Met 'verlichting' bedoel ik een bepaald type culturele revolutie of culturele paradigmawisseling, die wordt gekenmerkt door een opstand tegen bestaande autoriteiten en tradities, en een verlangen naar vrijheid en emancipatie. Het gaat dus altijd om een vorm van *liberalisme*. Ik bedoel hiermee een transformatie die radicaler is dan de veranderingen in de culturele mentaliteit die bij de opeenvolging van generaties behoort. Ook als de politieke vorm van zo'n revolutie wordt neergeslagen, blijven toch de culturele invloeden ervan permanent zichtbaar in de samenleving.

Perioden van verlichting hebben vaak een januskop. Wij associëren het begrip 'verlichting' vaak met de cultus van de rede. Maar ook de beroemde Verlichting van de zeventiende en vooral de achttiende eeuw – laten we die de 'Eerste Verlichting' noemen – die de rede aanbad als de nieuwe heilbrengende godheid, vertoonde een zekere dialectiek van licht en duister, rede en waanzin. De Verlichting vormde de aanzet tot de Franse Revolutie, waarvan de periode van de jakobijnse terreur de radicale fase was. De complementaire schaduwzijde van de cultus van de rationaliteit was het ontketenen van de 'demonen' van het revolutionaire geweld, de schrikbeelden die zo voortreffelijk zijn verbeeld in de tekeningen van Francisco Goya en in de roman *De demonen* van Fjodor M. Dostojevski. Cultuurfilosofen als Theodor W. Adorno, Max Horkheimer, Michel Foucault, Hannah Arendt of Zygmunt Bauman, die je niet kun verdenken van een conservatieve nostalgie naar de premoderne tijd, hebben heel overtuigend die keerzijde van de Verlichting aangetoond, omdat die

---

2   Als ik in dit boek de term 'Verlichting' zonder nadere aanduiding gebruik, bedoel ik de Verlichting in de zeventiende en achttiende eeuw.

uitliep op de perverse rationaliteit van totalitaire regimes.[3]

De term 'Tweede Verlichting' gebruik ik om te verwijzen naar de opstand tegen het gezag aan het einde van de jaren zestig, die een aantal belangrijke emancipatiebewegingen op gang bracht. In die tijd werd het verlangen naar vrijheid uitgedrukt in de oproep tot *authenticiteit en zelfverwerkelijking*. Deze Tweede Verlichting culmineerde in de culturele revolutie van 1968, waarvan de radicale fase zich kenmerkte door studentenopstanden in Frankrijk, Duitsland, de Verenigde Staten en andere landen.

De Praagse Lente van 1968 was in zekere zin een variant op de antiautoritaire opstanden van die tijd. Toen deze poging van hervormingsgezinde marxisten om het Tsjecho-Slowaakse communistische regime om te vormen tot een meer democratisch 'socialisme met een menselijk gezicht' aan de controle van de communistische partij ontsnapte en het gretige verlangen van de massa naar echte democratie wekte, eindigde ze onder de rupsbanden van de Sovjettanks van de neostalinisten.[4]

In het Westen leed de opstand van studenten en linkse intellectuelen een politieke nederlaag, maar ze behaalde een culturele overwinning die een blijvend stempel op het morele klimaat drukte. Naast een intensivering van het individualisme is de *cultus van de jeugdigheid* kenmerkend. Terwijl de jeugd traditioneel als slechts een voorbereidingsfase op het leven werd beschouwd, werd jeugdigheid nu een kenmerk van het ideale mens-zijn. Terwijl we Goethes *Faust* als het archetype van het ideaal van de Eerste Verlichting – kennis als macht – kunnen beschouwen, is Oscar Wildes roman *Het portret van Dorian Gray* de profetische verbeelding van de grote mythe van de Tweede Verlichting, de cultus van de eeuwige jeugd.

Terwijl de Verlichting in de achttiende eeuw de rede wilde bevrijden van de dominantie van de traditie en het gezag van de Kerk, streefde

---

3 Vgl. bijvoorbeeld Theodor W. Adorno en Max Horkheimer, *Dialectiek van de Verlichting. Filosfische fragmenten* (vert. Michel van Nieuwstadt), Amsterdam 2021; Zygmunt Bauman, *Dialektik der Ordnung. Die Moderne und der Holocaust*, Hamburg 1992; Hannah Arendt, *Eichmann in Jeruzalem. De banaliteit van het kwaad* (vert. W.J.P. Scholtz), Amsterdam 2016; Michel Foucault, *Discipline, toezicht en straf. De geboorte van de gevangenis*, Groningen 2018.
4 Vgl. Halík, *In het geheim geloven*, hoofdstuk 3: 'Van de lente naar de winter'.

de Tweede Verlichting naar bevrijding van wat door de heerschappij van de rede ondergewaardeerd was geraakt: emotie, libido, seksualiteit. Tegenover de Apollo-cultus van de rede stelde de Tweede Verlichting de door Nietzsche benadrukte dionysische cultuur van de nacht, de chtoniciteit, de chaos, de veranderde bewustzijnstoestanden (ook onder invloed van bewustzijnsverruimende middelen). Tegenover de censuur van het vaderlijke en het maatschappelijk 'superego' stelde ze de door Freud ontdekte kracht van het libido: de seksuele revolutie was een onderdeel van de opstand tegen de sociale conventies.

In de jaren zestig werd de revolutionaire energie van de opstand echter niet de kop ingedrukt door het politieoptreden tegen demonstraties, maar door de overwinning van de consumptiementaliteit. Het is een voorbeeld van de ironie van de geschiedenis dat veel kenmerken van het non-conformisme en het protest tegen de toenmalige consumptiemaatschappij (in mode en haardracht, muziek en provocerende kunstuitingen) al snel de standaard werden in de amusementsindustrie. De seksuele revolutie, die al snel in de greep van de pornoindustrie terechtkwam, leidde eerder tot banalisering en commercialisering van seks dan tot vermenselijking van deze belangrijke dimensie van het menselijke bestaan. Anderzijds speelde het marktmechanisme in op het verlangen om het alledaagse te overstijgen en door een aanbod van een breed scala aan drugs de verveling te ontvluchten en een extatische bewustzijnstoestand te ervaren.

Het morele en psychologische klimaat van de Tweede Verlichting – het in twijfel trekken en aan het wankelen brengen van tradities en autoriteiten – beïnvloedde echter ook het religieuze toneel van de jaren zestig. De sfeer van algemene ontspanning (inclusief de afzwakking van de Koude Oorlog) beïnvloedde de culturele context van het hervormingsgezinde Tweede Vaticaanse Concilie en droeg bij aan een liberale ontwikkeling in het katholieke denken. Tijdens dat concilie toonde de Kerk zich bereid veel van de voorheen gedemoniseerde waarden van het seculiere humanisme, die we met de Eerste Verlichting associëren, te integreren (vooral in haar sociale leer), onder andere de vrijheid van geweten en religie.

Een ander geestelijk aspect van de jaren zestig was de hausse aan niet-traditionele spiritualiteit in de vorm van nieuwe religieuze bewegingen, variërend van charismatische stromingen in het christendom, die in die tijd voor het eerst aan Amerikaanse universiteiten opdoken, zoals de 'Jesus People', tot de mengeling van verschillende elementen van oosterse spiritualiteit, dieptepsychologie, humanistische en transpersoonlijke psychologie en psychotherapie, die we meestal aanduiden als new age. In tegenstelling tot de dorre, moraliserende religie boden deze spirituele stromingen extatische emotionele ervaringen, 'vervulling met de heilige Geest', allerlei verschillende meditatietechnieken en het gebruik van psychotrope middelen. Ook de Tweede Verlichting had dus zowel een politieke als een geestelijke vorm.

Is dat waar we nu getuige van zijn een uitdrukkingsvorm van een Derde Verlichting? Wat we nu meemaken, heeft in ieder geval meerdere gezichten. De emotionele, irrationele, chtonische kant van onze tijd van verandering kondigt zich misschien wel aan in de antiglobaliseringsprotesten, maar ook in de huidige golf van geweld en onrust. Denk maar aan het 'neerhalen van monumenten' als symbolen van het koloniale verleden, dat in 2020 begon (een typische verlichtingsopstand tegen de autoriteiten uit het verleden) en zelfs de fascistische aanval op het Capitool, het symbool van de Amerikaanse democratie, die in januari 2021 door de populistische president Trump werd ontketend.

Terwijl de Tweede Verlichting aan het einde van de jaren zestig vooral in opstand kwam tegen de generatie van hun ouders, die de Tweede Wereldoorlog en het begin van de Koude Oorlog in de jaren vijftig had meegemaakt, gaat de Derde Verlichting veel verder in haar afwijzing van het verleden, zoals we al zagen bij het eerdergenoemde 'neerhalen van monumenten'. Ze verzet zich ook tegen de eeuwenoude erfenis van de westerse beschaving, die ze van racisme, kolonialisme, machogedrag en cultureel chauvinisme beschuldigt.

Het wantrouwen tegen de huidige economische en politieke wereldorde voedt het politieke extremisme, populisme en fanatisme. Net als tijdens de economische crisis in de jaren dertig radicaliseert zowel links als rechts. In sommige postcommunistische landen komen, zoals gezegd, rechtse nationalisten aan de macht, terwijl zich met name in het academische milieu van sommige Amerikaanse en West-Europese universiteiten de aanhangers van de radicaal-linkse ideologie van het multiculturalisme en de politieke correctheid (die oorspronkelijk was bedoeld om pluralisme en tolerantie te verdedigen) hun ideologische tegenstanders behandelen met een mate van intolerantie, arrogantie en onverdraagzaamheid die bijna doet denken aan de ideologische zuiveringen uit het communistische tijdperk.

In vergelijking met de jaren zestig heeft het globaliseringsproces zich in het internettijdperk radicaal versneld. Het wereldwijde netwerk vergroot echter ook de risico's waarmee we worden geconfronteerd. Vele gevaren, van economische en financiële crises tot besmettelijke ziekten, verspreiden zich als een lawine razendsnel over alle grenzen heen. Met dezelfde snelheid verspreiden zich ook opruiende slogans, ideeën en maatschappelijke sentimenten, die gemakkelijk een vuur kunnen ontsteken.

De nieuwe culturele en politieke visioenen van de Derde Verlichting zijn grotendeels nog bezig hun definitieve vorm te vinden. Maar de waarden en slogans die hen aanspreken, zeggen ons al iets over de jongste generatie. Terwijl het bij de Eerste Verlichting ging om de *emancipatie van de rede* ten opzichte van de overheersing door de traditie en het gezag, en bij de Tweede Verlichting om de *emancipatie van de emotie* (en ook van de daarmee samenhangende seksualiteit) ten opzichte van de overheersing door de sociale conventies, is de slogan van de Derde Verlichting vooral de *bevrijding van de natuur* van de overheersing door de technologische en economische manipulatie door de mens, *respect voor de minderheden* (inclusief seksuele minderheden), vooral zij die worden bedreigd (inclusief dieren). Het is wel duidelijk dat jongeren, die in deze tijd demonstreren tegen de vernietiging van de natuur en de uitroeiing van dieren, vaak een gevoel van hun eigen kwetsbaarheid projecteren op een 'wereld die geen stem heeft'.

De Eerste Verlichting luidde het tijdperk van de moderniteit in en de tweede was waarschijnlijk haar laatste woord. De huidige Derde Verlichting zoekt naar 'licht', vrijheid en betekenis in een verwarrende, geglobaliseerde postmoderne wereld, waarin de vruchten van de wetenschappelijke en technologische macht van de menselijke rationaliteit, denk met name aan de manipulatie en vernietiging van de natuur, leiden tot gevoelens van menselijke onmacht tegenover de irrationaliteit van de wereld.

De Eerste Verlichting riep op tot vrijheid, gelijkheid en tot soevereiniteit van volk en natie. Ze schafte de aristocratische en hiërarchische standenmaatschappij af en leidde tot een burgermaatschappij. De Tweede Verlichting, in het Westen geïnspireerd door een merkwaardige interpretatie van het marxisme en het maoïsme, riep op tot afschaffing van de 'bourgeois democratie'. Met name onder invloed van de humanistische psychologie voerde ze op haar banier de leus van persoonlijke *zelfverwerkelijking* tegen alle censuur en beperking in: 'Het is verboden te verbieden.' (Het protest tegen censuur en staatscontrole – in dit geval van de kant van het veel strengere en repressievere communistische regime – speelde een belangrijke rol in de gebeurtenissen van de Praagse Lente.) De vlam van de anarchistische westerse studentenopstanden is gedoofd. Het ideaal van individuele zelfverwerkelijking en een hedonistische levensstijl zonder enige begrenzing werd gekaapt door de volstrekt onbegrensde markt van het wereldwijde kapitalisme. Maar dit economische systeem heeft de mensheid aan de rand van een ecologische catastrofe gebracht.

Daarom legt de Derde Verlichting zo veel nadruk op de *verantwoordelijkheid voor het milieu* en wijst ze, vooral in het licht van de onmiskenbare klimaatverandering, het neoliberale kapitalisme en zijn ideologie van ongebreidelde groei fel af. De bewegingen die zich wijden aan de verspreiding van alternatieve levensstijlen, roepen op tot soberheid en zelfs tot een zekere ascese op het gebied van voedsel en kleding. Soms nemen ze zelfs een pseudoreligieuze vorm aan. Het optreden van Greta Thunberg, de kindprofeet van deze beweging, heeft wereldwijde media-aandacht gekregen.

Een groot deel van de huidige jonge generatie is kosmopolitisch; ze aanvaardt en verwelkomt het culturele pluralisme. Zoals ik al opmerkte, *respecteert ze de rechten van minderheden*, inclusief seksuele minderheden,[5] en verwerpt ze racisme, nationalisme en cultureel chau-

---

5 Deze thema's waren ook al aanwezig in de Tweede Verlichting van de jaren zestig.

vinisme. Het individualisme en de minachting voor de traditionele instituties, zoals de politieke partijen en de kerken, hebben zich nog verder verdiept. Tegelijkertijd groeit de bereidheid van een aanzienlijk deel van de jonge generatie om zich in te zetten voor diverse burgerinitiatieven en -bewegingen. Zowel bij de toestroom van migranten naar Europa als ten tijde van de coronapandemie hebben veel jongeren zich solidair getoond met mensen in nood en deelgenomen aan vrijwilligersactiviteiten.

Als de vertegenwoordigers van het huidige maatschappelijke (en kerkelijke) establishment deze jeugdbeweging simpelweg het etiket 'neomarxistisch' opplakken, geven zij blijk van hun onvermogen om ten diepste te vatten wat er in deze bewegingen nieuw is. Ze zien vaak over het hoofd dat deze bewegingen een sterk ethische lading hebben – maar dat ze andere morele waarden benadrukken dan voorgaande generaties.

De huidige jonge generatie voelt zich thuis in de digitale, postindustriële en postmaterialistische maatschappij en ze wordt meer aangetrokken door voortdurende verandering en zo veel mogelijk belevenissen dan door een hoog inkomen en een carrière. Hun belangrijkste leefwereld is de virtuele wereld van internet. Daarin schuilt ook het gevaar van deze cultuur: een overvloed aan informatie die men intellectueel en emotioneel onvoldoende kan verwerken, en de virtuele pseudonabijheid van sociale media leiden tot banaliteit en oppervlakkigheid.[6]

Terwijl de Eerste en Tweede Verlichting gepaard gingen met de ongeduldige verwachting dat er via de weg van revolutie een betere toekomst zou aanbreken, is bij de huidige generatie de woede over de toestand van de maatschappij en de boosheid op de schuldigen daaraan niet gekoppeld aan een hoopvolle binnenwereldlijke eschatologie. In onze tijd zien de jongeren hun toekomst en de toekomst van de wereld meestal heel donker in, al geven de bovengenoemde pogingen tot het

---

6 Terwijl ik dit boek schrijf, is het nog niet duidelijk of de gedwongen digitalisering van interpersoonlijke communicatie in onderwijs, beroep en kerk ten gevolge van de coronapandemie ertoe zal leiden dat mensen meer gewend raken aan de nieuwe vormen van communicatie of dat ze juist de onvervangbaarheid van direct persoonlijk contact zullen inzien.

vinden van een alternatieve, niet-commerciële levensstijl wel een sprankje hoop. Bij mensen die 1968 hebben meegemaakt, wekken sommige radicale uitingen van de huidige jonge generatie de indruk dat we nu vooral te maken hebben met een herhaling van het linkse verzet van toen. Het is echter heel waarschijnlijk dat in de komende jaren de huidige morele onrust in confrontatie met sociale, politieke en geestelijke veranderingen een eigen ideologisch en politiek gezicht zal krijgen.

XI DE IDENTITEIT VAN HET CHRISTENDOM

Uit de beschouwingen in dit boek spreekt de overtuiging dat een toenemende oecumenische openheid een karakteristieke trek van de namiddag van het christendom zal zijn. Moedige stappen om de bestaande mentale en institutionele grenzen te overschrijden, zullen bij ons christenen altijd op de ongeruste vraag stuiten of we daardoor het christendom niet verraden. Vervaagt zo niet de identiteit van ons geloof? Dit is een gezonde en nuttige twijfel, net als de meeste twijfels die ons aanzetten tot kritische zelfreflectie. Ze brengt ons bij de vraag die we steeds opnieuw moeten stellen, vooral wanneer er sprake is van culturele paradigmawisselingen: waarin ligt de *christelijkheid* van ons geloof, wat is de *identiteit van het christendom*?

Het eenvoudige antwoord dat de christelijkheid van het christendom ligt in het geloof in Jezus Christus, is zeker juist. De juistheid hiervan moet echter blijken in de confrontatie met een aantal vervolgvragen. Waarin geloven we, welk geloof belijden we als we zeggen dat we in Christus geloven? Geloven we in de goddelijkheid van Christus en in zijn opstanding, de vaste struikelblokken, zelfs voor 'ongelovigen' die wel delen in onze bewondering en liefde voor de menselijkheid en het mens-zijn van Christus, maar bij wie op dit punt de wegen zich scheiden? Of geloven wij *met het Jezus-achtige geloof* waarmee Jezus geloofde (*fides qua*) en in wat Jezus geloofde (*fides quae*)? Is ons geloof vooral vertrouwen in de waarheid van Jezus' getuigenis over Hem die Hij zijn Vader noemde?

Eeuwenlang begonnen priesters bij hun opleiding aan katholieke theologische faculteiten hun studie met het bestuderen van de filosofie en de 'natuurlijke theologie', alvorens ze aan de theologie in eigenlijke zin toekwamen. Deze studiestructuur zorgde er echter voor dat ze hun antwoord al klaar hadden als de vraag aan de orde kwam wie Jezus bedoelde als Hij over zijn hemelse Vader sprak. Dan bedoelde Hij natuurlijk die God over wiens aard en eigenschappen ze tijdens de colleges metafysica al veel hadden geleerd. Ik vrees dat dit 'voorverstaan' tot een noodlottig misverstand heeft geleid en zelfs tot een verwrongen begrip van de kern van het evangelie.

Jezus geloofde niet in de God van de filosofen, maar in de God van Abraham, Isaak en Jakob, de God die tot Mozes sprak vanuit de brandende doornstruik. Dit verschil is Pascal in zijn nachtelijke visioen duidelijk geworden. De premisse van de christelijke theologie moet juist de moed zijn om al onze menselijke voorstellingen van God, of het nu gaat om metafysische constructies of om onze persoonlijke fantasieën, radicaal te 'vergeten' of 'tussen haken te zetten' en met de nederige erkenning (of het wijze inzicht) dat we *niet weten* wie God is en *niet weten* wat mensen (inclusief wijzelf) met dit woord bedoelen en hebben bedoeld – *op zoek te gaan* naar wie Jezus bedoelde als Hij over zijn Vader sprak. We verlangen ernaar dezelfde relatie met de Vader te krijgen als die Jezus had. Dat wil zeggen dat we proberen wat onmogelijk is, tenzij Jezus zelf ons een voorspraak en helper stuurt.

Om zich tegen het bijbelse fundamentalisme aan de ene en een vaag emotioneel fideïsme aan de andere kant af te grenzen, leerde het Eerste Vaticaanse Concilie dat het binnen het vermogen van de menselijke rede ligt om door na te denken over de schepping tot een vaste overtuiging te komen dat er een schepper is. Maar we mogen deze overtuiging beslist niet verwarren met het geloof, want dat is een deugd waarin de goddelijke genadegave en de menselijke vrijheid om die te ontvangen intrinsiek met elkaar verbonden zijn. Zo'n overtuiging is niet een geloof waarin de openheid van God (de openbaring) samenkomt met de openheid van de mens, het vermogen om naar God te luisteren en Hem te gehoorzamen (*potentia oboedientialis*). Ons geloof is niet gebaseerd op de opvattingen van de metafysici over God. De kern van het christendom is de relatie van Jezus met de Vader. Die presenteren de evangeliën ons door Jezus' woorden te bewaren en zijn verhaal te vertellen dat van deze relatie getuigt.

Jezus zegt tegen zijn leerlingen: 'Heb het geloof van God!' (Marc.

11:22, naar de Kralitzer Bijbel).¹ Voorzichtige vertalers hebben deze woorden afgezwakt en vervormd: 'Heb vertrouwen in God!' Maar Jezus zegt meer: God is bij Hem niet het 'object' maar het 'subject' van het geloof. De klassieke theologische leerboeken stellen dat Jezus de deugd van het geloof niet bezat; die had Hij niet nodig, Hij is immers God. Maar de Schrift zegt dat Jezus 'de aanvoerder en voltooier van het geloof' was (Hebr. 12:2, naar de Kralitzer Bijbel). In zijn geloof zit het geloof van God zelf, zijn risicovolle vertrouwen in ons. God wekt ons geloof en begeleidt het met vertrouwen in onze vrijheid, in het vertrouwen dat wij zijn geschenk met geloof en trouw zullen beantwoorden. God is trouw, want Hij kan zichzelf niet verloochenen (2 Tim. 2:13). God is trouw, zelfs als wij ontrouw zijn. God gelooft in ons, zelfs wanneer wij niet in God geloven. God is groter dan ons hart – dan het menselijke hart, waarin geloof en ongeloof, trouw en ontrouw, altijd met elkaar strijden.

In het verhaal van Jezus worden het geloof, het vertrouwen en de liefde van God voor ons mensen door ons mensen gekruisigd, gedood en begraven. Maar ze blijven niet in het graf liggen. De Tsjechische dichter Jan Zahradníček, die bijna als geen ander de duisternis van Getsemane ervoer, schrijft dat de aardse machten nog steeds vertwijfeld proberen te voorkomen dat 'de geschiedenis na de Goede Vrijdagmiddag verdergaat'.² Maar het verhaal van Pasen laat zien dat hel en dood niet het laatste woord hebben. Het eindigt met de boodschap dat liefde sterker is dan de dood.

In de evangeliën lezen we dat het licht van de paasmorgen bij de apostelen maar langzaam en moeizaam door de duisternis van het verdriet en de twijfels heen brak. Als Jezus bij hen komt, is Hij door de ervaring van de dood onherkenbaar veranderd. Soms krijg ik het gevoel dat zelfs wij nog geen 'oor hebben gekregen' voor deze boodschap. De boodschap van de dwaas van Nietzsche over de dood van God heeft bij ons al wel wortel geschoten, terwijl we de boodschap van de opstanding nog niet volledig hebben begrepen en aanvaard.

---

1 De *Kralitzer Bijbel* is de belangrijkste bijbelvertaling van het Tsjechische humanisme en de eerste volledige vertaling van de Bijbel uit het Hebreeuws en Grieks in het Tsjechisch.
2 Vgl. Jan Zahradníček, *Der Häftling Gottes. Gedichte 1945/1960*, Würzburg 1984, 53.

Vaak komt die boodschap ook in een banale vorm, die je gemakkelijk aan de kant kunt schuiven, hetzij als slechts een verslag van de reanimatie van een lijk, hetzij als een louter symbolische uitdrukkingsvorm van het feit dat 'de zaak van Jezus doorgaat'.

Deze boodschap wordt pas geloofwaardig als je aan het levensgetuigenis van christenen kunt zien dat Christus *in hen leeft*, in hun geloof, in hun hoop en vooral in de kracht en de authenticiteit van hun solidaire liefde. 'Voordat ik in jullie verlosser kan geloven, moeten zijn leerlingen er eerst wat verloster uitzien! zegt Nietzsche ergens tegen ons als christenen.[3] Onze vrijheid – onze verlossing uit alle mogelijke vormen van slavernij – is het meest overtuigende bewijs van de opstanding van Christus, de hoeksteen van ons geloof.

De uitspraak 'Jezus is God' is meerzinnig en sommige interpretaties ervan hebben aanleiding gegeven tot allerlei misverstanden en ketterijen, met name de ketterijen van het monofysitisme en het docetisme, de ontkenning van Jezus' ware menselijkheid. Het idee dat Jezus een god *naast* God zou zijn, heeft geleid tot conflicten met joden en moslims, die het christendom verdenken van verraad aan het monotheïsme, het geloof dat er maar één God is. Deze ketterijen hebben niet alleen het christelijke denken, de theologie, beschadigd, maar ook de christelijke spiritualiteit en de praktijk van het maatschappelijke leven. Het christelijke humanisme, de menselijkheid van christenen, kon in de schaduw van een dergelijke nadruk op de goddelijkheid van Jezus, die zijn ware mens-zijn versluierde of in twijfel trok, maar moeilijk ademhalen. Het orthodoxe geloof in Jezus' ware, radicale mens-zijn kan door christenen het beste worden beleden door middel van de orthopraxie, die menselijkheid en medemenselijkheid radicaal tot hun recht laat komen. Dat is een van de pijlers van de christelijke identiteit.

Maar wat moeten we dan doen met de belijdenis van Jezus' goddelijkheid? In de evangeliën komen we die slechts op één plaats ex-

---

3   Friedrich Nietzsche, *Also sprach Zarathustra* ('Von den Priestern'), in: *Kritische Studienausgabe (KSA)*, red. Giorgio Colli en Mazzino Montinari, München, Berlijn en New York 1967-1977, deel 4, 118.

pliciet tegen, wanneer de twijfelende apostel Tomas, na het aanraken van Jezus' wonden, uitroept: 'Mijn Heer! Mijn God!' (Joh. 20:28). Ik denk dat we het geloof in de goddelijkheid van Jezus vanuit de vele theologische interpretaties en dogmatische definities moeten terugbrengen tot deze scène, waar het zijn 'Sitz im Leben' heeft. Alle uitspraken hierover, die vaak ver van dit fundament zijn afgeweken, zouden we in de vlam van Tomas' aangewakkerde geloof op hun echtheid moeten toetsen.

Ik denk vaak terug aan het moment van mijn 'ontwaken', toen ik heel persoonlijk een nieuw inzicht in deze woorden kreeg – en ook in mijn geloof in Christus, zijn opstanding en zijn eenheid met God de Vader. Het was tijdens een reis naar Madras in India, waar ik een katholiek weeshuis bezocht, vol hongerige, zieke, achtergelaten kinderen, ergens in de buurt van de plaats waar volgens de legende de apostel Tomas de marteldood onderging.[4] Daar drong het tot me door: *dit* zijn de wonden van Christus! Wie in onze wereld de wonden van ellende, lijden en pijn van allerlei aard negeert, wie zijn ogen ervoor sluit en weigert ze aan te raken, heeft geen recht om uit te roepen: 'Mijn Heer! Mijn God!' Laten we ons in ons geloof in de goddelijkheid van Jezus niet langer focussen op de dogmatische definities, waarvan de taal voor veel van onze tijdgenoten onbegrijpelijk is, en terugkeren naar de orthopraxie van onze solidaire openheid voor de theofanie (de openbaring van God) in het lijden van mensen in de wereld. Hier, in de wonden van onze wereld, kunnen we de onzichtbare God op een authentiek-christelijke wijze zien en de vinger leggen op het elders nauwelijks aanraakbare mysterie.

Als we op zoek zijn naar de bijdrage van het christendom aan de geloofsgeschiedenis, kunnen we niet voorbijgaan aan de leer van Jezus – en vooral niet aan zijn nadruk op de verbinding tussen de liefde voor God en de liefde voor de mens. De teksten in het Nieuwe Testament zeggen herhaaldelijk dat zij die beweren dat ze God liefhebben (die ze niet hebben gezien), maar hun broeder niet liefhebben, hui-

---

4 Vgl. Halík, *Raak de wonden aan*, 14-18.

chelaars en leugenaars zijn (1 Joh. 4:20). Omgekeerd impliceert solidaire liefde voor de naaste het geloof in God. In Jezus' schildering van het laatste oordeel lezen we dat juist zij die daadwerkelijk liefde voor de behoeftigen toonden, zonder dat ze daarvoor een expliciet 'christelijke' motivatie hadden, de echtheid van hun geloof en van hun verbondenheid met Christus hebben bewezen. Ze waren zich er niet van bewust dat ze daarmee Christus zelf dienden (vgl. Mat. 25:31-46). Jezus zegt dat niet degene die zijn naam belijdt en tegen Hem 'Heer! Heer!' zegt, zijn ware leerling is, maar degene die de wil van God doet (vgl. Mat. 7:21).

Dit is een belangrijke correctie op de gangbare interpretatie van Jezus' woorden dat Hij de enige deur is, die op een 'exclusieve' (uitsluitende) manier toegang geeft tot God de Vader (vgl. Joh. 10:7-10). Een strikt exclusieve opvatting van deze woorden komt erop neer dat niet-christenen de mogelijkheid van redding wordt ontzegd. Maar de schildering van het laatste oordeel in het Evangelie volgens Matteüs laat zien dat het 'Ik' van Jezus breder is: het omvat al de 'minste broeders' met wie Hij zich identificeert. Dit betekent dat degene die hun een dienst van solidaire liefde bewijst, daarmee *door Christus* tot God gaat, ook al noemt of herkent hij Hem niet. Christus is in hen verborgen.

In zijn brief aan de Filippenzen leert de apostel Paulus dat Christus zichzelf heeft opgegeven (*ekenosen seauton*, 'hij heeft zichzelf ontledigd', zie Fil. 2:6-11). Hij is de deur. Een open deur is een lege ruimte en daarom kan ze een doorgang zijn, die toegang verleent (Joh. 10:7-10). Juist de *kenosis* (de zelfovergave, zelfontlediging) is voor de Vader de reden om Jezus hoog te verheffen en Hem een naam boven alle namen te geven. Hij heeft Hem gemaakt tot de 'universele Christus', de almachtige en alomtegenwoordige Heer.

Laten we terugkeren naar het thema van het impliciete geloof in de brief van Jakobus. Wie voortdurend over het geloof spreekt, maar dan een geloof dat niet uit daden van liefde blijkt, is een huichelaar en heeft een dood geloof, terwijl een ander het geloof laat zien door zijn manier van leven, waarin het impliciet, anoniem en onuitgesproken aanwezig is (vgl. Jak. 2:17-18). Als we dus het christelijk geloof zoeken zoals dat in het Nieuwe Testament wordt beschreven, moeten we het niet alleen zoeken op plaatsen waar het gepaard gaat met een expliciete belijdenis van Jezus en evenmin uitsluitend binnen de traditionele grenzen van de Kerk. Er zijn ook leerlingen 'die geen volgeling van ons' zijn, 'anonieme christenen', 'een onzichtbare kerk' (vgl. Marc. 9:38-40). Jezus verbood het zijn overijverige en al te enghartige leerlingen hen 'die geen volgeling van ons' zijn, tegen te houden om in alle vrijheid op hun eigen manier van Hem te getuigen.

⁂

In het Nieuwe Testament wordt het menselijke verhaal over Jezus ingekaderd door de theologie van de geschriften van Paulus en Johannes, waarin de mens Jezus in de eerste plaats *de Christus* is. Zowel bij Paulus als bij Johannes betekent dit veel meer dan dat Hij de door de profeten beloofde Messias van de Joden is. De aardse menselijkheid van Jezus, zo leert de Kerk, is een oersacrament, dat wil zeggen een symbool, een werkzaam teken dat boven zichzelf uit wijst en tegelijkertijd een zelfexpressie van God is. Voor het Evangelie volgens Johannes is Jezus Christus het Woord dat intrinsiek met God zelf verbonden is. Door Hem en met Hem en in Hem is God het scheppende beginsel van alle dingen, de wereld is door Hem ontstaan (Joh. 1:10). In dit evangelie schemert daarom in Jezus' uitspraken over zichzelf, die allemaal beginnen met de woorden 'Ik ben' (*ego eimi*), het Ik van God zelf door: 'Ik en de Vader, Wij zijn één' (Joh. 10:30). Volgens de Openbaring aan Johannes is Jezus Christus de alfa en de omega, de oorsprong en het einde van de geschiedenis van alle dingen, Hij is hun eerste en laatste zin.

Voor Paulus is Jezus de kosmische, universele Christus, die is gekruisigd, opgestaan en opgenomen in de heerlijkheid van de Vader, de Heer en Rechter van hemel en aarde. De universaliteit van het paulinische christendom is gebaseerd op de universaliteit van Christus en niet alleen op de persoon, de geschiedenis en de leer van de mens Jezus van Nazaret. Meer dan de historische Jezus ('naar het vlees') is Paulus gefascineerd door de Christus 'naar de Geest', die alle scheidsmuren heeft neergehaald en zelfs het eigen ego van de apostel overwint en vervangt, want 'ikzelf leef niet meer, Christus leeft in mij' (vgl. 2 Kor. 5:16; Gal. 2:20; Ef 2:14).

Als we het christendom in de context van de huidige mondiale samenleving weer opnieuw 'in de markt' willen zetten, moet zijn christologie, net als bij Paulus, de Griekse kerkvaders, de mystici, de franciscaanse spiritualiteit, de spirituele theologie van het christelijke Oosten en de mystieke kosmologie van Teilhard de Chardin, een onvergelijkelijk veel 'grotere Christus' voorstellen dan zoals Hij wordt afgeschilderd in veel sentimenteel-moraliserende of droge, scholastieke preken van de laatste eeuwen. Een van de moedige en inspirerende pogingen om zo'n christologie te ontwikkelen, is het concept van de 'universele Christus' in het gelijknamige boek van Richard Rohr, die vooral put uit de franciscaanse theologie en mystiek.

Deze voorstelling van een alomtegenwoordige en almachtige Christus, in wie de eenheid van het goddelijke en het menselijke wordt bereikt en in wie de menswording haar voltooiing vindt door de christificatie van de materie, is mijns inziens niet alleen in harmonie met Teilhards leer van Christus als het omegapunt van de kosmische ontwikkeling, maar ook met Karl Rahners bekende theorie van de 'anonieme christenen': Christus ontmoeten we in alle mensen, gedoopten en ongedoopten, gelovigen en ongelovigen. Volgens Rahner zijn alle mensen alleen al door hun mens-zijn verbonden met Hem in wie God de vergoddelijking van het mens-zijn als zodanig heeft verwezenlijkt.

De vergoddelijking van het mens-zijn door Christus is een karakteristiek kenmerk van de theologie en spiritualiteit van met name het christelijke Oosten. Overigens spreekt ook in de westerse katholieke liturgie de priester bij elke mis dit 'kerstmysterie' uit: 'Zoals het water zich met wijn verbindt tot het heilige teken, zo maakt deze beker ons deelgenoot van de goddelijkheid van Christus, die onze menselijke natuur heeft aangenomen.' Richard Rohr bedoelt: Christus is in alle mensen.[5]

De opvatting dat Christus het mysterieuze eschatologische doel van de geschiedenis en van elk menselijk leven is, opent nieuwe mogelijkheden voor een tweede en derde oecumene: ze maakt het mogelijk dat we dichter bij andere religies en bij 'niet-religieuze, maar wel spirituele mensen' komen. In de dialoog met het jodendom en de islam kunnen we laten zien dat ons geloof geen heidense cultus van de mens Jezus is, die we tot een 'tweede god' zouden maken, waardoor

---

5   Vgl. Rohr, *The Universal Christ*.

de zuiverheid van het geloof in de ene God zou worden bedreigd. In de dialoog met het seculiere humanisme kunnen we weer de mystieke diepte van onze eerbied voor het mens-zijn laten zien. Onze relatie met het niet-religieuze humanisme mag niet blijven steken in een oppervlakkig bondgenootschap; deze relatie moeten we theologisch en filosofisch overdenken en laten rijpen door middel van gemeenschappelijke meditatie. Alleen dan kan het een volwassen bijdrage zijn aan de gemeenschappelijke zoektocht naar een antwoord op de uitdagende eeuwenoude vraag: wat is de mens?

Maar laten we nog verder en dieper gaan. De Kerk en haar geloof is christelijk in zoverre ze de paasgestalte kent: *sterven en weer opstaan uit de dood.* Er zijn allerlei vormen van geloof die op een gegeven moment moeten sterven, zowel op het persoonlijke vlak (ons kindergeloof, het geloof als louter een erfenis van de vaderen, maar ook het aanvankelijke enthousiasme van een bekeerling) alsook op de weg van de Kerk door haar geschiedenis. Als hun oude geloof sterft, gaan gelovigen soms door de duisternis van Goede Vrijdag heen, omdat ze het gevoel krijgen dat God hen heeft verlaten. Maar wie in deze donkere nachten volhardt (in de beproevingen van het persoonlijke geloof, maar ook in de collectieve nachten van het geloof in de geschiedenis), zal vroeg of laat het licht van de paasmorgen ervaren, de transformatie van zijn geloof.

Het paasdrama omvat immers ook het mysterie dat we met een belangrijk artikel uit de Apostolische Geloofsbelijdenis zo verwoorden: '... die nedergedaald is ter helle'. In het lijdensverhaal daalt Jezus eerst af in de hel van menselijke wreedheid en geweld, en vervolgens in een nog diepere hel, de hel van de diepste verlatenheid: verlaten door God zelf. De verering van Christus' wonden maakt deel uit van de volksvroomheid op Goede Vrijdag en vooral van de franciscaanse spiritualiteit. Maar we mogen de diepste wond niet vergeten, de wond in zijn hart, die doorklonk in zijn bevende, van pijn en verdriet doortrokken vraag: 'Mijn God, mijn God, waarom hebt U Mij in de steek gelaten?' (Mat. 27:46; Marc. 15:34).

Wanneer wij in de pijn en de ellende van mensen de wonden van

Jezus aanraken, raken we in de duisternis van hun doorboorde, gekruisigde en stervende geloof ook deze wond van Jezus aan zonder welke het paasverhaal niet compleet zou zijn. Slechts twee evangelisten durven het aan deze kreet te citeren. Bij Lucas en Johannes overwint het licht de duisternis – hun opvatting van het lijdensverhaal verbindt het kruis direct met de overwinning van Pasen: 'Vader, in uw handen beveel Ik mijn geest' en: 'Het is volbracht' (Luc. 23:46; Joh 19:30). Maar in het leven van velen blijft deze wond open en geneest niet: de vraag naar de zin van het lijden blijft onbeantwoord.

Ik vrees dat ook ons geloof niet volledig en werkelijk christelijk is als het niet durft af te dalen in deze duisternis van het kruis en de stilte van Stille Zaterdag. Over Jezus' dood aan het kruis als de 'dood van God' zijn tal van scherpzinnige theologische en filosofische verhandelingen geschreven en er is veel mystieke poëzie aan gewijd. Nu komt bij mij de volgende gedachte op: als de volksvroomheid op Stille Zaterdag bij het Godsgraf mediteert, betekent dat dan niet dat ook zij op de een of andere manier weet heeft van de 'dood van God'?[6]

Op Byzantijnse iconen zien we de betekenis van Jezus' nederdaling in de hel afgebeeld: Jezus leidt de dansende stoet van overledenen uit de hel naar buiten. Als ik voor deze icoon sta, denk ik er altijd aan dat de verrezen Christus ook hen die door ons al te bekrompen geloof eeuwenlang naar de hel zijn gestuurd, naar buiten leidt, naar het licht van het heil: de hele mensheid der 'andersgelovigen'. Er is werkelijk geen enkel dogma dat ons verbiedt te hopen dat na Jezus' gang door de hel, de hel leeg zal blijven.

De titel die ik aanvankelijk boven dit hoofdstuk had gezet, heb ik lafhartig geschrapt: Jezus in de hel. Toch geloof ik dat het artikel 'die nedergedaald is ter helle' een belangrijk element van ons geloof is: de overgang naar de namiddag van het christendom voert ons door die duisternis rond het middaguur heen. Daar hoort ook de ervaring van verlatenheid bij waarvan Jezus' kreet in dat middagduister op Golgota getuigt en die Hij deelt met veel geestelijk gekwelde mensen in onze wereld.

---

6   Vgl. Halík, *Raak de wonden aan*, hoofdstuk 3: 'Het geheimenis van het hart'.

Een levend christendom is in beweging, het gebeurt, het wordt, het is altijd onvoltooid, het is slechts op weg naar zijn eschatologische voltooiing. In het christendom gaat het er werkelijk om dat we 'opnieuw geboren worden' (Joh. 3:1-21), het gaat om een transformatie (*metanoia*). Deze verandering vat ik enigszins anders op dan veel 'born again'-christenen in pinksterkerken of dan mensen die bekering opvatten als slechts een verandering van denken of een 'morele verbetering'; dat zijn allemaal hooguit deelaspecten op de weg van het 'christen worden'. Zij zijn eerder iets wat op een natuurlijke wijze met hun bekering gepaard gaat; ze zijn een gevolg ervan, maar je kunt de bekering zelf niet hiertoe reduceren. Je kunt het leven uit het geloof niet reduceren tot een overtuiging (*belief*), een moraal of een emotionele beleving van de 'tweede geboorte'. De *metanoia* is een existentiële verandering die de hele mens betreft.

Christus is niet gekomen om een 'leer' (*doctrina*) aan te bieden. Hij biedt een weg aan waarlangs we voortdurend leren onze menselijkheid, onze manier van mens-zijn, te veranderen, inclusief al onze relaties – met onszelf, met anderen, met de maatschappij, met de natuur en met God. Dit is zijn 'onderwijs': geen *doctrina*, geen theorie of leer 'over iets', maar een leerproces, het leren kennen 'van iets'; dit is de pedagogische en therapeutische praktijk van Jezus. Zijn nieuwe onderwijs is een 'leer met gezag' (Marc. 1:27). Dit gezag ligt in het vermogen om iemand te veranderen, om zijn motieven en doelen, zijn fundamentele oriëntatie in het leven, te veranderen. Jezus is niet maar gewoon een 'moraalleraar', een rabbi of een filosoof, maar een levensleraar, een 'Lebensmeister', zou Meister Eckhart zeggen. Het geloof dat Hij onderwijst, dit existentiële antwoord op de oproep tot bekering, is een element van de opstanding, die nog steeds doorgaat.

De opstanding van Jezus kun je niet reduceren tot het 'herleven van een lijk' (reanimatie) en de opstanding van de gelovigen niet tot louter iets wat na de dood gebeurt. Paulus spreekt over de opstanding van de gelovigen als hun radicaal nieuwe leven hier en nu (vgl. Rom. 6:3-11). De opstanding – de opstanding van Jezus, de opstanding van de gelovigen (de bekering) en ook de opstanding van de Kerk (hervormingen en vernieuwingsbewegingen) – is geen terugkeer naar het verleden, geen herhaling van wat voorbij is. Een opstanding is altijd een radicale transformatie.

De schildering van het laatste oordeel in het Evangelie volgens Matteüs laat zien dat Christus anoniem door ons leven en door de geschiedenis schrijdt en pas op de drempel van de eschatologische toekomst zijn vele vermommingen afwerpt: die arme, die naakte, die zieke, die vervolgde – dat was *Ik*. In de behoeftigen die we op onze weg ontmoeten, vindt al een *parousia* plaats, zijn tweede komst en tegelijk zijn oordeel over ons. De laatste crisis, het laatste oordeel, zal slechts de voltooiing zijn van dit verborgen proces. Ons leven en de geschiedenis van de Kerk zijn een avontuurlijke zoektocht naar de verborgen Christus. Laten we onze oren niet dichtstoppen voor de kreten van lijdende, uitgebuite en vervolgde mensen, laten we onze ogen niet sluiten voor de wonden en pijn van onze wereld, laten we ons hart niet afsluiten voor de armen en de gemarginaliseerden – we zouden de stem van Jezus in hen kunnen missen. We zouden Jezus in hen kunnen missen.

De opstanding eindigt niet op de morgen na de paasnacht. Naar analogie van de doorgaande schepping (*creatio continua*) kunnen we ook spreken van een *resurrectio continua*, een doorgaande opstanding. De overwinning van Jezus op de dood, de schuld en de angst gaat door in de geschiedenis, in het geloof van de Kerk en in de levensverhalen van individuele mensen. Het verborgen leven van de opgestane Jezus (Hij verscheen 'niet aan heel het volk', vgl. Hand. 10:41) is als een ondergrondse rivier die in de bekeringservaringen van individuen of in de hervormingen van de Kerk naar de oppervlakte borrelt.

De heilige Augustinus zegt dat bidden betekent dat je je ogen sluit en je ervan bewust wordt dat God op dat moment de wereld schept. Ik voeg hieraan toe: geloven, christen worden, betekent dat je je hart opent en je ervan bewust wordt dat Jezus op dat moment uit de dood opstaat.

XII GOD VAN DICHTBIJ EN GOD VANUIT DE VERTE

We kunnen ons de geschiedenis van het geloof, waarvan het christelijk geloof een belangrijk onderdeel is, voorstellen als een rivier die door de landschappen van verschillende culturen stroomt. We kunnen het geloof ook vergelijken met een collectief geheugen waarin de ervaringen van de gelovigen en gelovige samenlevingen zijn vastgelegd.[1] Hoe mondt deze rivier uit in het leven van individuele mensen? Hoe wordt een individu een gelovige? Wie neemt deel aan het geloofsleven en op welke manier? En hoe word je dan een christen?

Het antwoord van het canonieke recht is eenvoudig: iemand wordt christen door het doopsel. Behalve in uitzonderlijke gevallen kan een volwassene alleen worden gedoopt na een goede catechetische voorbereiding en na het afleggen van een geloofsbelijdenis. Kleine kinderen kunnen alleen worden gedoopt als de Kerk, die bij deze plechtigheid wordt vertegenwoordigd door de ouders en peetouders en bij voorkeur door de hele verzamelde parochiegemeenschap, voor hen instaat met haar geloof. Kinderen worden gedoopt 'op het geloof van de Kerk' dat ze zich vervolgens door onderwijs moeten eigen maken. In de Katholieke Kerk is het sacrament van het vormsel, dat bij voorkeur op de drempel naar de volwassenheid wordt toegediend, een soort bezegeling van het doopsel; het is een gelegenheid waarbij iemand die als kind is gedoopt, met zijn of haar persoonlijk geloof bewust het geloof van de Kerk aanvaardt.

Een belangrijke stap in het proces van de oecumenische inspan-

---

1 Het idee van religie als een collectieve herinnering is met name ontwikkeld door de Franse socioloog Danièle Hervieu-Léger. Zie daarvoor haar boek *Religion as a Chain of Memory*, Oxford 2000.

ningen was het besluit van een aantal christelijke kerken om de geldigheid van elkaars doopsel te erkennen. De Amerikaanse theoloog David M. Knight stelde onlangs de nogal logische vraag waarom de Katholieke Kerk – als zij erkent dat niet-katholieke christenen net als katholieken door een geldige doop 'in de heiligende genade' leven – hen niet op dezelfde voorwaarden als haar eigen leden tot de andere sacramenten toelaat.[2] Hebben deze sacramenten van zichzelf niet een grotere waarde dan bepaalde theologische interpretaties ervan? Zouden ze ons niet kunnen verenigen, nog voordat we tot een oplossing komen wat die interpretaties en oude geschillen betreft die ons van elkaar scheiden, ook al zeggen ze de meeste christenen niets meer?

Een ander aspect van de theologische discussies over het sacrament van de doop – de doop als voorwaarde voor het heil – kwam al vroeg in de geschiedenis van de kerk naar voren. Kunnen catechumenen behouden zijn die al in Christus geloven, maar nog niet zijn gedoopt, omdat ze tijdens het catechumenaat zijn overleden, in het bijzonder als ze een martelaarsdood zijn gestorven? Ook al waren ze nog niet gedoopt, ze gaven het grootst denkbare getuigenis voor hun geloof, het offer van hun leven! De toenmalige Kerk beantwoordde deze vragen, bijvoorbeeld bij monde van de heilige Cyprianus, met de leer van de 'doop met bloed' en later ook van de 'doop van het verlangen'; ze beschouwde hen als geldig gedoopt, zij het op een buitengewone wijze.

Het idee van de doop van het verlangen, waarover ook bijvoorbeeld Thomas van Aquino schreef, werd in de twintigste eeuw door de Tsjechische theoloog Vladimír Boublík, tijdens zijn ballingschap in Rome, verder uitgewerkt met zijn theorie van de 'anonieme catechumenen'.[3] Hij presenteerde die als een alternatief voor Rahners bekende leer van de 'anonieme christenen'. Net als Rahner betoogde hij dat er hoop op verlossing was voor hen die om verschillende (in elk geval subjectief legitieme) redenen het doopsel niet hadden ontvangen en niet formeel in de gemeenschap van de Kerk waren opgenomen, maar die er tijdens

---

2 Vgl. David M. Knight, 'Should Protestants receive Communion at Mass? Theologian takes a critical look at the Catholic Church's Communion line policies', in: *La Croix International*, 23 juli 2020, https://international.la-croix.com/news/religion/should-protestants-receive-communion-at-mass/12797 (geraadpleegd 14 maart 2023).
3 Vgl. Vladimír Boublík, *Teologie mimokřesťanských náboženství*, Kostelní Vydří 2000.

hun leven door hun geweten toe waren gebracht om te zoeken naar waarheid, goedheid en schoonheid. De leer van de mogelijkheid van verlossing voor ongedoopten en mensen zonder expliciet geloof in Christus is via de documenten van het Tweede Vaticaanse Concilie een vast onderdeel van de katholieke dogmatiek geworden.[4]

Het ontbreken van expliciet geloof hoeft dus niet te worden opgevat als een afwijzing ervan. Zelfs bij een uitdrukkelijke afwijzing van Christus en de Kerk kan het in sommige gevallen gaan om slechts een afwijzing van de misvattingen die iemand zich heeft gevormd (en dat is vaak ook zo), bijvoorbeeld door zijn eigen persoonlijke negatieve ervaringen met gelovigen in zijn omgeving te generaliseren. Aan de andere kant werd de Amerikaanse jezuïet Leonard Feeney door de Katholieke Kerk geëxcommuniceerd, omdat hij zijn kerkelijke superieuren ongehoorzaam was en volhield dat niet-katholieken niet konden worden gered, dus vanwege een radicale en letterlijke uitleg van de zinsnede *extra Ecclesiam nulla salus* – buiten de kerk is er geen heil – en dat was al lang voor het laatste concilie.[5] De vragen over de grenzen van de Kerk en de verhouding tussen de zichtbare en de onzichtbare Kerk zijn al eeuwenlang het onderwerp van theologische discussies, die je niet eenvoudigweg met een dogmatische definitie kunt beslechten. De Geest van God leidt de Kerk door de geschiedenis, transformeert haar, voert haar altijd in de volle waarheid en inspireert haar tot theologische zelfreflectie, inclusief de theologische reflectie op haar historische transformaties. Deze werking van de Geest in de Kerk zal pas eindigen met de voltooiing van haar geschiedenis in de schoot van God. Als we zijn werking ontkennen en er niet naar luisteren, lopen we het risico dat we de heilige Geest lasteren, waarvoor Jezus ons zo nadrukkelijk heeft gewaarschuwd (Marc. 3:28-29). Niet alleen in de leer van het Tweede Vaticaanse Concilie, maar ook bij vooraanstaande oosters-orthodoxe theologen komen we deze uitspraak tegen: 'We weten waar de Kerk is, maar we weten niet waar ze niet is.'[6]

Aan deze beschouwing over de doop wil ik nog een punt toevoegen.

---

4 Vgl. *Lumen gentium*, 16; *Gaudium et spes*, 22.
5 De excommunicatie van Leonard Feeney in 1953 werd voorafgegaan door een stemming van het Heilig Officie op 8 augustus 1949.
6 Vgl. Kallistos Ware, *The Orthodox Church*, Londen 1997, 308.

Als ik in dit boek een procestheologie van het geloof ontwikkel, aanvaard ik daarmee ook een procestheologie van de sacramenten, in het bijzonder wat het sacrament van het doopsel betreft. Het mysterie van het doopsel, de 'onderdompeling in Christus', houdt niet op nadat het sacrament is toegediend, maar omvat veel meer. Het goddelijke leven ('de genade') doorstroomt via het doopsel het hele bestaan en de hele persoonlijkheid van de gedoopte. Het moet alles wat in hem 'woest en leeg' is, voortdurend van water voorzien en zijn leven lang de rotsblokken van zonde en ongeloof bij hem wegspoelen. Het doopwater moet steeds dieper doordringen in alle bewuste en onbewuste lagen van zijn denken, voelen en handelen, en ook in het heiligdom van zijn geweten. De doopgenade is het goddelijk leven in de mens, de energie van de beloofde Geest, de schepper (*Creator Spiritus*) en de trooster (*Parakletos*). Ze brengt een levenslange beweging van *metanoia*, van transformatie, verandering teweeg. Het doopsel is een onuitwisbaar teken (*signum indelibile*) en blijft dus aanwezig, ook al is de gedoopte zelf zich er niet van bewust en werkt hij aan deze genade niet actief mee. Ook als de ontvanger aan deze gave geen waarde hecht, verliest ze haar karakter niet.

In onze tijd keren theologen terug naar de bredere opvatting van sacramenten en sacramentaliteit van vóór het Concilie van Lyon in 1274, waar het aantal sacramenten op zeven werd vastgesteld. De leer van de sacramenten is door het Tweede Vaticaanse Concilie verbreed en verdiept door Christus en de Kerk als een *oersacrament* op te vatten – ook hier gaat het om 'een zichtbaar teken van de onzichtbare genade'. Tegelijkertijd leert de Katholieke Kerk dat God het werk van de Geest in de mens niet heeft voorbehouden aan de sacramenten (*Deus non tenetur sacramentis suis*) en dat het zich evenmin beperkt tot de grenzen van de 'zichtbare Kerk'. Als de Kerk het beperkte juridische begrip van zichzelf inruilt voor verwondering over de royaliteit van Gods vrijheid en alomvattende liefde, kan dit een impuls geven aan de ontwikkeling van de oecumene in alle drie de dimensies die ik al heb genoemd.

Op de vraag hoe de rivier van het geloof in het leven van individuen stroomt, hoe mensen gelovig worden en hoe ze christen worden, kunnen we geen afdoend antwoord vinden als we ons tot het canonieke recht beperken. Eerder zei ik al dat het doopsel een geloofsbelijdenis veronderstelt (in het geval van kinderen een plaatsvervangende belijdenis) en dat de Kerk eist dat deze belijdenis niet slechts een formele 'lippendienst' is, maar is gebaseerd op een bewuste, vrije en geïnformeerde geloofsdaad (*faith*), op een geloofsovertuiging (*belief*) en berust op het besluit dit geloof in het eigen leven in praktijk te brengen.

Het persoonlijke geloof van concrete individuen is natuurlijk een mysterie dat zich aan de 'kerkelijke controle' onttrekt. Degene die de doop voltrekt, kan nooit volledige zekerheid hebben over de authenticiteit van het geloof van de doopkandidaat, evenmin als de getuigen, die bij de toelating tot het catechumenaat moeten verklaren dat de kandidaat met een goede intentie komt. Ja, zelfs de gelovige zelf beschikt niet over die volle zekerheid. Alleen God kent het geloof van de individuele mens, zoals een van de liturgische gebeden het zegt, en alleen Hij kan het ten volle beoordelen.[7] Als we over het geloof van concrete mensen spreken, maar ook als we over ons eigen geloof nadenken, moeten we soms onze toevlucht nemen tot woorden van hoop: ik geloof dat ik geloof.

Het geloof is een weg en daarom kan ik zeggen dat ik op de weg van het geloof ben, ook al drukt het gevoel van de zwakheid en ontoereikendheid ervan me neer. Alleen al mijn verlangen om te geloven, 'waarachtig te geloven', is een belangrijke stap op deze weg. Het geloof is een weg naar zekerheid, maar de volmaakte zekerheid, de volheid van het geloof, is pas te vinden in de schoot van God, voorbij de horizon van dit leven en van deze wereld, in de zalige aanschouwing van God (*visio beatifica*), waarin geloof en hoop op hetzelfde moment ophouden en tot voltooiing komen: ze worden opgenomen in de liefde, die ook dan niet vergaat (vgl. 1 Kor. 13:8-13).

Als mijn geloof betrekking heeft op God, dan heeft het betrekking op Hem die ik niet kan bezitten en niet eens volledig kan begrijpen: *Si comprehendis, non est Deus* – Als je het kunt begrijpen, is het niet God, leert de heilige Augustinus.[8] Als we ook de eveneens aan Augus-

---

7   In een gebed voor de overledenen zegt een canon in het missaal: '(…) over wiens geloof niemand weet dan U.'
8   Augustinus, Preek 117, 3,5 (over Joh. 1:1).

tinus toegeschreven definitie van liefde als een passie aanvaarden – *Amo: volo ut sis* (Ik heb lief, dat wil zeggen, ik wil dat jij bent) – dan kun je zeggen dat het verlangen naar liefde de kern van het christelijk geloof in God is.

Dit 'ik wil' is in dit geval geen dwingend bevel van de menselijke wil, maar een nederige belijdenis van het verlangen dat samen met de hoop de grond van de onzekerheid betreedt, de wolk van het mysterie binnenstapt.[9] Zelfs in de nacht van het geloof blijft dat verlangen een innerlijk licht, zoals Johannes van het Kruis ons leert. Het verlangen, de passie die hunkert naar vervulling, vormt die mysterieuze levenskracht van het geloof, die we kunnen aanduiden met de termen 'spiritualiteit' of 'geestelijk leven'.

Wie is dus een 'authentieke gelovige'? Wie liefheeft. Omdat God, die geen 'object' is (en daarom ook geen 'object van liefde' kan zijn), in alles aanwezig is en tegelijkertijd alles overstijgt, sluit de liefde voor God alles in, is het een liefde zonder grenzen. De liefde van de mens tot God is niet een soort exclusieve relatie met een 'bovennatuurlijk wezen' ergens achter de horizon van de wereld, maar in haar grenzeloosheid en onvoorwaardelijkheid moet ze lijken op de liefde van God, die alles wat bestaat met zijn liefde omvat en in stand houdt; ze moet lijken op God zelf, die door zijn liefde in alle dingen als liefde aanwezig is.

Dit gebod van een ondeelbare liefde tot God en de naaste is een opdracht die je in deze wereld en in dit leven nooit geheel kunt voltooien. Net als het geloof heeft dit gebod het karakter van een uitnodiging tot een weg die altijd voor je openstaat. Een christen is geroepen om te gaan lijken op God, die niemand buitensluit uit zijn liefde (vgl. Mat. 5:43-48).

De geloofsgenade komt in het leven van een concrete persoon dus niet in de eerste plaats tot uitdrukking wanneer hij rationeel instemt met de geloofsartikelen, 'wanneer hij begint te denken dat God bestaat', zoals velen zich de bekering voorstellen, maar veeleer wanneer het in zijn leven tot transcendentie komt, dat wil zeggen, tot het overstijgen van zichzelf, het overstijgen van zijn egoïsme en zelfingenomenheid,

---

9   In *Ik wil dat jij bent. Over de God van liefde* (vert. Petra Prins-Mikulkova en Dirk Prins), 4[e] druk, Utrecht 2020, ga ik hier dieper op in.

kortom, tot wat het christendom met het woord 'liefde' bedoelt. De geloofsovertuigingen (*belief*), de opvattingen over God, maken deel uit van de geloofsdaad voor zover hun context de praktijk van de liefde is. Buiten deze context is het een koud en dood geloof (vgl. Jak. 2:17).

Als het geloof niet met liefde verbonden is, is zelfs het aanvaarden van de genade (dat wil zeggen, van het goddelijke leven) in de sacramenten niet meer dan een leeg ritueel dat grenst aan magie.[10]

De Kerk heeft het geloof lange tijd gedefinieerd als een door Gods genade tot stand gebrachte daad van de menselijke wil, die het verstand beweegt om in te stemmen met de geloofsartikelen van de Kerk. Dan is het geloof een 'ingegoten deugd' waarin de gave van God en de vrijheid van de mens elkaar ontmoeten; het initiatief van God is daarin primair, maar ook de menselijke vrijheid is onmisbaar. Hoe omslachtig en scholastiek deze omschrijving van het geloof ook is, toch blijft het daarin duidelijk dat het geloof het karakter van een dialoog heeft, dat het gaat om een ontmoeting tussen het goddelijke en het menselijke.

De psychologie biedt een antwoord op de vraag of en in hoeverre dit theoretische model overeenkomt met de feitelijke ervaring in de levens van mensen. De godsdienstpsychologie heeft zich vaak vooral gericht op de periode van de adolescentie, waarin de levensbeschouwelijke oriëntatie meestal wordt gevormd. Adolescenten kunnen bewust instemmen met het geloof waarin ze zijn opgevoed of het afwijzen en het de rug toekeren; het kan ook dat ze het beter gaan begrijpen of het op een nieuwe, volwassener manier aanvaarden dan hoe het hun in hun kindertijd is voorgehouden. Bekeringen vinden meestal plaats rond de overgang naar de volwassenheid: een gelovige kan de ene religie inruilen voor een andere of alle religie aan de kant schuiven; maar omgekeerd kan een tot dan toe ongelovige ook het geloof aanvaarden. In onze cultuur ervaren ook traditionele gelovigen vaak zo'n soort 'be-

---

10 In de katholieke sacramentstheologie wordt dit uitgedrukt door de verbinding van het *opus operatum* met het *opus operantis*, het 'objectieve' en het 'subjectieve' element in de uitdeling en het ontvangen van de sacramenten.

kering', wanneer ze zich ervan bewust worden dat hun godsdienst geen algemeen aanvaard gegeven is en ze er toch uit vrije wil voor kiezen om te blijven in de traditie die ze hebben ontvangen. De Britse socioloog Grace Davie betoogt dat veel gelovigen hun aanwezigheid bij de diensten vroeger zagen als een onomstreden verplichting die hun door de traditie was opgelegd, terwijl kerkbezoek tegenwoordig vooral een vrijwillige keuze is.[11]

De afwezigheid van sociale druk om naar de kerk te gaan en zo te laten zien dat je een gelovige bent, heeft ervoor gezorgd dat veel cultuurchristenen[12] niet langer aan het kerkelijke leven deelnemen, behalve incidenteel bij bijzondere feestdagen of familiegebeurtenissen. Toch heeft deze aderlating de kerken en hun geloof juist nieuw leven ingeblazen. Als religiositeit niet alleen maar een gewoonte is, als gelovigen zelf over hun geloof nadenken en het tot hun persoonlijke geloof maken, herinterpreteren ze doorgaans tot op zekere hoogte de inhoud ervan door die te recontextualiseren in relatie tot hun toenemende opleidingsniveau en persoonlijke groei. Als je het geloof van je opvoeding niet *internaliseert*, als het geen wortel schiet in je innerlijke emotionele en intellectuele wereld, zal het vrijwel niet bestand zijn tegen de crises waarmee het in een geseculariseerde wereld zeer waarschijnlijk te maken krijgt.

Toch hebben de dieptepsychologie en de door de psychoanalyse beïnvloede ontwikkelingspsychologie de opvatting dat de adolescentie de belangrijkste tijd voor de religieuze ontwikkeling is, in twijfel getrokken. De basishouding ten opzichte van het leven – waarvoor Erik Erikson de term *basic trust* (basisvertrouwen) bedacht – wordt al in de vroegste levensfase gevormd, in het eerste contact van pasgeborenen met hun moeder en andere voor het kind belangrijke personen. Op basis daarvan heeft Ana-María Rizzuto, een Argentijnse psycholoog van Harvard, een heel inspirerende ontwikkelingspsychologie van de religie ontwikkeld.[13] De religieuze voorstellingen van kinderen worden

---

11 Grace Davie, *Religion in Modern Europe. A Memory Mutates*, Oxford 2000.
12 De sociologie gebruikt deze term voor mensen die religie erkennen als een element van de cultuur, maar er geen blijk van geven dat het geloof voor hen een persoonlijke religieuze ervaring is, een persoonlijke relatie met God.
13 Ana-María Rizzuto, *The Birth of the Living God*, Chicago en Londen 1979.

al op heel jonge leeftijd spontaan gevormd, op basis van hun vroegste ervaringen; ze weerspiegelen een fundamenteel basisvertrouwen of basiswantrouwen. Latere religieuze voorstellingen kunnen op dit basisvertrouwen voortbouwen of het basiswantrouwen corrigeren. Uit een basiswantrouwen kan zich een pathologisch beeld van een toornige God ontwikkelen en dit kan psychische en geestelijke stoornissen veroorzaken. Een psychische reactie op dit beeld kan atheïsme zijn; in de regel is het aanvankelijk een protest tegen een bepaald type religie dat later uitgroeit tot een afkeer van religie als zodanig.

Het spontane godsbeeld van een kind, een persoonlijk, emotioneel, niet zo gedifferentieerd en overwegend onbewust *image of God*, komt vroeg of laat in aanraking met het culturele godsbegrip (*concept of God*) dat het kind krijgt aangereikt in het religieuze leven van een bepaalde samenleving, met name door de religieuze opvoeding in het gezin of op school. In dit proces kunnen het spontane, kinderlijke godsbeeld en het culturele godsbeeld elkaar harmonieus aanvullen, wat naar verwachting zal leiden tot een stabiele religiositeit op latere leeftijd, maar het kan ook zijn dat het kind het culturele godsbeeld niet aanvaardt en vasthoudt aan zijn eigen godsbeeld. Ook kan het kind zijn eigen spontane voorstelling naar het onbewuste verbannen of die geheel verwerpen en in plaats daarvan het door de cultuur aangeboden concept aanvaarden.

Ik denk dat deze theorie ook enig licht kan werpen op de religieuze situatie in landen als Tsjechië, waarin de meeste kinderen generaties lang (en vaak nog steeds) geen enkel religieus onderwijs krijgen. Dan hebben mensen 'hun eigen God' of ze zijn atheïst geworden toen ze hun spontane kinderlijke religiositeit ontgroeiden en daarna geen enkele andere vorm van religie meer zijn tegengekomen. Het ontbreken van een geloofwaardige religieuze opvoeding – vooral het ontbreken van interactie met het specifieke mythopoëtische religieuze leven van het kind – draagt bij aan de toename van de *nones*, waarop ik in een van de voorgaande hoofdstukken inging.

Geloof raakt geleidelijk aan ingebed in de individuele levensgeschiedenis. Het is een dynamisch, levenslang proces: voor iemand die op volwassen leeftijd een bekering van ongeloof naar geloof heeft meegemaakt, omvat zijn geloofsgeschiedenis ook die eerdere periode van ongeloof. Theologisch gezien heeft God met iedereen een geschiedenis, zowel met gelovigen als met ongelovigen, en is Hij in hun geloof en in hun ongeloof aanwezig: 'Ben ik *alleen* een God als Ik dichtbij ben – godspraak van de Heer – en niet veeleer een God vanuit de verte?' (Jer. 23:23, vert. auteur).

Wat de brief aan de Hebreeën als een gebeurtenis in de heilsgeschiedenis beschrijft – 'Nadat God vroeger vele malen en op velerlei wijze tot de vaderen gesproken had door de profeten, heeft Hij nu, op het einde van de dagen, tot ons gesproken door zijn Zoon' (Hebr. 1:1) – speelt zich ook op persoonlijk niveau af in de levensgeschiedenis van bekeerlingen: God heeft tot ieder van hen al vele malen en op tal van manieren gesproken, zelfs al voordat die persoon met zijn persoonlijke, bewuste geloof ja en amen heeft gezegd op de verkondiging van het evangelie.

Daarom is voor het geloof, dat voortdurend blijft zoeken naar God, het gebed zo belangrijk. Niet om daarmee Gods wil te beïnvloeden, maar wel als middel om een innerlijke stilte te creëren waarin men de aanwezigheid van de verborgen God probeert waar te nemen en zo probeert zijn wil te verstaan. Anders dan de 'zalige aanschouwing van God' (*visio beatifica*) door de heiligen in de hemel, beschikt het geloof niet over het bewijs, de zekerheid van een volledige en heldere kennis. Als het geloof menselijk authentiek is, behoudt het een legitieme ruimte om kritische vragen te stellen die het helpen om te groeien en intensiever samen te werken met de goddelijke kant ervan, het geloof als gave van Gods genade. De gezonde twijfel die het geloof vergezelt en nederig maakt, is geen twijfel aan God of twijfel over het bestaan van God, maar twijfel aan zichzelf, over de mate waarin de gelovige mens het Woord van God tot hem op de juiste manier verstaat.

Het diepste mysterie van het geloof betreft namelijk niet het bestaan van God. Strikt genomen gelooft een christen niet in een God die ook niet zou kunnen bestaan. Alleen contingente (toevallige) existenten, 'objecten', *kunnen ook niet bestaan*. Een God die ook niet zou kunnen bestaan, God als een wezen onder andere wezens, bestaat niet echt – zo'n God als object zou een afgod zijn en niet God. De God in wie wij als christenen geloven, omvat alles en tegelijkertijd overstijgt Hij alles.[14] Het heeft geen zin om de vraag te stellen of er een totaal van alle dingen bestaat. Maar het is een heel natuurlijke vraag wat het karakter van dit geheel is en of het mogelijk is om er op enigerlei wijze mee te communiceren, als het oneindig veel groter is dan al onze verklaringen en voorstellingen ervan.

Het geloof krijgt zijn *christelijke* karakter niet door te geloven dat God bestaat; we worden geen christenen door in het bestaan van God te gaan geloven, maar, zoals de Schrift zegt, doordat we 'de liefde leren kennen die God voor ons heeft' en dat we daarin gaan geloven (vgl. 1 Joh. 4:16). De tegenwerping dat we eerst in Gods bestaan moeten geloven, voordat we in Gods liefde kunnen geloven, is in strijd met de logica van het evangelie: *alleen wie liefheeft, kan begrijpen wat met het woord 'God' wordt bedoeld* (vgl. bijv. 1 Joh. 4:8).

Liefde is niet een van de eigenschappen van God, maar zijn essentie, zijn eigennaam. Misschien was het ook daarom wel verboden de naam van God uit te spreken, omdat liefde zich niet in woorden laat vatten. Liefde kun je alleen met je eigen leven tot uitdrukking brengen. Als je woorden over de liefde uitspreekt die niet overeenkomen met je leven, dan komt dat op hetzelfde neer als het ijdel, leeg, inhoudsloos en dus zondig uitspreken van Gods naam.

Ik heb de oproep van Jezus al geciteerd: 'Heb het geloof van God!' (Marc. 11:22, naar de Kralitzer Bijbel). Heb geloof zoals God dat heeft! God houdt van ons en vertrouwt ons, daarom kunnen we aan zijn geloof deelnemen, door op Hem te vertrouwen. De inhoud van ons geloof bestaat niet uit opvattingen over het bestaan van God, maar uit het antwoord van ons vertrouwen op zijn vertrouwen, het antwoord van onze liefde op zijn liefde. Geloof en liefde kun je dus niet van elkaar scheiden en we 'hebben' zowel geloof als liefde alleen in de vorm van hoop en verlangen, niet als een bezit.

---

14 Het christendom wijst het pantheïsme af, de identificatie van God met de wereld, maar in de Bijbel vinden we wel belangrijke passages die in de buurt komen van het 'panentheïsme', dat stelt dat God al het geschapene omvat en tegelijkertijd overstijgt.

Ik geloof om te begrijpen (*credo ut intelligam*) – maar tegelijkertijd heb ik een bepaald soort begrip nodig als ruimte waarin het geloof kan leven (*intelligo ut credam*).[15] Maar het geloof zelf, als een specifieke existentiële ervaring, is een bepaalde manier van begrijpen, een interpretatie van de wereld en van het leven. Net als geloof en liefde vormen geloof en begrijpen een hermeneutische cirkel: ze interpreteren elkaar en je kunt ze niet van elkaar losmaken.

Jezus heeft zijn apostelen beloofd: als je een geloof hebt zo groot als een mosterdzaadje, kan dit geloof onvoorstelbaar grote dingen doen (Mat. 17:20). Deze zin wordt gewoonlijk opgevat als een berisping aan het adres van de apostelen dat hun geloof niet groot genoeg zou zijn. In een van mijn boeken heb ik hier een andere, uitdagende uitleg aan gegeven: misschien is ons geloof niet tot grote dingen in staat, omdat het niet klein genoeg is.[16] Er hebben zich zo veel bijkomstigheden aan gehecht: onze voorstellingen en verlangens. Alleen het naakte geloof, ontdaan van alle ballast, is 'het geloof van God'. Van de heilige Paulus weten we immers dat wat groot is in de ogen van mensen, onbeduidend is in de ogen van God en omgekeerd (1 Kor. 1:25-29).

In het Evangelie volgens Johannes zegt Jezus dat de graankorrel eerst moet sterven en alleen dan rijke vruchten voortbrengt; als hij niet in de akkergrond sterft, blijft hij onvruchtbaar en vergaat hij zonder nut (vgl. Joh. 12:24). Geldt dat ook niet voor ons geloof? Moet ons geloof niet de *kenosis* van Jezus imiteren: afsterven in zijn huidige vorm en zich leeg maken, zodat de volheid van God het kan vervullen?

Zoals wij in ons leven en in onze geschiedenis elke keer weer Pasen vieren om zo de betekenis ervan jaar na jaar dieper te gaan verstaan, zo moet ook ons geloof het paasmysterie van dood en verrijzenis steeds opnieuw beleven. Ook de mystici wisten al dat de donkere nacht van

---

15 '*Neque enim quaero intelligere ut credam, sed credo ut intelligam* – Ik probeer ook niet te begrijpen om te geloven, maar ik geloof om te begrijpen.' In deze zin in zijn *Proslogion* voegt Anselmus van Canterbury iets toe aan het *credo ut intelligam* van de heilige Augustinus (in zijn commentaar op het Evangelie volgens Johannes). Augustinus' idee van geloof dat begrip zoekt, komt uit de Latijnse vertaling van Jesaja 7:9, waar staat: '*Nisi credideritis non intelligetis* – Tenzij u gelooft, zult u niet begrijpen.' Vergelijk ook preek 43 van Augustinus.
16 Vgl. Halík, *De nacht van de biechtvader*, 25-30.

het geloof een school voor de rijping ervan is. Dit geldt kennelijk evengoed voor ons persoonlijke geloofsverhaal als voor de geloofsgeschiedenis in het algemeen. Laten we niet bang zijn voor de momenten waarop ons geloof aan het kruis van de twijfel wordt genageld, wanneer het afdaalt in de hel van pijn en verlatenheid en sommige van zijn vormen afsterven en in het graf worden gelegd. Soms spreekt God in een pinksterstorm, dan weer in het stille suizen van een nauwelijks hoorbare bries, zoals bij Elia op de berg Horeb (1 Kon. 19:12).

Soms vallen onze persoonlijke geloofscrises samen met crises in de geschiedenis, omdat onze levensverhalen met de stroom van de geschiedenis verweven zijn. Ons persoonlijke geloof neemt niet alleen deel aan het licht en de vreugde van het kerkelijke geloof, maar ook aan haar donkere uren. Carl Gustav Jung heeft weleens gezegd dat hij tijdens een van zijn diepste depressies en persoonlijke crises werd geholpen door het besef dat zijn crisis in zekere zin anticipeerde op de crisis van onze beschaving, de wereldoorlog.[17] Misschien kan het ook ons helpen als we weten dat de pijnen van ons geloof een mysterieuze participatie zijn in de pijn van de Kerk en dus in het voortgaande mysterie van Jezus' kruis. De heilige Paulus schrijft dat ons lijden is wat in de geschiedenis 'nog ontbreekt aan de verdrukkingen van Christus' (Kol. 1:24). De eerste en grootste christelijke theoloog presenteert naast de *creatio continua* en de *resurrectio continua* dus ook een leer van de *passio continua*.

De oproep tot *sentire cum ecclesia* (meevoelen met de Kerk) wordt doorgaans gepresenteerd als een oproep tot gehoorzaamheid aan het kerkelijke gezag. Maar ik hoor hierin ook een oproep om onze vragen, pijn en twijfels, onze geloofsnachten in een bredere context te plaatsen, in die van het geloof van de hele Kerk. De Kerk als geloofsgemeenschap is ook een gemeenschap van gedeelde ervaringen op de weg door het dal vol schaduwen en duisternis. Niet alleen ons persoonlijke geloofsverhaal, maar ook de geschiedenis van de Kerk kent haar tijden van bloei en lange, koude winters.

---

17 Aniela Jaffé (red.), *Erinnerungen, Träume, Gedanken von C.G. Jung*, Düsseldorf en Zürich 1971, 178-182, in de paragraaf 'Die Auseinandersetzung mit dem Unbewußten'.

Op welke manier participeert de Kerk in de volheid van Gods waarheid, de zekerheid van alle zekerheden? Hoe en in welke mate giet ze dit levenswater uit in de harten en hoofden van individuele gelovigen? Ik denk dat we hier het werkwoord *subsistit* (verblijft, bewoont, is aanwezig) kunnen gebruiken. In de documenten van het laatste concilie gaf dit woord een belangrijke oecumenische dimensie aan de leer van de Kerk. In de zin dat de Katholieke Kerk de Kerk van Christus is, werd tijdens het verhitte debat op het concilie het werkwoord *est* (is, is gelijk aan) door het werkwoord *subsistit* vervangen. In de empirisch waarneembare Katholieke Kerk, die hier en nu bestaat, is de Kerk van Christus aanwezig (*subsistit*), de mysterieuze bruid van Christus waarvan de volle heerlijkheid en schoonheid pas aan de eschatologische horizon van de eeuwigheid geopenbaard zal worden.

De implicatie hiervan is dat deze concrete Rooms-Katholieke Kerk niet 'de hele ruimte' van de Kerk van Christus vult en dat er dus ook voor andere christelijke kerken een legitieme plaats overblijft. Dit belangrijke theologische fundament van de christelijke oecumene werd op het concilie voor eens en voor goed bevochten, hoewel latere uitspraken van het leergezag deze ruimhartigheid voorzichtig hebben getemperd door eraan toe te voegen dat de Kerk van Christus in die andere kerken op een iets andere, beperktere manier *subsisteert* dan in de Rooms-Katholieke Kerk.[18]

God zelf is de Waarheid. Hij *subsisteert* in de uitspraken van het leergezag van de Kerk, maar valt daar op geen enkel moment in de geschiedenis mee samen. Het goddelijke mysterie is altijd meer dan wat de Kerk over Hem belijdt. De uitspraak dat de officiële leer van de Kerk de openbaring van God op authentieke en voor het heil voldoende mate weergeeft, en dat we geen verdere openbaring hoeven te verwachten, betekent beslist niet dat de Kerk de heilige Geest zou willen verbieden nog verder te werken. Er is nog altijd ruimte voor het onbelemmerd suizen van de pinksterwind, die tot aan het einde van de geschiedenis de leerlingen van Christus langzamerhand in de

---

18 De verklaring *Dominus Iesus*, goedgekeurd door paus Johannes Paulus II en gepubliceerd door de Congregatie voor de Geloofsleer in augustus 2000, wil de term Kerk zelfs alleen voor de Rooms-Katholieke Kerk reserveren. De andere christelijke gemeenschappen worden dan verondersteld 'kerken' te zijn in een andere betekenis dan de Roomse Kerk dat is.

volle waarheid leidt. We mogen dus openstaan voor nieuwe gaven van de Geest. Het is dan wel van belang dat we niet ondankbaar en respectloos omgaan met de schat aan gaven die dezelfde Geest in het verleden heeft gegeven en die hun belang en bindend karakter behouden. Jezus heeft de wijsheid aangeprezen van leraren die zowel nieuwe als oude dingen uit deze schat tevoorschijn halen (Mat. 13:52).

Evenzo *subsisteert* in het geloof van een individuele christen of van een bepaalde christelijke groep (bijvoorbeeld een theologische school) het geloof van de gehele Kerk, de volheid van de christelijke leer. Toch hebben het geloof en de kennis van een individuele christen of van een bepaalde christelijke groep altijd menselijke (historische, culturele, taalkundige en psychische) grenzen, waardoor ze niet in staat zijn het hele geloof van de Kerk in zijn volheid in zich op te nemen. Daarom hebben individuele gelovigen en bepaalde richtingen in geloof en spiritualiteit ook het geheel van de Kerk en haar leergezag nodig om hen aan te vullen en zo nodig te corrigeren. Individuele gelovigen nemen deel aan het geloof van de Kerk voor zover hun persoonlijke beperkte vermogens hen in staat stellen om de schat van het geloof in hun begrip, denken en handelen te integreren. De heilige Thomas van Aquino had het al over een impliciet geloof: geen enkele gelovige kan alles vatten wat de Kerk gelooft; hij kan slechts een deel ervan expliciet begrijpen en aanvaarden. Aan datgene wat hun begrip en kennis te boven gaat, hebben gelovigen een impliciet aandeel door hun vertrouwen in God, in zijn openbaring en in de Kerk die hun deze openbaring voorhoudt. Dit besef moet leiden tot nederigheid en tot de erkenning dat communicatie en dialoog in de Kerk nodig zijn.

Bovendien vult het christelijk geloof nooit volledig de ruimte van de menselijke ziel (het bewuste en onbewuste deel van de psyche), zelfs niet bij heiligen en mystici. In deze zin vat ik ook de uitspraak van kardinaal Daniélou op dat 'een christen altijd slechts een gedeeltelijk gedoopte heiden is'. Het doopsel heeft het karakter van een onuitwisbaar teken (*signum indelibilis*) en van een werkelijke deelname aan het mystieke lichaam van Christus, maar de genade van het doopsel werkt dynamisch in de mens, doet hem groeien en rijpen in het geloof, voor zover hij de ruimte van zijn vrijheid op alle niveaus van zijn bestaan daarvoor openstelt. Als het geloof van de Kerk inderdaad in het geestelijke leven van de gelovige aanwezig is (*subsistit in*), maar de religieuze kennis die hij heeft ontvangen niet de hele ruimte van zijn geestelijke leven vult, dan blijft er in zijn geest en hart een legitieme ruimte voor zoekende, kritische vragen en eerlijke twijfel. Het is gezond als hij zich nederig afvraagt of zijn geloofsweg authentiek is, trouw aan de traditie, maar ook trouw aan hoe God hem in zijn geweten leidt. Daarom kunnen zijn vragen uiteindelijk niet alleen aan het kerkelijke gezag zijn geadresseerd, maar aan God zelf, die in het heiligdom van zijn geweten aanwezig is, God, die niet alleen tot hem spreekt in de leer van de Kerk, maar ook in de tekenen van de tijd en in de gebeurtenissen in zijn eigen leven.

Los van de vraag of je het hebt ontvangen via je opvoeding en de invloed van je omgeving of als vrucht van een persoonlijke zoektocht, is het geloof een immens kostbaar geschenk van Gods genade. Maar een niet minder kostbaar geschenk is de 'rusteloosheid van het menselijke hart', waarover de heilige Augustinus spreekt. Deze rusteloosheid laat je niet tevreden zijn met een bepaalde ontvangen of bereikte vorm van geloof, maar zorgt ervoor dat je altijd op zoek bent en ernaar verlangt om verder te komen. Ook kritische vragen, twijfels en geloofscrises kunnen op deze weg een waardevolle stimulans zijn. Ook die kun je zien als een geschenk van God, als 'helpende genade'. De Geest van God verlicht niet alleen het verstand van mensen, maar werkt ook als 'intuïtie' in de diepte van hun onbewuste. Bij onze bezinning op het 'geloof van de ongelovigen' is dit inzicht van grote betekenis. Zelfs mensen die niet zijn bereikt door de verkondiging van de Kerk, of die niet hebben gehoord in een vorm die ze van harte zouden kunnen aanvaarden, kunnen een zekere 'geloofsintuïtie' bezitten. De dialoog van het kerkelijke geloof met dit 'intuïtieve geloof' van mensen die ver van de Kerk staan, kan wederzijds nuttig zijn.

'God is groter dan ons hart', lezen we in de brief van de heilige Johannes (1 Joh. 3:20). Toch is 'ons hart' groter dan dat wat ons verstand weet over God, onze religieuze overtuiging, onze bewuste en overdachte geloofsdaad, onze belijdenis. Laten we ervoor oppassen dat we het begrip 'hart' in de Bijbel of bij Augustinus (en ook bij Pascal) reduceren tot alleen de emotie.[19]

---

19 David Steindl-Rast noemt het hart het 'orgaan voor de zin'. Zie zijn boek *Auf dem Weg der Stille*, Freiburg 2016, 24.

Jung stelt dat het bewuste en rationele deel van onze psyche lijkt op een ijsberg, waarvan alleen het topje boven de zee uitsteekt. Het veel krachtigere en omvangrijkere deel ligt namelijk in het onbewuste, niet alleen in het persoonlijke, maar ook in het collectieve: daar worden ideeën, de inspiratie en de verborgen motieven voor ons handelen geboren. Wellicht kun je zeggen dat de dieptepsychologie slechts in andere woorden of vanuit een ander perspectief de ervaring van de mystici beschrijft dat 'de ziel geen bodem heeft': de diepte van de werkelijkheid zelf, die wij God noemen, dringt door in de diepte van de mens. Of in de woorden van Psalm 42:8: 'De afgrond roept tot de afgrond.'[20]

De godsdienstpsychologie, die op de dieptepsychologie is gebaseerd, stelt dat geloof – als existentieel *basisvertrouwen* in de diepte van de werkelijkheid die zich volledig aan onze controle onttrekt – het hele menselijke bestaan doordringt en dat de psychische wortels ervan ergens diep in het onbewuste liggen. De spirituele theologie, die reflecteert op de mystieke ervaring, vult deze visie als het ware vanaf de andere kant aan: God richt zich tot de hele mens, maar wat de dieptepsychologie het onbewuste noemt en wat de Bijbel en de mystici, van Augustinus en Pascal tot aan de spirituele schrijvers van onze tijd, meestal met behulp van de metafoor 'hart' omschrijven, is beter in staat God te begrijpen dan *louter* onze rationaliteit. De rol van het verstand in het geloofsleven mogen we niet onderschatten, maar ook niet overschatten.

De 'geloofsgenade' is duidelijk een groter en beweeglijker geschenk dan wij ons gewoonlijk voorstellen. Het geloof reikt tot in de diepste lagen van ons wezen. Het strekt zich veel verder uit dan tot wat we 'denken' of tot hoe we ons geloof 'vormgeven' in de gewone religieuze praktijk, door naar de kerk te gaan en ons aan de geboden te houden. Vooral in tijden van onrust is dit niet genoeg. Denk bijvoorbeeld aan situaties waarin het onmogelijk is om naar de kerk te gaan, zoals tijdens een pandemie, of als mensen in buitengewone situaties terechtkomen, waarin de gebruikelijke morele leerboeken en stereotiepe preken op de kansel niet voorzien. Om, vooral in grenssituaties, trouw Gods wil te doen, is iets nodig wat daarboven uitgaat: een voortdurende vorming van het eigen geweten, van creativiteit, moed en persoonlijke verant-

---

20 Zo volgens de Tsjechische vertaling; vgl. de Vulgaat (daar Ps. 41): 'Abyssus abyssum vocat'.

woordelijkheid. Bevindt de mensheid zich in deze tijd niet in zo'n grenssituatie?

Als God, die 'groter is dan ons hart', ons leven binnenkomt, vergroot Hij de diepte en de openheid van ons wezen, waarvoor wij de metafoor 'hart' gebruiken, grenzeloos. Er gebeurt in ons dan iets wat belangrijker en groter is dan wat wij kunnen vatten, dan we met onze gewone religieuze praktijk kunnen 'grijpen'. Daarom is het belangrijk dat we niet in dat kader blijven steken, niet tevreden zijn met de vorm waaraan we gewend zijn, maar blijven zoeken, zelfs als deze zoektocht gepaard gaat met crises en er moeilijke vragen rijzen die de traditionele vragen en antwoorden van de catechismus overstijgen.

Naar de jongeman die van jongs af alle geboden had onderhouden, keek Jezus met liefde, maar waarschijnlijk ook met verdriet, want deze jongeman was te rijk. Hij had waarschijnlijk niet alleen materiële goederen in overvloed, maar ook vroomheid en gerechtigheid volgens de wet van Mozes. Hij was innerlijk niet vrij genoeg om al deze rijkdom achter te laten, *zich op de weg te begeven* en Jezus te volgen (Marc. 10:17-22). Zelfs onze vroomheid en deugden kunnen, vooral als we er terecht trots op zijn, een valstrik en een harnas worden, zoals dat zware pantser van Saul dat de jonge David moest uittrekken om het gevecht met Goliat te kunnen aangaan (vgl. 1 Sam. 17). Dit geldt des te meer voor het glanzende en zware pantser van de theologie dat ons moet beschermen tegen alle vragen die we niet kunnen beantwoorden. Ik roep nogmaals het woord van Meister Eckhart in herinnering dat we God moeten ontmoeten 'zoals een naakte een naakte'.

In het ritueel van de toelating tot het catechumenaat zegenen wij de oren, de ogen, de mond, het hart en de schouders van de prille gelovigen die op weg gaan naar het doopvont. We zegenen hun uiterlijke en innerlijke zintuigen, hun lichaam en ziel. We bidden om een open en ontvankelijke aandacht voor Gods handelen, voor alle verschillende, onopvallende charismata die God voor hen heeft klaarliggen en die vaak verborgen zijn in buitengewoon kleine dingen, in gewone, alledaagse gebeurtenissen. Ze zullen die gemakkelijker vinden en vaker gebruiken als zij ze zoeken en ontvangen, in het besef dat deze verschillende aspecten van het geschenk van het geloof hun worden gegeven om anderen te dienen, om de ogen of de oren, de mond of het hart van de geloofsgemeenschap te kunnen zijn.

XIII SPIRITUALITEIT ALS DE PASSIE VAN HET GELOOF

In veel kerken zijn klaagzangen, schrikbeelden en alarmkreten over het gevaar van een 'tsunami aan secularisme en liberalisme' aan de orde van de dag. Maar het atheïstische seculiere humanisme is al lang geen belangrijke concurrent meer van het traditionele kerkelijke christendom, want het is tegenwoordig al net zo oud, verzwakt en kortademig. In beide gevallen valt dat het duidelijkst op aan hun taal: een verlies aan geestelijke vitaliteit verraadt zich altijd als eerste door een sleetse manier van uitdrukken, een taal vol clichés en gemeenplaatsen.

De belangrijkste uitdaging voor het kerkelijke christendom van vandaag is de *wending van religie naar spiritualiteit*. Terwijl de traditionele institutionele vormen van religie vaak lijken op rivierbeddingen die langzaam opdrogen, is de belangstelling voor allerlei vormen van spiritualiteit als een stroom die plotseling in kracht toeneemt, oude oevers wegspoelt en zich een nieuwe bedding baant. Ook het Tweede Vaticaanse Concilie lijkt zich er vooral op te hebben gericht de Kerk voor te bereiden op een verzoening met het seculiere humanisme en atheïsme, zonder de grote toename van de belangstelling voor spiritualiteit te hebben voorzien. De reguliere kerken waren niet voorbereid op de honger en dorst naar spiritualiteit en ze zijn vaak nog steeds niet in staat daarop adequaat te reageren.

Laten we een van de belangrijkste stellingen van dit boek formuleren: de toekomst van de kerken hangt grotendeels af van de vraag of, wanneer en in welke mate ze het belang van deze wending inzien en hoe ze op dit teken van de tijd weten te reageren. De evangelieverkondiging, de centrale taak van de Kerk, zal nooit 'nieuw' en effectief genoeg zijn als ze niet doordringt tot de dieptedimensie van het menselijke leven en de menselijke cultuur, de habitat van de spiritualiteit. Als de evangelieverkondiging bestaat uit het zaad van het evangelie in goede aarde te zaaien, dan moet die aarde iets dieper zijn dan de rationele en emotionele componenten van de menselijke persoonlijkheid. Het moet gaan om dat innerlijke gebied dat Augustinus *memoria* noemde, Pascal het 'hart' en Jung *das Selbst*. Daar bevindt zich die moederschoot waaruit de mens – in de geest van Jezus' woorden tot Nicodemus – 'opnieuw geboren' moet worden (vgl. Joh. 3:3-6).

De taak die het christendom in de namiddagfase van zijn geschiedenis te wachten staat, bestaat grotendeels uit de ontwikkeling van de spiritualiteit. Die nieuw uitgedachte christelijke spiritualiteit kan een belangrijke bijdrage leveren aan de huidige geestelijke cultuur van de mensheid, zelfs ver buiten de kerkgrenzen.

Daarbij duikt een hele reeks vragen op. Wat is de oorzaak van de huidige belangstelling voor spiritualiteit? Welke uitdaging vormt dit fenomeen voor het christendom en de Kerk? Wat zijn de risico's en valkuilen van deze trend? Getuigt de belangstelling voor spiritualiteit van een heropleving van de religie of is het juist een vervanging voor een tanende religie? Wat is de relatie tussen spiritualiteit en respectievelijk geloof en religie?

Dergelijke vragen laten zich moeilijk beantwoorden, omdat ze uitgaan van verschillende definities van en opvattingen over godsdienst, geloof en spiritualiteit. Het is duidelijk niet erg realistisch om op dit gebied algemeen aanvaarde definities te verwachten. Wat betreft de vraag of spiritualiteit tot de sfeer van de religie behoort, dat wil zeggen of ze een dimensie van de religie is of deel uitmaakt van de seculiere sfeer en eerder een 'religiesubstituut' is, wil ik graag naar een recente, inspirerende lezing verwijzen. Volgens de Israëlische onderzoeker Boaz Huss is spiritualiteit een zelfstandig verschijnsel dat noch tot het domein van de religie noch tot dat van de seculiere wereld behoort.[1] Op basis

---

1 Boaz Huss, *Spiritual, but not Religious, but not Secular. Spirituality and its New Cultural Formations* (voordracht op 11 november 2018 aan de Universiteit van Sint-Petersburg).

van zijn onderzoek naar spiritualiteit stelt Boaz Huss de relevantie van de begrippen 'religie' en 'seculariteit' ter discussie: hij stelt dat zowel het begrip religie als het begrip seculariteit (en dus de theorie over de relatie tussen de religieuze en seculiere domeinen) uitsluitend in de Europese christelijke context zijn ontstaan, op de drempel van de moderniteit, ten tijde van de Reformatie, de kolonisatie, het ontstaan van natiestaten en de kapitalistische samenleving. Deze concepten en theorieën zijn later ook gebruikt om de situatie in de niet-Europese wereld te beschrijven, maar daaraan is deze indeling volkomen vreemd; de talen kennen daar ook geen adequaat equivalent voor de begrippen 'religie' en 'seculariteit'. Huss stelt dat de relevantie van deze categorieën niet alleen lokaal (geopolitiek), maar ook temporeel beperkt is. Ze duiden op verschijnselen die behoren tot een tijdperk dat al voorbij is, ook in het Westen, en zijn daarom niet meer geschikt om de hedendaagse westerse situatie te beschrijven. Toch is de term 'spiritualiteit', hoewel die ook een product van de moderne westerse cultuur is en zelfs ouder dan de termen 'religie' en 'seculariteit', naar de mening van deze auteur wel geschikt om de huidige geestelijke situatie te karakteriseren.

Deze theorie wordt bevestigd door talrijke studies over de *nones*, onder andere ook door het internationale onderzoeksproject *Faith and Beliefs of 'Nonbelievers'*, dat ik samen met Tsjechische en buitenlandse collega's heb uitgevoerd.[2] Zoals ik al eerder zei, blijken niet alleen de begrippen 'religieus' en 'seculier', maar ook de analoge categorieën 'gelovigen' en 'ongelovigen', 'theïsten' en 'atheïsten', ontoereikend om de huidige geestelijke situatie adequaat te beschrijven. De transformatie van de religie in het tijdperk van globalisering heeft zelfs deze grenzen gerelativeerd; je kunt de hedendaagse samenleving niet langs deze lijnen opdelen. De opvattingen van mensen zijn tegenwoordig, althans in de westerse beschaving, zelden helemaal duidelijk van elkaar te onderscheiden. Niet alleen buiten de grenzen van de kerken, maar ook onder hun leden zijn er steeds meer mensen die je *simul fidelis et infidelis* kunt noemen – in hun innerlijke wereld lopen geloof en scepsis, basisvertrouwen en twijfel, kritische vragen en onzekerheden volstrekt door elkaar.

---

2 *Faith and Beliefs of 'Nonbelievers'*, vgl. www.templeton.org/grant/faithand-beliefs-of-nonbelievers (geraadpleegd 14 maart 2023).

De innerlijke wereld van een groot aantal tijdgenoten weerspiegelt dus zowel de heersende mentaliteit van de samenleving als het 'uiterlijke' cultuurlandschap en geeft er tegelijk mede vorm aan. De postmoderne cultuur heeft zowel het christendom als de uit het christendom voortgekomen moderniteit en seculariteit in haar genen, en deze erfenis is daarin grotendeels vermengd geraakt. De overgrote meerderheid van de praktiserende christenen in het Westen is cultureel sterk beïnvloed door de moderne seculiere samenleving. De meeste atheïsten kunnen echter ook worden omschreven als (cultureel) 'christelijke atheïsten', omdat ze veel meer van het erfgoed van de christelijke cultuur in zich meedragen dan ze doorgaans willen erkennen.[3]

Eeuwenlang hebben de kerkelijke autoriteiten getracht de spontaniteit en de vitaliteit van het geestelijke leven te sturen, de orthodoxie van de geloofsbelijdenissen te bewaken, de formele uitingen van het geloof (*belief*) onder controle te houden en de zeden van de gelovigen in het gareel te houden. Als dynamische innerlijke dimensie en vorm van geloof, kon de spiritualiteit zich gemakkelijker aan die controle onttrekken. Dat is ook de reden waarom het kerkelijke gezag in de loop van de geschiedenis deze vorm van geloof vaak met omzichtigheid en argwaan heeft benaderd en haar slechts een begrensde ruimte (vooral binnen de muren van kloosters) en een beperkte tijd (bijvoorbeeld een voorgeschreven tijd van contemplatie in de levensstijl van geestelijken) wilde toekennen. Het kerkelijke gezag probeerde nonconformistische spirituele bewegingen, zoals die van Franciscus van Assisi en zijn volgelingen, zo veel mogelijk te disciplineren en te institutionaliseren. Toch verspreidde de monastieke spiritualiteit zich vaak van de kloosters naar de leken en deze uitstraling kreeg een geïnstitutionaliseerde vorm in de broederschappen en de 'derde ordes'.

Veel pioniers van nieuwe geestelijke stromingen die later door de Kerk werden heilig verklaard, zoals Theresia van Ávila, Johannes van het Kruis en in eerste instantie ook Ignatius van Loyola, werden in de Kerk geconfronteerd met wantrouwen, intimidatie en onderdrukking. Maar, zoals de psychoanalyse ons leert en zoals tal van voorbeelden uit de geschiedenis laten zien, keert alles wat onderdrukt en verdrongen

---

3 Vgl. André Comte-Sponville, *De geest van het atheïsme. Kunnen we het zonder godsdienst stellen* (vert. Frans de Haan), Amsterdam 2008.

wordt altijd in een of andere gewijzigde vorm terug.

In tijden van crisis in de institutionele religie ontstaat er vaak een grote opleving van spiritualiteit in christelijke lekenkringen. Toen bijvoorbeeld in de hoge middeleeuwen de kerkelijke hiërarchie in een diepe crisis verkeerde en de spanningen en conflicten niet alleen binnen de Kerk, maar ook tussen de Kerk en de wereldlijke autoriteiten hoog opliepen, maakte de hiërarchie bij wijze van straf buitensporig gebruik van het interdict, een soort 'algemene staking' van het hele kerkelijke apparaat. Als het hele apparaat van de kerk, inclusief de bediening van de sacramenten, tot stilstand kwam, voelden lekenchristenen zich gedwongen naar alternatieve wegen te zoeken. Een vorm daarvan was de heropleving van de persoonlijke spiritualiteit. Dit droeg onder meer bij aan de individualisering van het geloof, die zich vervolgens in de protestantse Reformatie en de seculiere spiritualiteit verder ontwikkelde. In tijden van crisis in de strikt hiërarchische middeleeuwse Kerk groeiden de lekenbroederschappen, die meestal een vreedzame, piëtistische vroomheid verspreidden, maar op andere momenten ook een revolutionair-chiliastische spiritualiteit van hartstochtelijk antiklerikaal verzet.[4]

Misschien houdt de hernieuwde belangstelling voor spiritualiteit aan het einde van het tweede millennium van het christendom ook tot op zekere hoogte verband met de culminerende crisis in de macht, het gezag, de invloed en de geloofwaardigheid van de traditionele religieuze instellingen. Juist omdat van het brede spectrum aan religieuze verschijnselen spiritualiteit zich het minst door het kerkelijke gezag laat controleren, maakt dat gebied zich het gemakkelijkst van de kerkelijke vorm van religie los. Tegenwoordig is de relatie tussen spiritualiteit en religie onderwerp van veel debat.

Als de kunst en vele andere culturele verschijnselen zich geleidelijk hebben losgemaakt van de omarming door de religie, waarom zou de spiritualiteit hun voorbeeld dan niet volgen en zich opwerpen als een afzonderlijk domein met eigen regels? Als de Kerk in de documenten van het Tweede Vaticaanse Concilie de autonomie van wetenschap, kunst, economie en politiek als wettig heeft erkend en afstand heeft gedaan van haar streven om deze sectoren van het leven te domineren,

---

4 Een daarvan was bijvoorbeeld de hussitische beweging in Bohemen.

zou ze dan niet evenzo moeten erkennen dat de spiritualiteit zich losmaakt van de religie in haar kerkelijke vorm? Maar wat zou er van de Kerk en het religieuze leven overblijven zonder spiritualiteit? 'Geloof, op zichzelf genomen, als het zich niet uit in daden [is] dood', zegt de apostel (vgl. Jak. 2:14-26). Maar geloof zonder spiritualiteit is ook dood.

Spiritualiteit, een levend geloof, gaat aan intellectuele reflectie (het leerstellige aspect) en institutionele geloofsuitingen vooraf; ze overstijgt deze en geeft ze soms nieuwe kracht, waardoor ze in tijden van crisis worden getransformeerd. De meeste impulsen die tot herleving van het theologische denken en tot kerkelijke hervormingen leidden, kwamen voort uit centra van spiritualiteit. Tragische omwentelingen in de Kerk vonden vooral plaats wanneer de kerkelijke autoriteiten niet in staat en niet bereid waren te luisteren naar de impulsen vanuit deze centra,[5] omdat ze deze a priori bekeken met het wantrouwen en soms met de arrogantie van hen die de waarheid in pacht hebben en de macht bezitten.

Bij de overgang van het tweede naar het derde millennium (het tijdperk dat ook wel de nieuwe axiale periode wordt genoemd) hebben verschillende omstandigheden bijgedragen aan de vitaliteit en aantrekkingskracht van de spiritualiteit, niet alleen onder christelijke leken, maar ook buiten de grenzen van de kerken. Een van de redenen daarvoor was in ieder geval de behoefte om de herrie, de stress en de oppervlakkigheid van een al te technologische levensstijl te compenseren door zich in stilte, innerlijkheid en diepgang onder te dompelen. Enkele contemplatieve kloosters begonnen hun deuren te openen voor een tijdelijk verblijf in de stilte, met de mogelijkheid van geestelijke begeleiding voor *seekers* (zoekers). In sterk geseculariseerde landen behoort het nu tot het meest populaire aanbod van de Kerk het kloos-

---

5 Traditioneel liggen deze centra van vernieuwing meestal in de periferie, bijvoorbeeld in de Iers-Schotse missie. Onder het pontificaat van paus Franciscus gaat de krachtige stimulans tot hervorming rechtstreeks uit van de Stoel van de heilige Petrus, wat een opmerkelijk kenmerk van deze tijd is.

terleven voor een bepaalde tijd uit te proberen. Veel kloostergemeenschappen vergrijzen en sterven uit; een uitzondering daarop vormen de meest radicale, zuiver contemplatieve ordes, die iets aanbieden wat 'de wereld' niet kan geven. Deze kloosters, het kloosterleven en het kluizenaarschap verliezen hun aantrekkingskracht op de mensen in de wereld niet (en dat geldt niet alleen voor romantische zielen).

In sommige verlaten historische kloostergebouwen hebben nieuwe religieuze bewegingen en gemeenschappen hun thuis gevonden. Op sommige plaatsen leven leken en priesters, mannen en vrouwen, gezinnen en tijdelijk of permanent celibatairen samen. In sommige gevallen heeft de stilte van de kluizenarijen de spiritualiteit gevoed van mensen die te midden van het stedelijk lawaai leven en de stad ervaren als een spirituele woestijn, een plaats van eenzaamheid te midden van de massa.[6] De Amerikaanse trappist Thomas Merton was een van de eerste katholieke religieuzen die met zijn boeken vanuit de kluizenarij in de buurt van een contemplatief klooster in Kentucky een breed twintigste-eeuws publiek bereikte.[7] Vanaf de jaren zestig tot heden zijn er steeds meer auteurs van boeken over contemplatie opgestaan; zij trekken vaak de belangstelling van lezers die je eerder als zoekers dan als gelovigen en kerkgangers zou kunnen omschrijven.

De jaren zestig waren het gouden uur voor de opkomst van veel nieuwe religieuze en spirituele bewegingen. Zoals al eerder gezegd, ontstond aan het einde van de jaren zestig in evangelische groepen op Amerikaanse campussen een heel dynamische charismatische beweging. Enige tijd later kwam er een tegenhanger daarvan in een katholieke context, de charismatische vernieuwingsbeweging. Later, vooral in Latijns-Amerika, begonnen pinksterkerken op grote schaal leden van de traditioneel sterke Katholieke Kerk weg te kapen. Waar het leven van traditionele parochies in het slop was geraakt, maakten pinkstergroepen indruk met hun vitaliteit en emotionaliteit. Waar de

---

6 Ik bedoel bijvoorbeeld de spiritualiteit van de Kleine Broeders en Kleine Zusters van Jezus (vooral in boeken van Carlo Carretto) of de kloostergemeenschappen van Jeruzalem.

7 Tegen het einde van zijn leven verrijkte Thomas Merton zijn monastieke spiritualiteit met nieuwe elementen, met een interreligieuze dialoog met het boeddhisme en hindoeïsme en met een links politiek engagement in de geest van de bevrijdingstheologie.

Katholieke Kerk de vorming van de gelovigen en de catechese van volwassenen had verwaarloosd, boekte de eenvoudige fundamentalistische theologie van de evangelischen snel succes.

Het globaliseringsproces, waarin werelden met elkaar vervlochten raken, heeft ook bijgedragen aan de heropleving en verrijking van de spiritualiteit in het Westen. De postmoderne wending naar de spiritualiteit putte veel van haar inspiratie uit de oosterse spiritualiteit. Op veel plaatsen bekeken en bekijken veel kerkelijke autoriteiten en conservatieve christenen deze trend nog steeds met grote argwaan en soms wordt hij zelfs gedemoniseerd. Sinds de jaren zestig heeft de belangstelling voor spiritualiteit – vooral die uit het Verre Oosten, zoals yoga, zen en andere meditatiescholen – een vruchtbare bodem gevonden in kringen van humanistische en transpersoonlijke psychologie en psychotherapie, in cursussen voor persoonlijke ontwikkeling en in de non-conformistische cultuur (bijvoorbeeld de beatgeneratie). De kleurrijke beweging binnen deze subcultuur, die voornamelijk Californië als het beloofde land zag, werd later de newagebeweging genoemd. Het was heel begrijpelijk en legitiem dat kerkelijke autoriteiten zich kritisch opstelden tegenover het syncretisme van deze beweging, maar tot hun nadeel verzuimden ze zich af te vragen op welke behoeften en tekenen van de tijd deze bewegingen reageerden en of de Kerk in staat was een beter antwoord daarop te geven.

In het christelijke milieu ontwaakte pas sinds de eerste golf van 'christelijke yoga' en 'christelijke zen' een hernieuwde belangstelling voor de studie van de klassieken uit de christelijke mystiek en ontstonden er veel centra voor de beoefening van christelijke meditatie. Sommige centra van christelijke spiritualiteit hebben een oecumenisch karakter en zien af van iedere vorm van bekeringsdrang. Zo heeft bijvoorbeeld de oecumenische gemeenschap van Taizé een wereldwijde beweging van christelijke jongeren geïnspireerd en ook veel 'zoekers' bereikt.

Zoals we later in dit boek nog zullen zien, is in een tijd waarin in veel landen de kerken leeglopen, het aantal priesters afneemt, het parochienetwerk steeds meer scheuren vertoont en het er niet naar uitziet dat deze tendens zal stoppen, *de geestelijke begeleiding van zoekers* duidelijk een vorm van dienstbetoon die de Kerk niet alleen aan haar gelovigen, maar ook aan de groeiende wereld van de *nones* kan bieden.

Laat ik vooropstellen dat het hierbij niet om een klassieke vorm van missie gaat, niet om het werven van nieuwe kerkleden. Het is niet erg realistisch te verwachten dat de meerderheid van de *nones* binnen de huidige (geestelijke en institutionele) grenzen van de Kerk een permanent thuis zal vinden. Maar centra van een open christendom, die vooral meditatiecursussen aanbieden, kunnen deze grenzen wel verleggen.

Christenen die de moed hebben de huidige mentale en institutionele grenzen van de traditionele kerken te overschrijden en er, naar het voorbeeld van de heilige Paulus, in slagen *voor allen alles te zijn* en als zoekers met de zoekers nieuwe wegen inslaan, zullen daarmee waarschijnlijk de meest waardevolle dienst bewijzen aan de geloofwaardigheid en de vitaliteit van het geloof.

Als we het over de groeiende belangstelling voor spiritualiteit hebben, moeten we ook de gevaren ervan noemen. De keerzijde van de populariteit van deze wegen is de neiging ze te commercialiseren en te banaliseren. Een blijk van de economisering van het leven in onze hedendaagse beschaving is het feit dat de wereldmarkt voor goederen en ideeën op de vraag naar 'spiritualiteit' snel heeft gereageerd met een stortvloed van goedkope spullen: kitscherige imitaties van oosterse spiritualiteit, esoterische rommel, occultisme en magie, en recepten van charlatans die onmiddellijke verlichting, genezing, extatische gelukservaringen of magische krachten beloven. Pseudomystiek is onderdeel geworden van de markt voor allerlei soorten chemische en psychologische drugs en van de amusementsindustrie. Zelfbenoemde 'spirituele leraren', magiërs en goeroes hebben zich in hun 'ashrams' vaak schuldig gemaakt aan spirituele manipulatie, psychologisch misbruik en het financieel uitkleden van goedgelovige mensen. Ook seksueel misbruik tierde er welig.

In spirituele wellnesscentra wordt 'meditatie' beoefend als een vrijblijvende vrijetijdsbesteding of als een amateuristisch alternatief voor zowel pastorale zorg als psychotherapie. Spirituele koopwaar vindt hier de beste afzetmarkt als het voorzien is van het nep-exotische label 'Made in the Orient'. Na een bezoek aan zo'n pretpark van westers pseudoboeddhisme zeiden enkele bevriende Japanse boeddhistische monniken met treurige ironie tegen me: 'Wat deze mensen ten onrechte voor boeddhisme uitgeven, is gewoon een verminkt christendom. Een goedkoop christendom dat ze hebben ontdaan van alles wat ze er niet zo leuk aan vinden, omdat het iets van hen vraagt. Het is een comfortabel christendom zonder kerk, zonder dogma's en zonder christelijke moraal. Ze hebben er echter geen idee van dat ook het boeddhisme een veeleisende weg is.'

Slimme ondernemers bieden een snelle manier om 'spirituele ervaringen' op te doen of buitengewone vermogens te verwerven. In kloosters waar spiritualiteit op een eerlijke manier wordt beoefend, worden geïnteresseerden verwelkomd met de woorden: 'Wees je ervan bewust dat je hier niet bent gekomen om iets te winnen, maar om veel dingen af te leggen.'

Toen ik me een poosje bezighield met de freakshow van het religieuze populisme, drong de vraag zich aan me op in hoeverre ook de christelijke kerken voor deze situatie verantwoordelijk waren. Ze hebben het christendom immers gedurende lange tijd als een religie van geboden en verboden voorgesteld. Ze hebben niet tijdig gereageerd op het oprechte verlangen naar spiritualiteit door toegang te geven tot de schatten van de christelijke mystiek, die verborgen liggen in een afgesloten kluis waarvan ze zelf de sleutels vaak kwijt zijn. Zo hebben ze deze ruimte laten overspoelen door het tegendeel van geloof, namelijk bijgeloof en afgoderij. De belangstelling voor spiritualiteit – het grote teken van hoop op een positieve transformatie van onze wereld – kan een gemiste kans zijn, die spoedig weer zal verdwijnen als de cultuur van het geestelijke leven wordt vervangen door esoterie, een ontaarde vorm van gnosis die neerkomt op een banalisering en trivialisering van de spiritualiteit.[8]

Zeker, niet alleen in het christendom, maar ook in de tradities van vele andere religies en in de seculiere cultuur zijn veel vergeten, uiterst

---

8 Beck, *Der eigene Gott*, 115 spreekt op soortgelijke wijze over dit gevaar: 'De pragmatische de-dogmatisering van religies is echter ambivalent, omdat het de deur wijd openzet voor banalisering en trivialisering: ieder wellnesscentrum tooit zich met boeddhistische wijsheden; het religieuze analfabetisme breidt zich uit; atheïsten weten niet eens in welke God ze *niet* meer geloven.'

waardevolle bronnen van spiritualiteit aanwezig die diepte, glans en therapeutische kracht kunnen verlenen aan de hedendaagse beschaving. Als dit potentieel binnen verschillende religies wordt ontwikkeld, kan ruimte ontstaan voor uitwisseling en wederzijdse verrijking. Ik kijk met grote belangstelling naar de ontmoetingen tussen mensen uit verschillende religies die zich op een verantwoorde wijze aan serieuze spirituele oefening wijden en putten uit de schatten van de mystiek. Het cultiveren van hun eigen spirituele kanten zou de manier kunnen zijn waarop deze tradities een positief alternatief kunnen bieden voor het fundamentalisme en voor de banalisering en commercialisering van religie en ook voor een ideologisch en politiek misbruik van 'religieuze energie' om nationalisme, vooroordelen, haat en geweld aan te wakkeren.

Spiritualiteit is – meer dan de academische theologie, de liturgie en de morele voorschriften – de bron voor de lang onderschatte kracht van de religie. Maar laten we haar niet van de andere dimensies van het geloof losmaken. Wil de ontwaakte kracht van spiritualiteit tot vrede en wijsheid leiden, dan mag je haar niet losmaken van de rationaliteit, van morele verantwoordelijkheid en de heilige orde, die door de liturgie tot leven komt.

We hebben gesproken over de relatie van spiritualiteit met religie en kerk. Laten we terugkeren naar de vraag wat de relatie is tussen geloof en spiritualiteit. Als indirect antwoord kan ik Augustinus' commentaar op het Evangelie volgens Johannes citeren: 'Ik zeg dat het onvoldoende is om alleen uit een vrije beslissing van de wil [*voluntas*] te geloven. Je moet ook door het genot [*voluptas*] worden aangetrokken.'

Augustinus kiest hier verrassend genoeg een woord dat je als *libido* (wellust, passie, hartstocht, begeerte, verlangen) zou kunnen vertalen en dan bepaald niet alleen vanwege de woordspeling *voluntas-voluptas*. Hij voegt eraan toe:

> Of hebben alleen de zintuigen van het lichaam hun lust [*voluptas*] en moet de geest het zonder de lust stellen? (...) Breng me iemand die verliefd is; hij zal begrijpen wat ik zeg. Breng me ie-

mand die vol verlangen zit, iemand die honger heeft, iemand die een pelgrimstocht door de woestijn maakt en dorst naar de bron van zijn eeuwige vaderland. Breng me zo iemand en hij zal begrijpen wat ik zeg. Maar als ik spreek tot iemand die koud en onverschillig is, begrijpt hij niet waarover ik het heb.[9]

Bedoelt de heilige Augustinus met deze passie van het geloof niet precies dat wat wij tegenwoordig spiritualiteit noemen? Ligt in deze zinnen niet een antwoord op de vraag naar de relatie tussen geloof en spiritualiteit? Spiritualiteit geeft het geloof passie, vitaliteit, aantrekkingskracht en gloed. Daarom mogen we bij de overdracht van het geloof de vlam van de spiritualiteit niet vergeten. We mogen die niet doven, maar moeten die onderhouden, als we het geloof niet in een starre en koude godsdienst willen laten veranderen. We mogen daarbij niet vergeten dat vuur ook gevaarlijk is – net als trouwens het leven zelf.

---

9   'Parum est voluntate, etiam voluptate traheris', Augustinus, *Tractatus in Iohannis evangelium* [Commentaar op het Evangelie volgens Johannes] 26, 4-6.

XIV HET GELOOF VAN DE ONGELOVIGEN EN HET VENSTER VAN DE HOOP

Aan het schrijven van dit hoofdstuk begin ik met de nodige reserves. In sommige passages zal mijn interpretatie van geloof en ongeloof (nog) persoonlijker en subjectiever zijn dan in de rest van dit boek. Maar aan de andere kant, hebben theologen van Augustinus tot Gerhard Ebeling en godsdienstfilosofen als Martin Buber ons niet geleerd dat authentieke geloofstaal noodzakelijkerwijs heel persoonlijk is? Augustinus laat ons de hermeneutische cirkel tussen de kennis van onszelf en de kennis van God zien en zijn invloedrijkste theologische boek – een van de invloedrijkste religieuze boeken ooit – gaf hij de vorm van een autobiografie. Ebeling waarschuwt tegen een 'naturalistisch', objectivistisch en zakelijk spreken over God. Hij is ervan overtuigd dat het spreken van de christelijke theologie moet voortkomen uit het eigen naar God luisterende geweten, dat er dus een persoonlijke betrokkenheid uit moet blijken.[1] De boeken van Martin Buber hebben mij het inzicht opgeleverd dat we, als God voor ons geen persoonlijk 'Jij' is, maar slechts een 'Hij' of een 'Het' – dus een object waarover we onpersoonlijk, met distantie, zonder enige persoonlijke betrokkenheid, 'objectief' kunnen spreken – niet over God spreken, maar over een afgod.

Ik maak er geen geheim van dat ik me verwant weet met de existentialistische filosofie en theologie en een afkeer heb van de neoscholastiek. Ik heb zorgvuldig onderzocht waar mijn allergie voor het 'me-

---

1 Vgl. Gerhard Ebeling, *Das Wesen des christlichen Glaubens*, Freiburg 1993, 100.

tafysische realisme' vandaan komt. Spelen mijn traumatische ervaringen met sommige neoscholastici en met de neoscholastiek gerichte theologische faculteit in Praag aan het begin van de jaren negentig hierbij wellicht een rol?[2] De poging tot 'wetenschappelijke, objectieve theologie' van die tijd herinnerde me aan zowel het 'wetenschappelijke atheïsme' van het marxisme als de arrogante en tegelijk naïeve aanspraak van het sciëntistische positivisme op 'objectieve kennis van de werkelijkheid'. Een theologie in de vorm van een keurig gesloten systeem van syllogismen, zonder ook maar één innerlijke tegenstrijdigheid, waarin het drama van een persoonlijke zoektocht naar God of van een strijd tussen geloof en twijfel geheel ontbreekt, heeft mij altijd net zo koud en doods geleken als een lichaam zonder ziel.

De aanspraak op het kennen en presenteren van de 'objectieve waarheid' heb ik altijd van hoogmoed en bekrompenheid verdacht, van een naïeve en tegelijk brutale claim op het innemen van de 'positie van God' en van een onvermogen tot de nederige erkenning dat het eigen perspectief z'n grenzen heeft. Ik ben altijd bang geweest voor 'bezitters van de waarheid' die geen ruimte laten voor twijfel, kritische vragen of verder zoeken. Een van de redenen waarom ik Nietzsche hoogacht – en waarom ik niet bang ben voor het vermeende 'relativisme' van het postmodernisme – is zijn besef dat al ons zien op zichzelf al een interpretatie is. Ik werd door een uitspraak van mijn vriend, de filosoof en natuurwetenschapper Zdeněk Neubauer, tot op zekere hoogte verzoend met het begrip 'objectiviteit' in de wetenschapsfilosofie: 'Objectiviteit is de deugd van de subjectiviteit', dat wil zeggen dat ze de deugd van onpartijdigheid en rechtvaardigheid vertegenwoordigt.[3] Op het gebied van de theologie vat ik deze deugd op als *kenosis*, het 'tussen haakjes zetten' en relativeren van de eigen ervaring en het eigen inzicht, omdat deze 'zelfverloochening' ons helpt beter naar de ervaring van anderen te luisteren en naar een platform voor wederzijds begrip te zoeken. Ook het relativisme mag niet worden verabsoluteerd.

Een andere reden voor mijn extreme terughoudendheid en wantrouwen ten opzichte van het 'positivisme in de theologie' en zijn aan-

---

2 Vgl. daarover Halík, *In het geheim geloven*, hoofdstuk 10: 'Nachtervaring'.
3 Zdeněk Neubauer, *O počátku, cestě a znamení časů*, Praag 2007, 214.

spraken op objectiviteit in de zin van een 'onpersoonlijke waarheid' is waarschijnlijk het feit dat kunst de sleutel is geweest tot mijn verstaan van de wereld – tot de wereld van het geloof. Met name literatuur biedt de mogelijkheid om deelgenoot te worden van de ervaringen van anderen. Vooral de kunst heeft, meer dan de wetenschap, voor mij het pad van de nooit aflatende zoektocht naar waarheid geopend. In de geschiedenis van de filosofie voelde ik me het meest verwant met de denkers die tegelijk grote literatoren waren: de existentialisten en hun twee grote voorgangers, Nietzsche en Kierkegaard. Ik ben opgegroeid in het gezin van een literatuurhistoricus en een van de redenen waarom ik intuïtief voor de studies sociologie en psychologie koos, is waarschijnlijk dat de beste auteurs in deze disciplines zich op het grensvlak van wetenschap en literatuur bewegen.[4]

Ik voelde me voor het eerst tot de religie aangetrokken vanwege haar esthetische kant. De eerste deur naar de wereld van het geloof was voor mij de kunst: de architectuur van de oude kerken van Praag, schatkamers van de beeldende kunst, en de geestelijke muziek. Te midden van het uniforme grijs van de door de staat opgelegde primitieve materialistische ideologie, trokken zij in mij onuitwisbare sporen van het heilige. Mijn intellectuele inwijding in het christendom, die pas na die emotionele betovering plaatsvond, kreeg ik niet via theologische boeken of catechismussen, maar via de literatuur: de essays van G.K. Chesterton en de romans van Fjodor M. Dostojevski, Graham Greene, Heinrich Böll, George Bernanos, François Mauriac, Leon Bloy en vele anderen, en de gedichten van Tsjechische katholieke dichters, vooral Jan Zahradníček en Jakub Deml.[5] Vanaf mijn allereerste jaren als bekeerling heb ik met mijn missionaire ijver veel vrienden en collega's in de toen verboden wereld van het katholicisme geïntroduceerd, met name door de verspreiding van dit soort literatuur, maar ook door in galerieën te mediteren over kunstwerken met religieuze thema's of door samen te luisteren naar muziek, variërend van het gregoriaans tot Johann Sebastian Bach en van Georg Friedrich Händel tot Igor Stravinsky en Olivier Messiaen. Pas veel later, toen er barsten ontstonden in het ijzeren gordijn van de communistische censuur, kreeg ik

---

4   Vgl. Halík, *In het geheim geloven*, hoofdstuk 2: 'Mijn weg naar het geloof'.
5   Vgl. Halík, *In het geheim geloven*, 60-62.

toegang tot de hedendaagse theologische en filosofische literatuur, die nu mijn belangrijkste lectuur en mijn geestelijke wereld vormt.

In latere jaren gaf ik potentiële bekeerlingen ook wel catechismussen in handen, maar altijd met de waarschuwing erbij dat ik volledige vertrouwdheid met de geloofsartikelen en de intellectuele instemming – dat we ze voor waar houden – niet als geloof beschouw, maar hoogstens als een voorportaal daarvan. Met veel intellectueel plezier bestudeerde ik vervolgens de dogmatiek, de blauwdruk voor de kathedraal van de katholieke cultuur, maar wel met behulp van de *dogmageschiedenis*, waaruit we de historische context en de strijd waaruit de geloofsartikelen zijn voortgekomen, kunnen leren kennen. Maar als de studie van de dogmatiek niet gepaard gaat met de beoefening van een sterke en gezonde spiritualiteit, als het werk van ons intellect niet gepaard gaat met het 'intellect van het hart', dan is deze kathedraal voor ons slechts een museum en geen levend huis van God. Sommige theologiestudenten en aspirant-priesters die ik heb ontmoet, leken me mensen die dagenlang over operapartituren gebogen zitten, maar nooit in een theater de muziek hebben gehoord.

In sommige postcommunistische landen, vooral Tsjechië en Oost-Duitsland, die zowel de harde secularisatie onder het communistische regime alsook de zachte culturele secularisatie ervoor en erna hebben ondergaan, noemen mensen zich nog steeds heel gemakkelijk atheïst. Hun atheïsme is eerder een vorm van aanpassing aan de mentaliteit van de meerderheid dan een uitdrukking van een duidelijk omschreven mening en een weloverwogen standpunt. De uitdrukking 'ik ben atheïst' betekent hier meestal: ik ben *normaal*, ik ben geen lid van een of ander obscuur genootschap, ik ben zoals bijna iedereen om me heen; ik heb niet echt iets tegen religie, maar ik beschouw het als iets wat al lang heeft afgedaan en passé is, iets wat me persoonlijk volstrekt niet aangaat.

Na vergeefse pogingen interessante atheïsten te vinden om mee in debat te gaan, leek het me beter als ik op zoek ging naar de atheïst in mezelf en dan met mezelf in gesprek zou gaan. Het begon toen eindelijk tot me door te dringen dat de voorwaarde voor een vruchtbare dialoog met het atheïsme is dat je eerst de atheïst, twijfelaar of non-conformistische gelovige in jezelf ontdekt en met die persoon een eerlijk gesprek aangaat. Nietzsche beweerde dat hij 'over alles twee meningen had'. Ik raakte gewend aan een interne dialoog tussen verschillende perspectieven op het geloof. Net als de Kerk, de Bijbel en de sacramenten is het geloof een ontmoeting tussen het goddelijke en het menselijke: er zitten twee kanten aan. Als socioloog en psycholoog was ik vooral in de menselijke kant van het geloof geïnteresseerd, als theoloog in de goddelijke kant: het geloof als gave, als genade, als het leven van God in de mens. De interne dialoog tussen deze beide perspectieven heb ik altijd interessant en nuttig gevonden.

J.B. Lotz' boek *In jedem Menschen steckt ein Atheist* ('In ieder mens schuilt een atheïst')[6] sterkte me in mijn zoektocht naar een antwoord op de vraag of ook in mij een atheïst schuilt. Hoewel ik in mezelf geen atheïst vond, leidden verschillende traumatische ervaringen met de Kerk niet alleen tot een crisis in mijn relatie met haar, maar ook tot een zekere geloofscrisis, die met veel kritische vragen en twijfels gepaard ging. De solidariteit met de vervolgde Kerk was een van de peetmoeders van mijn bekering; mijn liefde voor het geloof was dus diep verbonden met mijn liefde voor de Kerk. Werd een van beide liefdes gekwetst, dan raakte dat ook de andere en die leed mee pijn. Die crisis gaf mijn geloof meer diepgang, leidde tot een grotere evenwichtigheid en tot een volwassener relatie met de 'Moederkerk'.

Gaandeweg leerde ik geloof en twijfel te zien als twee broers die elkaar nodig hebben, die elkaar moeten steunen, zodat ze niet van de smalle brug af in de afgrond van fundamentalisme en onverdraagzaamheid vallen – waarbij twijfel het geloof helpt – of in de afgrond van bittere scepsis, cynisme of wanhoop – waarbij het geloof ons helpt als een soort basisvertrouwen. Ik zeg dat ik dwars door de twijfel heen mijn weg naar het geloof heb gevonden; als we consequent zijn op de weg van de twijfel, dan zal die weg ons ook leren twijfelen aan onze twijfels.

Toen in de boekhandels (vooral in de Angelsaksische landen) de stortvloed van literatuur over religie, spiritualiteit en esoterie de boeken van de 'nieuwe atheïsten' begon te verdringen, in het bijzonder die

---

6 Johann Baptist Lotz, *In jedem Menschen steckt ein Atheist*, Frankfurt am Main 1981.

van Richard Dawkins, de wetenschapspopulist uit Oxford, verheugde ik me op een kans om eindelijk eens een interessante dialoog te voeren. Ik werd echter teleurgesteld. Ik krijg de indruk dat het militante atheïsme van sommige luidruchtige apostelen van het neodarwinisme een even naïeve vorm van atheïsme is als het vulgaire wetenschappelijke atheïsme van het marxisme-leninisme. Het berust vooral op een misverstand, op een verwisseling van doelen: deze militante atheïsten verwarren religie met fundamentalisme en het geloof in God de schepper met de primitieve natuurwetenschappelijke hypothese van een vulgaire tak van het creationisme. Na verloop van tijd zwakte Dawkins zijn militante retoriek af en begon hij zich voor te doen als een agnost, door te beweren dat God 'waarschijnlijk niet bestaat'. Tegenover Dawkins' voorstelling van God zou ik een veel radicalere atheïst zijn geweest dan hijzelf: ik ben er namelijk van overtuigd dat deze constructie van de Verlichting, 'God als een natuurwetenschappelijke hypothese', slechts fictie is en dat Dawkins' God gelukkig niet echt 'bestaat'. Hij bestaat alleen in de verbeelding van fundamentalistische gelovigen en fundamentalistische atheïsten. Hebben de militanten van het 'nieuwe atheïsme' – dat behalve misschien hun militante retoriek overigens niets 'nieuws' heeft toegevoegd aan het oude atheïsme van Ludwig Feuerbach en de materialisten van de laatmoderniteit – ooit een volwassen christelijk geloof en een competente hedendaagse theologie ontmoet?

Gelukkig stuitte ik een paar jaar later op een boek van een auteur die aanhanger is van het atheïsme, maar niet van het agnosticisme, wiens denkwijze en persoonlijke benadering van religie ik kon respecteren. Ik bedoel André Comte-Sponville en zijn boek *De geest van het atheïsme*.[7]

André Comte-Sponville heeft een katholieke opvoeding gehad en is zich ervan bewust en geeft ook openlijk toe dat hij nog steeds vasthoudt aan veel morele, spirituele en culturele waarden die hij aan het chris-

---

7   André Comte-Sponville, *De geest van het atheïsme. Kunnen we het zonder godsdienst stellen.*

tendom heeft ontleend. Hij kent en beschrijft de opvattingen van zijn gelovige vrienden, die hij respecteert en waardeert, zonder er een karikatuur van te maken. Hij verloor zijn geloof in God en zijn band met de religie op de drempel van de volwassenheid. Hoewel zijn religieuze opvoeding niet traumatisch is geweest, heeft hij dit geloofsverlies als een bevrijding ervaren. Hij heeft blijkbaar iets meegemaakt wat veel mensen ervaren die tijdens hun adolescentie hun religie zijn ontgroeid en die in hun doos met jeugdherinneringen hebben opgeborgen. (Op een soortgelijke manier schrijft de dichter Jaroslav Seifert in zijn memoires: 'Ja, toen klapte ik de catechismus dicht en kocht voor twee kronen een (...) mini-uitgave van de *Maj* ('Mei') van Karel Hynek Mácha uit de Kolibriereeks.'[8]) Comte-Sponville voegt eraan toe dat hij ook mensen kent die op dezelfde leeftijd een bekering tot het geloof meemaakten en deze bekering als een bevrijding hebben ervaren. In die laatste ervaring deelt ook de auteur van dit boek.[9]

In zijn boek schrijft Comte-Sponville over de verrassing die een oude priester hem bezorgde. Na een lezing over het atheïsme bedankte de priester hem en vertelde hij dat hij het grotendeels met hem eens was. Comte-Sponville somde voor de priester onmiddellijk een reeks geloofsartikelen op waarin hij niet geloofde. Daarop zei de priester: 'Maar dat is toch helemaal niet belangrijk?' Toen ik die alinea las, had ik de auteur graag willen vertellen dat er minstens nog één andere oudere priester is die iets soortgelijks tegen hem zou hebben gezegd. De verschillen en overeenkomsten tussen geloof en ongeloof liggen elders en veel dieper dan op het niveau van religieuze opvattingen.

Comte-Sponville vertelt een anekdote over twee rabbijnen die in een lang nachtelijk debat tot de conclusie kwamen dat God niet bestaat. 's Morgens zag de ene rabbijn de andere bidden. Verbaasd vroeg hij hem waarom hij bad. Ze waren het er immers over eens dat God niet bestond. Op zijn beurt vroeg de rabbijn die had gebeden vol verbazing: 'Wat heeft dat er dan mee te maken?'

Ik betwijfel of ik het verhaal op dezelfde manier opvat als Comte-Sponville. Ik vind het een goed voorbeeld van het belangrijke onder-

---

8 Jaroslav Seifert, *Alle Schönheit dieser Welt. Geschichten und Erinnerungen*, München en Hamburg 1985, 31.
9 Vgl. mijn autobiografie *In het geheim geloven*.

scheid tussen louter religieuze overtuigingen en de religieuze praktijk, de geloofservaring. In een intellectuele discussie kunnen mijn religieuze argumenten, mijn religieuze ervaringen (*belief*), volledig schipbreuk lijden. Maar de praktijk van het gebed komt voort uit iets wat veel dieper gaat dan mijn religieuze opvattingen: uit het geloof als basisvertrouwen (*faith, basic trust*). Ik weet niet waarom ik zou stoppen met bidden als iemand mij de intellectuele armoede van mijn hele theologie en van alles wat ik over God denk, zou laten zien; misschien zou dat juist veel eerder een reden zijn om nog meer te bidden.

De ontdekking dat heel wat 'atheïsten' bidden, zou ons niet hoeven te verbazen. Dan bedoel ik niet alleen het gebed in de nood van het leven (in de grenservaringen van het leven vervaagt bij veel atheïsten al snel hun atheïstische overtuiging en beginnen ze God smekend aan te roepen) of de spontane zucht van ontzag en dankbaarheid in het aangezicht van 'goddelijke schoonheid'. Veel mensen die om uiteenlopende redenen religieuze taal niet begrijpen en niet in religieuze termen denken, snappen toch heel goed wat gebed, meditatie en aanbidding inhouden. Soms brengen ze die ook heel spontaan in de praktijk, ook al is het misschien onder een andere naam. Zelfs velen die geen enkele godsdienst aanhangen, zijn ten aanzien van die dimensie van het geestelijke leven niet 'amuzikaal'. Ook zij voelen de behoefte om op de een of andere manier hun dankbaarheid te uiten voor het geschenk van het leven dat niet vanzelfsprekend is, voor het wonder van de liefde en de schoonheid van de wereld.

Ook voor gelovigen bij wie de geloofsovertuiging een crisis doormaakt en door een 'dal van duisternis' gaat, kan het geloof voortleven in de ervaring van het gebed. Ik doel daarmee niet op de ervaring van een 'verhoord gebed', waarmee je twijfels zou kunnen overwinnen en dat je als een heilzaam bewijs van Gods bestaan zou kunnen opvatten. Juist het onverhoorde gebed, veel meer dan het verhoorde gebed, is voor mij een leerschool van het geloof. Het is de ervaring dat God geen automaat is die onze wensen vervult, dat zijn wezen niet bestaat uit zijn 'functioneren' volgens onze opvattingen. In een andere wijze Joodse anekdote zegt een rabbi tegen een vrouw die klaagt dat God al zo veel jaren haar gebeden om de loterij te winnen niet heeft verhoord: 'Maar God heeft je wel geantwoord! Zijn antwoord luidde: "Nee!"'

Het feit dat God ons niet antwoordt zoals we graag zouden willen, betekent niet dat Hij ons helemaal niet antwoordt. Juist onverhoorde gebeden helpen ons te begrijpen wat een echte dialoog met God is: Gods antwoord ligt niet aan de oppervlakte of in de persoonlijke dingen die wij uitkiezen, wensen of 'bestellen'; Gods antwoord is het geheel van de werkelijkheid, het geheel van ons bestaan. God is 'God in alle dingen' en we moeten Hem voortdurend zoeken en vinden, stap voor stap, in dit geheel en als dit geheel, Hem steeds opnieuw zoeken als een geheel dat de hele wereld omvat en tegelijkertijd overstijgt.

In het laatste deel van zijn boek, zijn ontwerp van een spiritualiteit voor atheïsten, spreekt Comte-Sponville trouwens met een bijna mystieke fascinatie over dit 'geheel'. Hierbij – net als bij het lezen van zijn hele boek *De geest van het atheïsme* – blijf ik me maar afvragen welke voorstelling van God (en welke persoonlijke ervaring) onze auteur zo in de weg staat dat die hem ertoe brengt aan dit geheel zijn traditionele naam te ontzeggen: de naam 'God'.

Comte-Sponville spreekt over het geheel van de werkelijkheid als een mysterie waarover je zonder woorden kunt mediteren – en daarover zijn we het eens. Maar doordat hij zich zo hevig verzet tegen het aanduiden van dit mysterie met het woord 'God' (en beweert dat dit zou betekenen dat we aan dit mysterie van de werkelijkheid nog een ander, verzonnen mysterie toevoegen), laat hij zien *dat hij al een eigen voorstelling van God heeft, waarin hij niet gelooft* en waarschijnlijk gelooft hij niet in Hem, omdat Hij niet overeenkomt met zijn zelf geconstrueerde voorstelling van God.

Maar als we ons werkelijk willen openstellen voor het absolute mysterie dat wij als gelovigen God noemen, moeten we eerst alle ideeën die we eerder over God hebben gevormd aan de kant schuiven ('tussen haakjes zetten').

De God van mijn geloof is geen objectief wezen, dus is Hij ook geen 'toegevoegd mysterie'. Door naar het mysterie van het geheel te verwijzen als God, dus *analoog* aan de manier waarop we over een 'persoon' spreken (op een bewust 'antropomorfe', metaforische manier), geef ik uitdrukking aan mijn ervaring met het gebed: luisterend naar de werkelijkheid van het leven, ervaar ik het leven als een oproep waarop ik antwoord in het gebed. Dit is beslist geen bewijs waarmee je een ongelovige kunt overtuigen van het bestaan van God; het is de interpretatie van mijn ervaring die ik uit vrije wil heb gekozen. Viktor Frankl geeft toe dat hij zich tijdens zijn gebed soms afvraagt of hij alleen met zijn 'hogere ik' praat, maar zijn geloof in de zin van vertrouwen wordt door deze twijfel niet verzwakt. Hij schrijft: 'Mocht God bestaan, dan zou Hij het niet verkeerd opvatten als iemand Hem voor zijn eigen ik aanziet en Hem als zodanig aanduidt.'[10] Ik voeg daaraan toe: kan God dan niet zo nederig zijn dat Hij tot de mens komt en tot hem spreekt via 'zijn hogere Ik'?

Het soort gebed dat het geloof in staat stelt ook in de duisternis van intellectuele onzekerheden te leven – onzekerheid over de aard van Gods bestaan en soms over het bestaan zelf – is vooral het contemplatieve gebed. Vanuit gedachten die overweldigd worden door sceptische of zelfs atheïstische ideeën, kan het geloof afsteken naar een diepte van waaruit men ondanks alles hartstochtelijk en oprecht de psalmwoorden kan uitspreken: 'Ik heb U lief, (…) HEER, mijn rots!' (Ps. 18:2-3). De liefde heeft namelijk haar eigen bijzondere soort kennis en zekerheid, waardoor zij zelfs in de duisternis van onzekerheid en twijfel kan leven en ademen. Er is een liefde die aan onze woorden, gevoelens en inzichten voorafgaat en die overleeft; dat is de menselijke liefde, die door 'genade' – de liefde van God – wordt verzadigd, vernieuwd en genezen.

In de dialoog tussen de mystieke theologie en de dieptepsychologie kunnen we het als volgt verwoorden: onze opvattingen, zelfs onze religieuze opvattingen, draaien voortdurend om ons ego, ze bewegen zich in die smalle, ondiepe laag van het bewuste en rationele deel van onze psyche. Maar de genadegaven, dat wil zeggen, liefde, geloof en hoop, die in het gebed tot uitdrukking komen, komen voort uit dat diepere centrum, uit ons zelf (*das Selbst*), uit die goddelijke vonk die, volgens het getuigenis van de mystici, daar woont. Zoals in de afgelopen decennia met name door Johannes Paulus II en Benedictus XVI is benadrukt, heeft het geloof een rationele dimensie nodig; rationaliteit

---

10 Viktor E. Frankl en Pinchas Lapide, *Gottsuche und Sinnfrage*, Gütersloh 2005, 97.

in de theologie is een belangrijke waarborg tegen zowel fundamentalisme als sentimenteel fideïsme. De hele moderne cultuur, inclusief de moderne theologie (vooral de al eerder genoemde neoscholastiek), heeft de rationele en bewuste component van de menselijke spiritualiteit echter overschat, ook wat het geloof betreft. Wanneer de hedendaagse theologie nadenkt over de menselijke component van het geloof, moet zij nota nemen van wat de hedendaagse psychologie en neurofysiologie ons vertellen over het primaat van de bovenrationele elementen in de menselijke psyche op het gebied van perceptie, motivatie, besluitvorming en handelen. Het *ego cogito* is niet zo'n soevereine meester in het menselijke levenshuis als Descartes en de verlichtingsdenkers dachten.

De dieptepsychologie gaf me ooit het antwoord op de knagende vraag waarom ik het vaak beter kan vinden met bepaalde 'ongelovigen' dan met sommige gelovigen. Als het geloof als geschenk van God doordringt in alle lagen van onze psyche, dan leeft het meest wezenlijke deel ervan in het veel diepere en belangrijkere deel dat we het onbewuste noemen. Er hoeft niet per se harmonie te bestaan tussen de bewuste en onbewuste kant van onze religieuze attitude en vaak is die er ook niet. Dit is een van de redenen waarom we kunnen spreken van 'het geloof van ongelovigen' en 'het ongeloof van gelovigen'. Hoewel het zeker waar is dat alleen God in ons hart kan kijken, voelt een ervaren en oplettende waarnemer wel aan wat er van achter zijn woorden 'uitgaat' van zijn gesprekspartner. Er zijn 'gelovigen' bij wie geest en mond overlopen van religie. Toch voel je aan dat het – ook al houden ze beslist niet alleen maar hypocriet de schijn op – allemaal maar heel oppervlakkig is en niet op geestelijk leven is gebaseerd. Dit is vaak het geval bij enthousiaste bekeerlingen, maar ook bij succesvolle religieuze professionals.

De tegenstelling tussen een bewuste, onder woorden gebrachte en emotioneel beleefde religiositeit enerzijds en anderzijds iets heel anders wat in zo iemand sluimert, tot aan het demonische toe, kan ik het beste illustreren aan de hand van religieuze fanatici. (Trouwens, ook bij atheïstische fanatici bestaat er een soortgelijke tegenstelling.) Een fanaticus is zelden de persoon met een rotsvaste overtuiging voor wie hij zich uitgeeft en die hij zelf gelooft te zijn. Fanatici worden vaak geplaagd door sterke – onbewuste, niet erkende en daarom moeilijk te overwinnen – twijfels en door ongeloof in wat ze verkondigen. Ze proberen hun twijfels weg te nemen door ze op anderen te projecteren. Daar proberen ze ze dan tot zwijgen te brengen, bij voorkeur door de echte of vermeende tegenstanders, ketters en twijfelaars, moreel of zelfs fysiek uit te schakelen. Van fanatisme kunnen we genezen door de schijnbaar gemakkelijke, maar in de praktijk veeleisende methode die Jung aanbeveelt: laten we als in een spiegel kijken naar hen met wie we worstelen. Die spiegel kan ons dan onze eigen niet-erkende eigenschappen, onze schaduw, ons andere gezicht tonen. In een extremistische houding gaat vaak onbewust een ander uiterste schuil dat instinctief naar compensatie verlangt.

Veel mensen beweren atheïst te zijn en hebben in hun bewuste zelf een probleem met religie. Ze wijzen haar af als iets wat ze vreemd en onaanvaardbaar vinden, waarover ze zich zelfs behoorlijk kunnen opwinden. Maar soms ontdekken we dan – in een onverwachte flits, op het moment van de waarheid – dat ze zich toch sterk aangetrokken voelen tot het 'heilige'. Sommigen verzetten zich tegen deze aantrekkingskracht die ze niet willen toegeven. De biografen van Freud beschrijven hoe hij zich bij het luisteren naar muziek tegen het mystieke 'oceanische gevoel' verzette, bang dat de intense ervaring van schoonheid zijn rationele, sceptische ego uit zijn evenwicht zou kunnen brengen.

Als we de houding van veel van haar scherpzinnige 'atheïstische' critici ten opzichte van religie zorgvuldig bestuderen, ontdekken we daarin vaak een zekere ambivalentie, een 'Hassliebe', een haat-liefdeverhouding. We bespeuren die vooral in het rusteloze, soms zelfs hartstochtelijke atheïsme van 'worstelaars met God' als Nietzsche. Staat deze houding niet dichter bij God dan lauwe onverschilligheid?

Een andere groep bestaat uit 'anonieme christenen', mensen die om de een of andere reden het geloof afwijzen, maar van wie je toch zou kunnen zeggen wat predikant Oskar Pfister aan Freud schreef: 'Ik zou zeggen dat er waarschijnlijk nooit een betere christen heeft geleefd dan jij!'[11] Ik heb ook zulke bekeerlingen leren kennen, van wie de 'bekering' slechts bestond uit de verrassende ontdekking dat het chris-

---

11 Vgl. Sigmund Freud en Oskar Pfister, *Briefwechsel 1909-1939*, red. Isabelle Noth in samenwerking met Christoph Morgenthaler, Zürich 2014, 107 (brief van 29 oktober 1918).

tendom, waarvan ze tot dan toe vrijwel niets afwisten, slechts een naam was voor dat waarmee ze 'anoniem' al lang leefden, waarvan zij geloofden dat het waar en juist was.

⁓⁂⁓

Ik kom weer terug op het boek van Comte-Sponville. Wat ik aan zijn 'atheïsme' het meest waardeer, is dat hij op zoek is naar wat er van het christendom bewaard moet blijven, zelfs na het einde van de religie. Met deze houding staat hij dicht bij een aantal humanistische atheïsten, van Ludwig Feuerbach tot Ernst Bloch, Milan Machovec, Erich Fromm en Slavoj Žižek. Ze verzetten zich allemaal tegen een bepaald type religie (dat dreigt te ontaarden in infantilisme, fundamentalisme, onverdraagzaamheid en fanatisme), maar tegelijkertijd weten ze dat het joodse en christelijke monotheïsme veel bevat wat uiterst waardevol is en dat het dwaas, onverantwoordelijk en heel gevaarlijk zou zijn als we dat verliezen. *So far so good* – dit standpunt deel en begrijp ik. Het anatheïsme van Richard Kearney of de 'tweede naïviteit' van Paul Ricœur gaan in dezelfde richting, evenals de oproep die ik in dit boek doe: om uit de ruïnes van het voormiddagchristendom over te gaan naar een volwassener namiddagvorm.

De meningen lopen echter uiteen over wat we moeten opgeven (of wat toch al dood is) en wat we moeten behouden. Comte-Sponville vindt dat we het geloof (*foi*) moeten opgeven en de trouw (*fidélité*) behouden. Beide termen zijn afgeleid van het Latijnse *fides* (geloof). Ze duiden iets aan wat sterk op elkaar lijkt, maar wat we toch kunnen en moeten onderscheiden.

> Natuurlijk kunnen geloof en trouw hand in hand gaan – dat noem ik vroomheid, en daar streven gelovigen terecht naar. Ze kunnen echter ook los van elkaar staan. Dit is wat godloosheid (het ontbreken van geloof) onderscheidt van nihilisme (het ontbreken van trouw). Het zou een vergissing zijn als we de een met de ander verwarren! Als we geen geloof hebben, blijft de trouw. Als beide ontbreken, blijft alleen het niets over of iets ergers.[12]

---

12 Comte-Sponville, *De geest van het atheïsme*.

Comte-Sponville heeft zelf het geloof verloren (en constateert dat het geloof ook in de maatschappij verzwakt), maar hij verdedigt de trouw. Zonder de trouw vervallen we in hetzij goddeloze barbarij, wat leidt tot nihilisme en ongebreideld egoïsme, hetzij fanatieke barbarij, wat leidt tot geweld.

Volgens mij is het verschil tussen mijn standpunt en dat van Comte-Sponville louter terminologisch. Wat ik geloof (*faith*) noem, noemt hij trouw (*fidélité*). Wat hij geloof (*foi*) noemt, noem ik een levensbeschouwing, een (religieuze) overtuiging (*belief*). Ongetwijfeld zijn er religieuze levensbeschouwingen waaraan de mensheid is ontgroeid, evenals gevaarlijke en destructieve religieuze overtuigingen en ideologieën. Deze moet je onderscheiden van wat ik geloof noem en van wat onze auteur trouw noemt.

Als Comte-Sponville zich afzet tegen het 'geloof in God', kan ik hem nog steeds volgen, omdat hij vooral kritiek heeft op een als 'object' opgevatte God, die ook ik beschouw als een afgod die we moeten opgeven. De concepten van God die me na aan het hart liggen, zoals God als het zijn zelf, God als een onkenbaar mysterie, de God van de mystiek en de apofatische theologie, wijst hij beleefd af. Hij weet niet waarom we die met het woord 'God' zouden moeten aanduiden of waarom we ons überhaupt met het onkenbare zouden moeten bezighouden. Hij schrijft:

> Als God onbegrijpelijk is, geeft niets ons het recht te denken dat Hij het subject of de persoon is, dat Hij de schepper of de rechtvaardige is, dat Hij de liefde is, de beschermer of weldoener. (…) Een God zonder naam zou echter geen God zijn. Dat God onuitsprekelijk is, telt daarvoor niet als argument. Zwijgen is geen religie.[13]

Hier ben ik het hartgrondig mee oneens. Misschien 'geeft niets ons het recht' dit alles te *denken* in de zin van *veronderstellen*, maar niets belet ons om het te geloven: om erop te durven *vertrouwen*. Hierin ligt het verschil tussen ons: voor Comte-Sponville is geloof een veronderstelling, een opvatting (*belief*), voor mij is het vertrouwen en

---

13 Comte-Sponville, *De geest van het atheïsme.*

hoop. Ik geloof in de God van de Bijbel, die een God zonder naam is ofwel: het is ons verboden zijn naam uit te spreken. Een god die een naam zou hebben waarmee we hem zouden kunnen oproepen, zou slechts een van de afgoden of demonen zijn. Zwijgen tegenover een ongrijpbaar mysterie is dan misschien wel geen 'religie' in de heidense zin van het woord, maar het is een daad van geloof, hoop en liefde jegens de God over wie de Bijbel schrijft en in wie wij christenen en joden geloven.

Comte-Sponville beweert dat hij niet alleen een *ongelovige* is (een 'negatieve atheïst', die alleen niet in God gelooft), maar hij noemt zich ook een 'positieve', een *echte atheïst*, die in *het niet-bestaan van God gelooft*.[14] Geloof, zoals ik het opvat, is niet alleen een overtuiging, maar ook een daad die onlosmakelijk verbonden is met hoop en liefde: het omvat ook de passie van het verlangen. Liefhebben betekent: *volo ut sis*, ik wil dat jij bent, om het met Augustinus te zeggen.[15] In een situatie waarin het bestaan en het wezen van God niet duidelijk zijn, kunnen we in het diepst van ons hart kijken en ons afvragen of we *willen* dat God er is, of dat Hij er niet is, *of dit het diepe verlangen van ons hart is*.

Ik koester dit verlangen van het menselijke hart naar absolute liefde. Comte-Sponville staat er uiterst wantrouwend tegenover: hij beschouwt het als een sterk argument tegen het geloof; net als Freud gelooft hij dat verlangens en wensen illusies kweken. Maar waarom zou dorst het bestaan van een bron in twijfel trekken? Waarom zou het verlangen naar God minder waar zijn dan de wens dat God niet bestaat? Comte-Sponville heeft uit vrije wil voor het *geloof* in het niet-bestaan van God gekozen en verzamelt argumenten tegen de tegenovergestelde vrije keuze, hij wijst het verlangen en de hoop van het geloof af.

Tegelijkertijd veroordeelt Comte-Sponville het agnosticisme scherp vanwege zijn vermeende onverschilligheid ten opzichte van de vragen die belangrijk blijven, de vragen die religie en geloof eens en voorgoed hebben opgeroepen en blijven oproepen. In deze context beschouwt hij zijn vrije keuze voor het atheïsme als iets wat veel dichter bij de vrije keuze voor het geloof staat dan bij de kille 'neutraliteit' van de

---

14 Comte-Sponville, *De geest van het atheïsme*.
15 Vgl. Halík, *Ik wil dat jij bent*.

agnosten.[16] (Ook hier verschillen we van mening, waarschijnlijk vooral terminologisch: naast het 'koude onverschillige agnosticisme' heb ik altijd waardering gehad voor het agnosticisme dat voor de poorten van het Mysterie eerlijk, beleefd en nederig zwijgt, terwijl ik atheïsme opvat als een volgende stap, als een onterecht dogmatisch negatief antwoord, niet in staat geduld op te brengen jegens het Mysterie.)

Wat het gebruiken van het woord 'God' betreft, ben ik het met Rahner eens dat dit woord zozeer is belast met problematische ideeën dat het misschien wel nuttig zou zijn van het gebruik ervan af te zien, althans tijdelijk. Het onuitsprekelijke Mysterie dat de apofatische theologie benadert door alle positieve en uiteindelijk ook negatieve uitspraken over God te vernietigen, zal ik echter tot mijn laatste adem verdedigen. Ik ben ervan overtuigd – dit in tegenstelling tot onze atheïst en trouwens ook in tegenstelling tot Nietzsche – dat het negeren of expliciet afwijzen van deze transcendentale dimensie onze relatie met ons aardse leven niet levendiger, rijker en authentieker zou maken, eerder het tegendeel. Met een andere hedendaagse atheïst die dicht bij het christendom staat, Slavoj Žižek, betoog ik dat het 'humanisme niet voldoende is',[17] dat mensen die aan 'deze wereld' in zijn huidige gecorrumpeerde vorm werkelijk genoeg hebben, hun perceptie en ervaring van deze wereld en dit leven verarmen en banaliseren. Ik zou zeker veel 'religieuze begrippen' willen laten vallen, maar *nooit zou ik de hoop opgeven*, ook niet de hoop op het leven dat de dood overstijgt.

Van de drie goddelijke deugden vindt alleen de liefde genade in de ogen van Comte-Sponville. In zijn scherpzinnige exegese van de 'lofzang op de liefde' in Paulus' eerste brief aan de Korintiërs – een van de sterkste passages in zijn boek – beroept hij zich op de uitspraak van de heilige Paulus (maar ook van Augustinus en Thomas van Aquino) dat het geloof en de hoop tijdelijk zijn, terwijl alleen de liefde eeuwig is. Alleen op dit ene punt gaat hij zo ver met Paulus mee dat hij erkent dat de liefde in zekere zin zelfs de dood relativeert.

Hij weet dat voor Paulus, Augustinus en Thomas van Aquino het verdwijnen van geloof en hoop en de vervulling van de liefde pas in

---

16 Comte-Sponville, *De geest van het atheïsme*.
17 Michael Hauser en Slavoj Žižek, 'Humanism is not enough', *International Journal of Žižek Studies* 3/3 (2009).

de eeuwigheid plaatsvinden. Toch maakt onze auteur van het atheïsme een 'hemel op aarde': al hier, in dit leven, ziet hij die *kairos* waarin geloof en hoop overbodig zullen blijken en de liefde hun plaats zal innemen. Voor hem is deze wereld al de hemel waarin volgens de Openbaring aan Johannes geen tempel meer zal zijn. Comte-Sponville beroept zich op de scholastieke theologen, die beweerden dat Jezus geen geloof of hoop bezat – Hij had ze niet nodig, omdat Hij God was: Hij was uitsluitend Liefde. Zou onze *imitatio Christi* (navolging van Christus) er niet uit moeten bestaan dat we als Christus zijn, met andere woorden (ik voltooi hier de gedachte die onze auteur niet afmaakt, maar die wel volgt uit de logica van zijn uitleg) dat we *als God zijn*? Dit is een nogal suggestieve vraag, maar als ijverig lezer van het boek Genesis bekijk ik deze appel die een sympathieke atheïst me aanbiedt met het nodige wantrouwen.

⁂

Wat het leven na de dood betreft deel ik met onze auteur, maar ook met veel agnosten in het nederige 'we-weten-het-niet', of beter gezegd, in een kritische distantie ten opzichte van onze al te menselijke opvattingen over de hemel. Toch zie ik in geloof en hoop dat de dood niet het laatste woord zal hebben, dat het leven van ieder van ons en de geschiedenis van de hele mensheid niet met een val in het niets zal eindigen. Het zal een voor ons hier en nu onvoorstelbare transformatie tot iets heel belangrijks ondergaan, in iets wat ook voor ons leven hier belangrijk is. Niet alleen de liefde, maar ook de hoop en het geloof, die heilige rusteloosheid van een hart dat nog niet zijn rust in God heeft gevonden, zie ik als een openheid voor datgene wat de wereld en ons leven hier en nu overstijgt, verdiept en verbreedt. Ook de hoop heeft een transcendent, zelfoverstijgend karakter. Als we haar willen inperken en in de dimensies van deze wereld persen, als we haar de volledige vrijheid voor haar volle ontplooiing ontzeggen, schaden wij niet alleen haar, maar ook onszelf en onze wereld. Als we deze in wezen eschatologische deugd namelijk verwarren met de ideologie van de verwachting van een 'hemel op aarde', belasten we ons leven in deze wereld met onrealistische eisen en verwachtingen. (Het maakt daarbij niet uit welke vorm die ideologie aanneemt: de communistische beloften van een klasseloze maatschappij of die van kapitalistische projecten van een welvaartsmaatschappij met een ongebreideld consumentisme.) Door onze honger naar de eeuwigheid te willen stillen met het voedsel van onze huidige tafel, zorgen we ervoor dat we in een cyclus van stress en frustraties belanden. In het licht van de duurbetaalde ervaring die we in ons deel van de wereld in de geschiedenis opdeden, waarschuw ik nogmaals dringend tegen allen die een hemel op aarde beloven. Ik ben het er zeker mee eens dat we de hoop niet moeten verzadigen met al te aardse, al te *menselijke* voorstellingen van een hemels paradijs. Laten we daarom nu terugkomen op dat 'we-weten-het-niet'. Maar dit 'we-weten-het-niet' moet de deur openlaten voor de hoop en het verlangen.

Evenmin kan ik onze auteur volgen in zijn afwijzing van het geloof. Voor mij – en hierin verschil ik fundamenteel van Comte-Sponville – zijn de liefde, het geloof en de hoop onafscheidelijk. Er zijn tijden waarin het geloof door de duisternis gaat. Tijdens haar pijnlijke stervensproces bekende Theresia van Lisieux dat haar geloof leegliep en duister werd, alsof het was gestorven. Toch, zo voegde ze eraan toe, was ze op zulke momenten met God verbonden door de liefde, *alleen door de liefde*. Natuurlijk zou dit getuigenis als extra argument kunnen dienen voor Comte-Sponvilles opvatting dat de liefde al in dit leven de plaats van het geloof inneemt, ook al ging het bij Theresia om het grensgebied tussen leven en dood. Comte-Sponville verwerpt echter het idee van een verborgen, zwijgende God. Waarschijnlijk heeft hijzelf het geloof 'verloren' in zo'n periode dat God in zijn eigen leven zweeg. Maar kun je het geloof verliezen als was het een huissleutel?

Wie werkelijk door het geloof en in het geloof heeft geleefd, kan zijn 'religieuze illusies' en voorstellingen (dat wil zeggen, wat hij *foi* noemt) verliezen. Zo kan menige oprechte 'ex-gelovige' op zijn verdere levensweg het geloof 'terugvinden', zij het in een sterk gewijzigde vorm. Per slot van rekening blijft Comte-Sponville trouw aan wat hij 'trouw' (*fidélité*) noemt en ik heb al verondersteld dat zijn *fidélité* heel dicht ligt bij wat ik in dit boek 'geloof' noem en wat ik in mijn eigen levensgeschiedenis als geloof ervaar en belijd. Voor mijn bewering dat onze opvattingen nauw verwant zijn, heb ik één sterk argument: voor het geloof zoals ik het opvat, is *spiritualiteit* een essentiële component. Ik noemde dat de levenskracht en de passie van het geloof, dat wat het voedt en voortdurend laat herleven, de opening waardoor in mijn persoonlijke geloof de genade, het goddelijke leven zelf, kan binnenstromen.

Comte-Sponville wijst het geloof en de hoop af, maar wil de spiritualiteit behouden; hij verdedigt de spiritualiteit zelfs tegenover de 'godlozen', tegenover de sympathieke vrome (in zijn terminologie: trouwe) atheïsten. Het gaat dan om niet-dogmatische atheïsten, zij die *weten dat ze niet weten* dat God bestaat, zoals ze ook niet weten of Hij wel bestaat. Hij geeft eerlijk toe dat hun atheïsme een *geloof* is en niet een *weten*; daarin lijkt het sterk op het geloof van een niet-dogmatische gelovige, zoals ik beweer te zijn. Ook wij 'weten het niet', hebben geen *bewijs* dat God 'bestaat', ook wij 'weten het niet' wat 'bestaan' in het geval van God betekent. Als God bestaat, is Hij onbetwistbaar 'anders' dan alle dingen of dan hoe wij stervelingen zijn. Ook ons geloof is 'slechts' geloof, hoewel ik het woord 'slechts' nooit zou associëren met deze goddelijke deugd.

We zijn het erover eens dat we ons in de situatie van Pascals weddenschap bevinden, beiden worden we niet overtuigd door de traditionele 'bewijzen voor Gods bestaan'. Ons geloof en ons ongeloof zijn een vrije keuze. Maar op dit punt gaan onze wegen uiteen: Comte-Sponville zet zijn kaarten op het atheïsme, ik de mijne op het geloof. We zijn het erover eens dat 'we het niet weten'. Toch is mijn 'we-weten-het-niet' totaal anders dan zijn 'we-weten-het-niet'. Beiden verdedigen we ons met ons 'we-weten-het-niet' tegen fanatisme en fundamentalisme, alsook tegen het nihilisme, tegen het illusoire goedkope 'weten' (daar waar we het helemaal niet kunnen 'weten') en tegen de gelatenheid.

Mijn thuis is echter een 'we-weten-het-niet' waarin het woord 'misschien' een open venster vormt. Daardoor stroomt de frisse lucht van de hoop vrijelijk mijn vragen en duisternis binnen. Ik herhaal: dit venster zal ik nooit sluiten, onder geen enkel beding. Ik vrees dat atheïsten door hun vrije keuze, namelijk door hun afwijzing van God, het geloof en de hoop, hun 'we-weten-het-niet' afsluiten. Ik ben ervan overtuigd dat de afwijzing van hoop de wereld van de ongelovige armer en beperkter maakt. Ik vrees dat de spiritualiteit in deze afgesloten ruimte spoedig geen zuurstof meer zal hebben en naar adem begint te happen, dat zonder geloof en hoop de atheïstische spiritualiteit vroeg of laat geen lucht meer zal krijgen.

Met een merkwaardige vasthoudendheid wijst Comte-Sponville herhaaldelijk en expliciet de hoop af. Hij beroept zich daarvoor op het boeddhisme, dat hoop ziet als een vorm van verlangen, een hunkering die uitdrukking en oorzaak van het ongeluk is. Hij beroept zich ook op Nietzsche, voor wie hoop ontrouw is aan de aarde, aan het aardse leven hier en nu. Maar mijn hoop is geen vlucht naar een andere wereld, naar de *Hinterweltlichkeit*. Ik verstoor niet ons eerlijke, gemeenschappelijke 'we-weten-het-niet' met oneerlijke smokkelwaar van veronderstelde zekerheden en uitspraken over wanneer, waar en hoe mijn hoop in vervulling zal gaan. Ik 'weet' werkelijk niet in welke ruimte en tijd het koninkrijk bestaat waarover Jezus spreekt. *Ik vertrouw* alleen op zijn woord en bid om de komst ervan. Ik identificeer dit beloofde koninkrijk niet alleen met een bovennatuurlijk hiernamaals, met het leven na de dood; het evangelie vertelt ons dat het koninkrijk van God midden onder ons is (vgl. Luc. 17:20-21), dat het met Jezus is gekomen en dat je erin binnengaat als je door je geloof, je liefde en je hoop je leven met Christus verenigt. Ik vertrouw op Jezus' woord dat Hij de opstanding en het leven is, ik geloof dat Hij de mensgeworden liefde van God is, die sterker is dan de dood. Ook Comte-Sponville zegt dat het leven dat door de liefde is veranderd, de dood relativeert; deze atheïst aarzelt niet om over het Absolute te spreken. Hij beweert dat hij dit Absolute slechts van zijn antropomorfe kenmerken wil ontdoen en dat juich ik van harte toe, net als allen die door de mystieke apofatische theologie zijn verlicht. Maar opnieuw vraag ik: waarom zou het Absolute, ontdaan van zijn antropomorfe kenmerken, ophouden God te zijn?

Ik belijd dat mijn geloof en mijn hoop niet ontrouw worden aan mijn liefde voor de wereld van het hier en nu, dat ze de wereld niet van zijn schoonheid beroven en aan het leven niets van zijn ernst en verantwoordelijkheid ontnemen. Als het Absolute door een nederig 'misschien' ons leven hoop inblaast, versterkt het ons leven meer dan dat het ons leven zou verzwakken. Wanneer het heilige ons dagelijkse leven doorstraalt, verleent het daaraan schoonheid, vreugde, vrijheid en diepgang. De God in wie ik geloof, zo antwoord ik Nietzsche, heeft zijn morele huid al afgeworpen, stinkt niet naar 'moraline' en kan dansen.[18] De vrienden van God die over de grens van de dood heen mijn vrienden zijn geworden, 'zien er al als verlosten uit' en leren mij deze dans van de vrijheid aan.[19] Ondanks al mijn kritiek op de kerken, erken ik dat ik christenen ken die volhielden in het vuur van grote beproevingen; enkelen van hen noemt Comte-Sponville ook en hij voegt eraan toe dat hij vanwege hun getuigenissen zelfs hun christelijk geloof niet kan verachten. Zelfs Nietzsche verkondigde immers dat al sinds de 'geest van de zwaartekracht' in de vrijheid van Jezus op de aarde gekomen is, er een respectabel christendom bestaat en dat dit ook nu mogelijk is.[20]

Ernst Bloch beweerde ooit dat alleen een christen een goede atheïst kan zijn – en alleen een atheïst een goede christen.[21] Ik denk dat ik nu begrijp wat hij daarmee wilde zeggen, hoewel ik het anders opvat: voor gelovige christenen kan atheïsme nuttig zijn, maar voor atheïsten is het gevaarlijk. Atheïsme is als vuur: het kan een goede dienaar zijn, maar ook een slechte meester. Een gelovige christen is tegenover de vele soorten problematisch theïsme een 'atheïst'. Enkele eeuwen lang werden christenen vanwege hun verzet tegen de staatsgodsdienst van het heidense Rome als atheïsten beschouwd, en ook in deze tijd zijn er veel soorten theïsme die het christelijk geloof terecht afwijst. Als het geloof van een gelovige door het vagevuur van de atheïstische kri-

---

18 Nietzsche vermeldt dat we zelfs na de 'dood van God' God wellicht weer zouden terugzien, 'als Hij zijn morele huid had afgeworpen'. De heteronome moraal noemde hij met een neologisme 'moraline', een woordspeling op naftaline. Hij beweerde dat hij alleen kon geloven in een God 'die kan dansen'. Vgl. Friedrich Nietzsche, *Der Antichrist*, in: *Kritische Studienausgabe (KSA)*, red. Giorgio Colli en Mazzino Montinari, München, Berlin en New York 1967-1977, deel 6, 155-254. In *Ik wil dat jij bent* ga ik daar uitvoeriger op in.
19 Nietzsche zegt tegen de christenen: '(…) voordat ik in jullie verlosser kan geloven, moeten zijn leerlingen er eerst wat verloster uitzien!' Nietzsche, *Also sprach Zarathustra*, 118.
20 Vgl. Nietzsche, *Der Antichrist*, 155-254.
21 Vgl. Ernst Bloch, *Atheism in Christianity. The Religion of the Exodus and the Kingdom*, Londen 2009.

tiek heen gaat, kan het als een dieper, zuiverder en volwassener geloof een vrijgekomen ruimte binnengaan.

Het kritische atheïsme is gerelateerd aan een bepaald soort theïsme. Maar als het atheïsme zijn eigen positie verabsoluteert en iets meer wil zijn dan alleen maar kritiek op een bepaald soort religie, wordt het zelf een 'religie' en dan vaak een dogmatische en intolerante religie. Destijds heb ik zo'n atheïstische religie van dichtbij meegemaakt en dit paradijs kan ik niemand aanbevelen.

Ik ben nog nooit een atheïsme tegengekomen dat de ruimte die door de val van een bepaald soort religiositeit en theïsme is vrijgekomen, heeft gevuld met iets wat je als inspirerender kunt beschouwen dan een volwassen geloof. Ik zou het christelijk geloof niet inruilen voor de vergoddelijking van de mens in het humanistische atheïsme van Feuerbach, noch voor het marxistische aardse paradijs van een klasseloze maatschappij, noch voor de 'anonieme christelijke' spiritualiteit van Comte-Sponville, die het woord 'God' vervangt door woorden als het 'Oneindige' of het 'Absolute'. Het lijkt me dat ook atheïstische utopieën een grondige 'ontmythologisering' nodig hebben.

In de nauwe ruimte van de dogmatische religie, waarin het vrije denken nauwelijks zuurstof krijgt, opent het kritische atheïsme een verlossend venster van scepsis. Als het atheïsme de verleiding weerstaat om dogmatisch te worden en het venster van het 'misschien', het venster van de hoop, laat openstaan, kan door beide vensters – door het nederige geloof en door het zelfkritische atheïsme – dezelfde Geest waaien. Die Geest leidt naar de diepten van het mysterie, naar de schat die voor alle dogmatisme en starheid onbereikbaar blijft.

XV GEMEENSCHAP VAN DE WEG

Zo'n honderd jaar geleden schreef de Duitse dichteres Gertrude von Le Fort haar eerste dichtbundel, *Hymnen an die Kirche*, die helemaal doortrokken is van de fascinatie van een bekeerling voor de pas door haar ontdekte geestelijke wereld.[1] Zou iemand het in onze tijd nog wagen een boek te publiceren met een dergelijke titel?

In een van mijn boeken heb ik de Kerk vergeleken met Dulcinea del Toboso. In Cervantes' beroemde roman ontmoeten we dit personage vanuit een dubbel perspectief. Don Quichot ziet haar als een jonkvrouw, terwijl zijn dienaar Sancho Panza haar ziet als een smoezelig plattelandsmeisje. Bij een oppervlakkige benadering identificeert de lezer zich direct met Sancho's realisme: de bediende ziet hoe het echt is; de misleide Quichot verzinkt in zijn hallucinaties. Toch is het niet voor niets dat bijvoorbeeld Miguel de Unamuno Quichot – de dwaas van God – een waarlijk christelijke ridder noemt.[2] In de platte wereld van Sancho's nuchtere realisme is zijn visie op de wereld de werkelijke dwaasheid. Sancho vertelt wat hij met zijn ogen kan zien en met zijn gezond verstand kan begrijpen. Maar Quichot ziet in het meisje *wat ze zou kunnen zijn*; voor hem schijnt de 'eeuwige vrouwelijkheid', die ze ook in zich draagt, door haar ellende heen.[3]

Het beeld dat de media en 'het publiek' van de Kerk en haar huidige onooglijke toestand hebben, is de blik van Sancho, een realistische en controleerbare visie: dit is de Kerk, die door zo veel schandalen en zonden in diskrediet is gebracht. Maar voor mij is de paradox van de

---

1 Gertrud von Le Forth, *Hymnen an die Kirche*, München 1924.
2 Miguel de Unamuno, *Del sentimiento trágico de la vida en los hombres y en los pueblos*, Madrid 1912.
3 Tomáš Halík, *Geduld met God*, 75-90, hoofdstuk 5: 'De schoonheid van Dulcinea betwist'.

apostel Paulus de sleutel tot alle beschouwingen over de Kerk: 'Maar wij dragen deze schat in aarden potten ...' (2 Kor. 4:7). Daarom zoek ik in dit boek, waarin ik met de dwaasheid van de hoop niet alleen de vele aspecten van de huidige crisis van de Kerk analyseer, ook naar de verborgen gestalte waartoe de Kerk is geroepen en die volgens ons geloof aan het einde der tijden tot bloei zal komen – die schat die verborgen ligt in de breekbare, stoffige en gehavende aarden potten die wij zijn en die samen de Kerk vormen.

De rivier van het geloof is buiten zijn oorspronkelijke oevers getreden; de kerk is haar monopolie op het geloof kwijtgeraakt. De kerkelijke instituties hebben niet langer de macht om het geloof te controleren en te disciplineren; pogingen daartoe kunnen slechts leiden tot een verder verlies van invloed en moreel gezag. Maar de Kerk heeft, als gemeenschap van gelovigen, een gemeenschap van herinnering, van vertellen en vieren, toch ook een blijvende roeping om *het geloof te dienen*, zowel door haar historische ervaring als – en dat bovenal – door de kracht van de Geest, die zelfs in 'aarden potten' woont en werkt.

Ik geloof in het *mariale* karakter van de Kerk – de Kerk is *christotokos* en *theotokos*, de moeder, die het mensgeworden Woord van God draagt en ter wereld brengt.[4] Maar kan de Kerk deze roeping nog vervullen? Of is het moment aangebroken dat het geloof volwassen is geworden en zich losmaakt van de moederschoot? De moederrol kan allerlei verschillende vormen aannemen, want in de loop van het leven verandert de relatie tussen moeder en kind. In welke vorm kan de Kerk in deze tijd nuttig zijn en zelfs onontbeerlijk voor het geloofsleven? In welke vorm zal de Kerk het geloof eerder verstikken en kinderlijk laten blijven? In welke vorm kan de Kerk tegelijkertijd reageren op zowel de behoeften van het geloof als op de huidige tekenen van de tijd?

Op dit moment heb ik vooral vier ecclesiologische concepten voor ogen waarop we kunnen en moeten voortbouwen, die we theologisch nader moeten doordenken en stap voor stap in de praktijk moeten brengen. Ten eerste, de opvatting van de Kerk als volk van God dat

---

[4] De vroegkerkelijke discussie of Maria alleen de titel *christotokos* (de Christus-draagster of die Christus heeft gebaard) mocht dragen of ook de titel *theotokos* (Moeder Gods), werd in 431 door het Concilie van Efeze tegenover Nestorius beslist ten gunste van de legitimiteit van de titel *theotokos*.

door de geschiedenis pelgrimeert; ten tweede, de opvatting van de Kerk als school van christelijke wijsheid; ten derde, de opvatting van de Kerk als veldhospitaal; ten vierde, de opvatting van de Kerk als plaats van ontmoeting en gesprek, als dienst van begeleiding en verzoening.

De eerste definitie van de Kerk als *volk van God dat door de geschiedenis pelgrimeert*, is een sleutelelement in de ecclesiologie van het Tweede Vaticaanse Concilie. Dit beeld is ontleend aan de Hebreeuwse Bijbel, waar het verwijst naar Israël, het uitverkoren volk, waarvan het zelfverstaan werd gevormd door de exoduservaring, de uittocht uit het land van slavernij naar het beloofde land van vrijheid. In deze opvatting maakt de Kerk deel uit van de rivier die haar bron heeft in Israël; in de woorden van de apostel Paulus is ze een tak die op de olijfboom van het uitverkoren volk is geënt (vgl. Rom. 11).

Dit beeld beschrijft de relatie tussen de Kerk en Israël op een manier die niet kan ontaarden in het gevaarlijke model waarin het christendom het Joodse volk en de joodse godsdienst vervangt. Het was noodzakelijk eerst duidelijk te maken dat het christendom het jodendom niet zijn legitimiteit of bestaansrecht ontzegt. Het vroegere christelijke anti-judaïsme heeft tragische gevolgen gehad en de weg gebaand voor het neopagane antisemitisme.[5] Toen de Kerk al in de eerste eeuwen besloot de Hebreeuwse Bijbel, de Bijbel van Jezus, als het bindende Woord van God te aanvaarden, werden de herinneringen van het volk Israël als het ware tot onderdeel van het eigen historische geheugen verklaard. Het geheugen van Israël, de Hebreeuwse Bijbel, maakt deel uit van het geheugen van de Kerk. De christelijke theologie na Auschwitz benadrukt dat de Kerk niet onverschillig mag staan tegenover de *hele* geschiedenis van de Joden, dus inclusief de tragedie van de Holocaust.

---

5   De apostel Paulus legt de uitverkiezing van Israël in heldere bewoordingen uit: 'Want God kent geen berouw over zijn genadegaven of zijn roeping' (Rom. 11:29). Het standpunt van het Tweede Vaticaanse Concilie, dat het idee verwerpt dat de Kerk Israël zou vervangen, berust voornamelijk op deze tekst.

Wij mogen als christenen nooit vergeten dat we gemeenschappelijke wortels hebben, die ons met de Joden verbinden; als we het respect voor het jodendom verliezen, verloochenen we de Heer en de afstamming van Jezus. Bovendien zijn we door de eucharistie, het teken van het nieuwe verbond, door het *Joodse* bloed van Christus, dat voor ons *allen* vergoten wordt, 'bloedverwanten' van het volk van het oorspronkelijke verbond. Het Jood-zijn van Jezus en zijn joodse geloof behoren onlosmakelijk tot zijn mens-zijn, tot zijn 'menselijke natuur', die volgens de beroemde definitie van het Concilie van Chalcedon onvermengd en ongescheiden is verbonden met zijn 'goddelijke natuur', met zijn eenheid met de Vader. Naar analogie daarvan kunnen we misschien ook zeggen dat, althans voor ons christenen, het jodendom, het geloof van Jezus en de 'godsdienst van Jezus', onvermengd en ongescheiden is verbonden met ons christendom, met ons christelijk geloof. Het gaat daarbij zowel om het geloof van Jezus als ons 'geloof in Jezus', namelijk het vertrouwen dat in Jezus Christus het goddelijke en het menselijke met elkaar zijn verenigd (onvermengd en ongescheiden). Daarom kan het ook 'besnedenen en onbesnedenen' verenigen: 'Want Hij is onze vrede, Hij die de twee werelden één gemaakt heeft, en de scheidsmuur heeft neergehaald, door in zijn vlees de vijandschap (…) te vernietigen' (vgl. Ef. 2:14-16).

Deze door God gewilde onverbrekelijke verbondenheid veronderstelt echter ook die 'onvermengdheid', dat respect voor elkaars anderszijn, zonder pogingen elkaar te vervangen, toe te eigenen of te koloniseren. Wat ik hier over de relatie tussen christendom en jodendom zeg, geldt overigens naar analogie ook voor de relatie tussen het traditionele christendom en zijn ongewenste kind, de moderne seculariteit. Zowel de relatie tussen jodendom en christendom als de relatie tussen christendom en de seculiere moderniteit lijkt op de dynamische relaties in families, zowel wat betreft hun onvermijdelijkheid als een zekere ambivalentie en spanning die ermee gepaard gaat. Gemeenschappelijke genen en een gedeeld grondgebied bieden grote kansen, maar garanderen geen probleemloze harmonie.

Maar laten we teruggaan naar de definitie van de Kerk als het volk van God dat door de geschiedenis pelgrimeert. Dit beeld laat zien dat de Kerk in beweging is, in een proces van voortdurende verandering. God vormt de gestalte van de Kerk in de geschiedenis, openbaart zich daarin aan haar en onderwijst haar door de gebeurtenissen in de geschiedenis. God gebeurt in de geschiedenis. In het perspectief van de procestheologie vormt dit dynamische Godsbegrip de aanzet tot een dynamische opvatting van de Kerk. Zowel de institutionele vorm van de Kerk alsook haar theologische kennis ontwikkelen zich in de loop van de geschiedenis. Over geen enkel historisch moment en geen enkele historische vorm van de Kerk en de theologie kunnen we met Goethes Faust zeggen: 'Blijf toch, ogenblik, je bent zo mooi!'[6] Gedurende haar hele geschiedenis is de Kerk onderweg, niet op haar bestemming. Het doel van haar geschiedenis is eschatologisch: de verwachte ontmoeting met Christus, de 'bruiloft van het Lam', zal pas voorbij de horizon van de tijd plaatsvinden. Als onze theologie, onze voortdurende bezinning op het geloof, haar open en pelgrimerende karakter zou verliezen, zou ze tot niet meer dan een ideologie worden, een vals bewustzijn.[7]

Over de Kerk als het pelgrimerende volk van God zou je kunnen zeggen wat paus Franciscus over het begrip 'volk' in het algemeen opmerkt:

> Het begrip 'volk' is feitelijk niet zo vastomlijnd: een levend en dynamisch volk, een volk met toekomst, is een volk dat, door zijn vermogen om dat wat anders is in zich op te nemen, voortdurend openstaat voor een nieuwe synthese. Daarvoor hoeft het zijn eigen identiteit niet te verloochenen, maar moet het bereid zijn in beweging te komen, uitdagingen aan te gaan en zich door anderen te laten verbreden en verrijken, om zo verder te groeien en zich te ontwikkelen.[8]

De belangrijkste eigenschappen van de Kerk – eenheid, heiligheid, katholiciteit en apostoliciteit – kunnen in de geschiedenis niet volkomen worden verwerkelijkt; in hun volmaakte vorm zijn ze het voor-

---

6   Johann Wolfgang von Goethe, *Faust. Der Tragödie zweiter Teil*, Stuttgart 1832, 21; Halík, *Niet zonder hoop*, 167-168.
7   De opvatting van een ideologie als vals bewustzijn was een van Marx' ideeën waarin hij het bij het rechte eind had.
8   Paus Franciscus, *Fratelli tutti*, 160.

werp van eschatologische hoop. De geschiedenis van de Kerk is een rijpingsproces, maar dat is geen eenrichtingsverkeer naar iets hogers en beters. In haar lopen de dingen door elkaar: eenheid en verscheidenheid, eendracht en strijd, heiligheid en zonde, katholieke universaliteit en een enghartig, cultureel begrensd 'katholicisme', trouw aan de apostolische traditie en een doolhof van ketterij en afval. Door ons gebed en ons werk moeten we de wereld, ons hart, onze geschiedenis en onze relaties openstellen voor het licht van Gods rijk, voor de uiteindelijke triomf van Gods wil ('op aarde zoals in de hemel', Mat. 6:10). Toch moeten we ons er ook in alle nuchterheid en nederigheid van bewust blijven dat de geschiedenis niet de hemel is, dat de geschiedenis niet God is. In onze zoektocht naar God in de geschiedenis ontkomen we niet aan de voortdurende spanning tussen het 'reeds' en het 'nog niet'. We kunnen en mogen onze ervaring met de geschiedenis van de twintigste eeuw niet vergeten en ontkennen, namelijk dat de ideologieën die de hemel op aarde beloofden, de aarde in een hel veranderden.

De kerkelijke traditie onderscheidt drie soorten kerk: de *ecclesia militans*, de strijdende kerk op aarde, de *ecclesia poenitens*, de lijdende en boetende kerk van de zielen in het vagevuur, en de *ecclesia triumphans*, de triomferende kerk van de heiligen in de hemel. Als we niet op deze eschatologische verschillen letten en de aardse kerk verwarren met de zegevierende en triomferende hemelse kerk, leidt dit tot triomfalisme. De *ecclesia militans*, de aardse kerk, moet allereerst met haar eigen verleidingen, zwakheden en zonden worstelen, inclusief de verleiding van het triomfalisme. Als ze bezwijkt voor de verleiding van het triomfalisme, wordt ze een militant godsdienstig instituut. Dan strijdt ze in de eerste plaats tegen anderen, tegen hen die anders zijn en tegen hinderlijke mensen uit haar eigen gelederen.[9] Triomfalisme, een mengeling van trots en blindheid, is een ziekte van de Kerk. Jezus noemde dat 'de zuurdesem van de farizeeën' (Mat. 12:1) en paus Franciscus noemt het klerikalisme.

---

9 Vgl. Halík, *Niet zonder hoop*, 167-168.

De tweede definitie ziet de Kerk als een school, *de school van het leven en de school van de wijsheid*. We leven in een tijd waarin de publieke ruimte in veel Europese landen niet door de traditionele religie of door het atheïsme wordt gedomineerd; veeleer hebben agnosticisme, apatheïsme en religieus analfabetisme de overhand. Getalsmatig veel zwakker, maar wel heel uitgesproken aanwezig zijn twee minderheden: het religieuze fundamentalisme en het dogmatische atheïsme. Deze arrogante bezitters van de waarheid lijken in veel opzichten op elkaar; ook hun primitieve opvattingen over God, geloof en godsdienst zijn vrijwel gelijk. Het enige verschil is dat de ene deze karikatuur van God serieus neemt en verdedigt, terwijl de andere deze afwijst. Beide bieden geen andere, diepere relatie tot wat gelovigen met het woord 'God' bedoelen. Beide hebben al een besluit genomen over God en horen of begrijpen niet dat het om een blijvende oproep gaat: 'Zoek de Heer!' Geloof is een weg, een zoektocht; het religieuze en atheïstische dogmatisme en fundamentalisme zijn een doodlopende straat of zelfs een gevangenis.

In deze tijd is het dringend noodzakelijk dat christelijke gemeenschappen zich omvormen tot 'scholen', naar het oorspronkelijke ideaal van de middeleeuwse universiteiten.[10] Universiteiten zijn ontstaan als gemeenschappen van docenten en studenten; het waren levensgemeenschappen van gebed en onderwijs. Hier gold de regel: *contemplata aliis tradere* – we kunnen alleen dat doorgeven waarover we eerst zelf hebben gemediteerd, waarvan we hebben geproefd en wat we zelf innerlijk hebben verwerkt. Ik denk niet dat het toeval is dat de Latijnse term voor wijsheid (*sapientia*) is afgeleid van het werkwoord *sapere*, dat ook 'proeven' en 'genieten' betekent.

Vanaf het begin waren disputaties, soms in de vorm van openbare intellectuele toernooien, een vast onderdeel van de universitaire studie; de heersende overtuiging was dat je bij de waarheid uitkomt via een vrij gesprek dat volgens de regels van de logica verloopt. Ook in de huidige christelijke gemeenschappen, parochies, kloosters en kerkelijke bewegingen moet deze cultuur van de dialoog met God en tussen

---

10 Een soortgelijk beeld van de kerk schetst ook Nicholas Lash, in: Nicholas Lash, *Holiness, Speech and Silence. Reflections on the Question of God*, Cambridge 2004, 5; vgl. ook Halík, *Omdat God ernaar verlangt mens te zijn*, 40-43.

christenen onderling worden vernieuwd, evenals de verbinding tussen theologie en spiritualiteit, en tussen religieuze vorming en de zorg voor het geestelijke leven.

Wat zou in onze tijd het voornaamste onderwerp van studie en gebed moeten zijn? Te midden van de veelheid van onderwerpen die we moeten bestuderen en waarover we moeten nadenken, mediteren en discussiëren, geloof ik dat we nooit de kern van het christendom mogen vergeten: de drie 'goddelijke deugden' geloof, hoop en liefde. Door middel van deze deugden is God in onze wereld aanwezig. We moeten ze opnieuw ontdekken en geloof gaan onderscheiden van religieuze overtuiging, hoop van optimisme en liefde van louter emotie. De opvoeding tot een doordacht en volwassen geloof heeft niet alleen een intellectueel en moreel, maar ook een therapeutisch aspect; een dergelijk geloof beschermt tegen de besmettelijke ziekten van intolerantie, fundamentalisme en fanatisme.

Alle grote religieuze tradities zijn op hun eigen manier een soort school. Ze bieden verschillende methoden aan om egoïsme te overwinnen, om onze impulsiviteit (vooral de impuls tot agressie) een betere richting te geven en om de kunst te leren om rechtvaardig en vreedzaam samen te leven in de maatschappij. Bovenal bieden ze vanuit de schat van hun tradities nieuwe en oude ervaringen aan over de manier waarop we ons kunnen openstellen voor het mysterie dat we God noemen. In ieder geval kunnen ze elkaar op vele manieren inspireren.

Een vaak door paus Franciscus gemaakte vergelijking leidt tot een derde definitie van de Kerk: de Kerk als veldhospitaal. De paus doelt hiermee op het ideaal van een Kerk die zich niet in een *splendid isolation* van de buitenwereld achter de muren van haar zekerheden verschuilt, maar offerbereid en moedig eropuit trekt naar plaatsen waar mensen fysiek, sociaal, psychologisch en spiritueel gewond zijn, en probeert de wonden te verbinden en te genezen.

Een veldhospitaal heeft de infrastructuur nodig van een groot modern ziekenhuis dat beschikt over eigen onderzoeksfaciliteiten, hoogwaardige diagnostiek biedt en zich toelegt op preventie, therapie en revalidatie. Als een hospitaal moet de Kerk niet alleen het lijden van individuen voor ogen houden, maar ook de collectieve kwalen van de huidige samenleving en beschaving. Te lang heeft de Kerk de kwalen van de samenleving vooral moralistisch benaderd; nu is het haar taak de therapeutische mogelijkheden van het geloof te ontdekken en in te zetten.

De diagnostische roeping moet worden vervuld door de discipline die ik al eerder noemde en waarvoor ik de term 'kairologie' heb bedacht: de kunst van het lezen en interpreteren van de tekenen van de tijd, de theologische hermeneutiek van wat er in de samenleving en de cultuur gebeurt. De kairologie moet speciale aandacht besteden aan tijden van crisis en veranderingen in culturele paradigma's. Ze moet deze zien als onderdeel van de 'goddelijke pedagogie', als een geschikt moment om het denken over het geloof te verdiepen en de geloofspraktijk te vernieuwen. In zekere zin ontwikkelt de kairologie de methode tot geestelijk onderscheidingsvermogen, een belangrijk onderdeel van de spiritualiteit van de heilige Ignatius en zijn leerlingen; ze past die toe in het nadenken over en het evalueren van de huidige toestand van de wereld en onze opdracht daarin.

De preventieve taak is verwant aan wat soms 'pre-evangelisatie' wordt genoemd: zorgen voor de culturele en morele bodem waarin het zaad van het geloof kan worden gezaaid om daarin wortel te schieten. Op de vraag waarom het geloof op het ene moment en op de ene plaats vitaal is en op andere momenten en plaatsen verdort en geen goede vrucht draagt, antwoordt de gelijkenis van Jezus over de al eerdergenoemde zaaier: dat hangt sterk af van de plek waar het zaad valt. Het zaad van het geloof heeft een geschikte omgeving nodig. Die omgeving is zowel de levensloop van de gelovige als de culturele en sociale context van zijn levensgeschiedenis. We kunnen zowel individuele mensenharten als verschillende culturen en sociale omgevingen zien als ofwel de goede aarde, de rotsige bodem ofwel de grond met distels, waarover de gelijkenis spreekt (Luc. 8:4-15).

Ook de eerbiediging van de mensenrechten, de strijd voor sociale rechtvaardigheid of de zorg voor de stabiliteit van het gezinsleven maken deel uit van de 'pre-evangelisatie' en vormen een wezenlijke 'aardse kant van het geloof'. Als de Kerk haar medeverantwoordelijkheid voor de wereld niet zou aanvaarden en niet zou streven naar de instandhouding van de samenleving, maar zich slechts op 'expliciet religieuze activiteiten' zou toeleggen, zou ze die activiteiten ongeloofwaardig en vruchteloos maken. De *vita activa* en de *vita contemplativa* horen bij elkaar. Als ik de taal van het christologische dogma van het Concilie van Chalcedon hiervoor mag gebruiken: ze horen onvermengd en ongescheiden bij elkaar. Het is schadelijk voor beide om de een van de ander los te scheuren.

Het gaat erom de geestelijke en morele kwalen van de samenleving te voorkomen, haar immuunsysteem te versterken en een gunstig klimaat te scheppen voor de gezonde ontwikkeling van de menselijke persoon en de samenleving; het gaat om een *integrale* ecologie. Op dit gebied moeten christenen samenwerken met allerlei seculiere instellingen en initiatieven; ze kunnen niet het monopolie op de genezing van de wereld opeisen.

Deze *revalidatiezorg* zouden we in de eerste plaats kunnen definiëren als het werk van gelovigen in samenlevingen die gedurende een lange tijd door sociale en politieke conflicten, oorlogen of dictatoriale regimes zijn verwond, waardoor het sociale kapitaal van vertrouwen en solidariteit uitgeput is geraakt. Waar trauma's, onverzoende schuld en verstoorde relaties tussen mensen en bevolkingsgroepen langdurig blijven bestaan, moeten christenen hun ervaring met de praktijk van berouw, verzoening en vergeving inzetten.[11]

In postcommunistische samenlevingen zijn tientallen jaren na de instorting van de toren van Babel die communisme heet, de puinhopen ervan nog altijd zichtbaar en het onkruid gedijt er goed op. De harde lessen uit het recente verleden zijn onverantwoord snel vergeten. Velen lopen weer achter het gefluit van demagogische politieke rattenvangers van Hamelen aan. Ongetwijfeld dragen ook de kerken een deel van de schuld hiervan. In de ruimte van de vrijheid hebben zij zich te zeer toegelegd op hun institutionele belangen en hebben ze hun therapeutische opdracht tegenover de samenleving verwaarloosd. Kerken in postcommunistische landen geven de 'tsunami van liberalisme' en de onvriendelijke toon van de media graag de schuld van de onverschil-

---

11 Een positief voorbeeld hiervan is bijvoorbeeld de impact van christelijke gemeenschappen in Zuid-Afrika na de val van de apartheid en in veel andere landen waar behoefte bestond aan 'genezing van de littekens uit het verleden'.

ligheid of vijandigheid tegenover religie in haar kerkelijke vorm; maar een grotere schuld ligt bij de vertegenwoordigers van de kerken die zich lieten corrumperen door de beloften van politici en hun voorgewende welwillendheid. Sommige kerkelijke vertegenwoordigers namen hun toevlucht tot een onkritische loyaliteit aan het establishment en tot een laf stilzwijgen waar ze met de scherpe blik van profeten en de moed van ware herders het kwaad hadden moeten benoemen. Bij sommige kerkelijke hoogwaardigheidsbekleders werd het vermogen om de uitdagingen van de nieuwe tijd te begrijpen verlamd door hun nostalgie naar de tijd van de eenheid van troon en altaar. Toen kerkleiders een onheilige alliantie met populistische vertegenwoordigers van de politieke macht gingen smeden, begonnen ze geleidelijk aan steeds meer op hen te lijken. Soms deed het me denken aan de beroemde scène aan het slot van Orwells *Animal Farm*: het was onmogelijk de twee partijen nog uit elkaar te houden.

Het is jammer dat het zogenaamde *Catacombenpact* zo snel in de vergetelheid is geraakt. In dat pact, aan het einde van het Tweede Vaticaanse Concilie, verbond een groep concilievaders zich ertoe af te zien van feodale elementen in hun stijl van leven, wonen, kleden en titulatuur en ze riepen hun confraters in het bisschopsambt op hun voorbeeld te volgen. Toen paus Franciscus besloot in een bescheiden appartement te gaan wonen in plaats van in het Apostolische Paleis, gaf hij aan de kerkelijke gelederen en aan de wereld om hen heen een duidelijk signaal af: ook de uiterlijke levensstijl en de leefomgeving waarvoor we kiezen en die we om ons heen creëren, geven uitdrukking aan ons denken en onze morele attitude en beïnvloeden die. Als de Kerk wil helpen de littekens uit het verleden te helen en de huidige ziekteverschijnselen van de maatschappij waarvan ze deel uitmaakt te bestrijden, kan ze dit niet door middel van moraliserende toespraken alleen bereiken, maar zal ze vooral een praktisch voorbeeld moeten geven.

Het vierde model van de Kerk dat ik voor deze tijd en vooral voor de toekomst als noodzakelijk beschouw, hangt nauw samen met de laatste twee – de school en het ziekenhuis – en is eveneens gebaseerd op de suggesties van paus Franciscus. Het is noodzakelijk dat de Kerk spirituele centra creëert als plaatsen van aanbidding en contemplatie, maar ook voor ontmoeting en gesprek, waar geloofservaringen kunnen worden gedeeld.

Veel christenen maken zich zorgen over het parochiale netwerk dat enkele eeuwen geleden is ontstaan in een totaal andere sociaalculturele en pastorale context en in het kader van een ander theologisch zelfverstaan van de Kerk. Dat netwerk valt in een aantal landen steeds verder uiteen. Het is niet realistisch te verwachten dat dit proces zal stoppen door bijvoorbeeld priesters uit het buitenland te importeren. Zelfs als de Rooms-Katholieke Kerk het waagt om gehuwde mannen tot priester te wijden (*viri probati*), de leken nog meer ruimte te geven en vooral het charisma van de vrouw in te zetten in de liturgie, de prediking en de leiding van kerkelijke gemeenschappen – stappen die waarschijnlijk vroeg of laat zullen worden gezet – is het niet realistisch te verwachten dat daarmee het netwerk van parochiale pastorale zorg kan worden hersteld in de vorm die het in de premoderne samenleving had.

De leiding van de Kerk zou nu al niet alleen moeten nadenken over een alternatieve vorm van pastoraat in een veranderde wereld, maar evenzo een hervorming moeten doorvoeren in de opleiding en vorming van hen die ze kiest en toerust voor het ambt in de Kerk. Ik ben ervan overtuigd dat niet de territoriale parochies, maar vooral de centra van spiritualiteit en geestelijke begeleiding de belangrijkste brandpunten van het christendom zullen zijn in de namiddag van zijn bestaan.

Een paar jaar geleden was het boek *The Benedict Option* van Rod Dreher heel populair.[12] De auteur, een conservatieve christen die zich van de Katholieke Kerk tot de Russische Orthodoxie heeft bekeerd, beveelt christenen aan zich terug te trekken uit de hedendaagse seculiere samenleving en gemeenschappen te vormen naar het voorbeeld van de oude benedictijnenkloosters. Veel andere conservatieve christelijke auteurs verkondigen huilerig en verontwaardigd honderden pagina's lang één enkel idee, namelijk dat het verleden voorbij is en dat het heden daar niet op lijkt, wat een onbetwistbare, maar nogal

---

12 Rod Dreher, *The Benedict Option*, New York 2017.

banale waarheid is. Anders dan zij volstaat Dreher niet met deze constatering, maar probeert hij een uitweg te bieden. Hij roept christenen op een parallelle *polis* te creëren en citeert daarbij Václav Havel en Václav Benda, die de term indertijd gebruikten om de activiteiten van de Kerk en de politieke dissidenten ten tijde van de communistische vervolging te beschrijven. Dit is een duidelijke illustratie van de armoede van een traditionalisme dat aan veranderingen in de historische context voorbijgaat: wat in het tijdperk van een repressief politieregime noodzakelijk was, kan in een vrije, pluralistische samenleving tot desastreuze gevolgen leiden. Als de Katholieke Kerk dit advies zou opvolgen, zou ze in een sekte veranderen, met alle gevolgen van dien.[13]

Traditionalisme ontkent de essentie van traditie, een levende stroom van creatieve overdracht. Het is een *ketterij* in de ware, oorspronkelijke betekenis van dat woord: het neemt één willekeurig element uit de schat van de traditie (bijvoorbeeld de vorm van de Kerk en de theologie in een bepaalde tijd), rukt die uit hun bredere context en fixeert zich daarop. De idealisering van het verleden en de apocalyptische perceptie van het heden is een ander veel voorkomend verschijnsel dat gepaard gaat met de traditionalistische doofheid voor het voortgaande spreken van God in de geschiedenis.

Zeker, het boek van Dreher is goedbedoeld en bevat enkele waardevolle deelinzichten en ideeën, maar in zijn fundamentele boodschap is het werkelijk *ketters*: het moedigt aan de eigenlijke betekenis van de katholiciteit te ontkennen. Het was een fundamentele keuze voor de katholiciteit van de Kerk dat ze, toen ze de radicale monastieke vorm van het christendom integreerde, niet de Kerk als geheel (de meerderheid van de christenen) aan deze levensstijl bond. De uitnodiging om in een getto – een historisch openluchtmuseum – te ontsnappen aan de noodzaak voortdurend beslissingen te nemen in de veeleisende omstandigheden van de vrijheid, om te ontsnappen aan de ons door God opgedragen taak om in het heden te leven, is vooral in onze tijd een heel aantrekkelijke verleiding, die de aantrekkings-

---

13 In *The Benedict Option* roept Dreher christenen letterlijk op om 'een christelijke manier van leven op te bouwen die een eiland van heiligheid en stabiliteit zou zijn te midden van de sterke stroom van de moderniteit'. Maar zelfs de benedictijnenkloosters waren geen gesloten eilanden midden in een vijandige wereld.

kracht van sekten vergroot. Deze wervelstorm van angst bedreigt de vlam van het geloof, de moed om God steeds opnieuw en dieper te zoeken.

Net als elke ketterij bevat ook Drehers *The Benedict Option* een deelwaarheid die helaas vaak wordt vergeten: de Kerk van onze tijd heeft grote behoefte aan spirituele centra, in navolging van de spirituele en culturele missie van de benedictijnenkloosters uit de vroege middeleeuwen. De Kerk heeft spirituele oases nodig en mensen die hun leven wijden aan de zorg daarvoor. Dat is een noodzakelijk dienstbetoon aan de meerderheid van de christenen, die zich niet kan en mag isoleren van de maatschappij en haar cultuur, hoewel die cultuur veelkleurig is en ze meer de horizontale kant van het leven weerspiegelt dan de steile verticale kant van de radicale spiritualiteit. De Kerk als geheel kan en mag binnen de samenleving geen eiland van tegencultuur vormen.

Natuurlijk zijn er momenten in de geschiedenis dat de Kerk zich moet terugtrekken in de catacomben, maar het onvermogen om op het juiste moment vanuit de catacomben de Areopagus van de hedendaagse cultuur en samenleving te betreden, maakt zo'n Kerk muf en beschimmeld: christenen die zich ergens verschansen, kunnen moeilijk het zout en de zuurdesem van de samenleving zijn. Christenen mogen geen getto's creëren. Hun plaats is midden in de wereld. Ze moeten dus niet streven naar een parallelle samenleving en geen cultuuroorlog voeren.

Voordat zij in Antiochië de naam 'christenen' kregen, stonden de leerlingen van Jezus bekend als 'aanhangers van de weg' (Hand. 9:2). Vandaag, op de drempel van de namiddag van het christendom, moet de Kerk opnieuw een 'gemeenschap van de weg' worden, een reisgezelschap dat het pelgrimskarakter van het geloof ontwikkelt om zo over deze nieuwe drempel heen te stappen. Maar ze moet ook levendige spirituele centra opbouwen, knooppunten waaruit we moed en inspiratie kunnen putten voor de weg die voor ons ligt. Het is noodzakelijk dat christenen in dergelijke centra bijtanken, maar ze kunnen zich er niet permanent in terugtrekken of ver verheven boven de alledaagse zorgen van het leven en de wereld 'drie tenten' opzetten, zoals de apostelen op de berg Tabor wilden doen.

XVI EEN GEMEENSCHAP VAN LUISTEREN EN BEGRIJPEN

Volgens een oude Tsjechische legende liet de bouwmeester van een van de gotische kerken in Praag de houten steigers in brand steken nadat de bouw was voltooid. Toen de vlammen eruit sloegen en de steigers met donderend geraas in elkaar stortten, raakte de bouwmeester in paniek en pleegde zelfmoord, omdat hij dacht dat zijn bouwwerk was ingestort. Het lijkt mij dat veel christenen die in deze tijd van verandering in paniek raken, slachtoffer zijn van een soortgelijke vergissing. Dat wat op instorten staat, is misschien niet meer dan een houten steiger. Als die is verbrand, zal het gebouw van de Kerk weliswaar sporen van het vuur vertonen, maar de essentie, die lang verborgen is gebleven, komt dan pas tevoorschijn.

Als de Kerk een Kerk wil zijn en geen gesloten sekte wil worden, moet ze een radicale verandering in haar zelfverstaan ondergaan, in de manier waarop ze haar dienst aan God en aan de mensen in deze wereld opvat. Ze moet haar *katholiciteit*, de universaliteit van haar roeping herontdekken en vollediger ontwikkelen, ernaar streven werkelijk voor allen alles te zijn (vgl. 1 Kor. 9:22). Ik herhaal: de tijd is gekomen voor de *zelftranscendentie van het christendom*.

Als de Kerk haar grenzen wil overschrijden en alle mensen wil dienen, dan moet haar dienst verbonden zijn met respect voor het anders-zijn en de vrijheid van hen tot wie ze zich richt. Ze moet ontdaan zijn van de intentie om iedereen in haar gelederen te trekken en de controle over hen te krijgen, hen te 'koloniseren'. Ze moet vertrouwen op de kracht van God en er serieus mee rekenen dat de Geest ook buiten de zichtbare grenzen van de Kerk werkzaam is.

Tot nu toe heeft de Kerk zich vooral toegelegd op de zielzorg voor haar gelovigen en op de missie om haar gelederen uit te breiden. Een ander gebied waarop het christendom vanaf het begin actief is geweest, is de *diakonia*, de liefdadigheid (*caritas*). Vooral op dit gebied leerden de christenen *alle* mensen in nood en pijn te dienen en zo Jezus' oproep te vervullen tot een universele liefde en tot een barmhartigheid zonder grenzen, zonder de intentie bekeerlingen te maken. Hiermee legden en leggen christenen een getuigenis af van daden zonder woorden: door solidaire liefde en een nauwe betrokkenheid te laten zien. In de geest van Jezus' verhaal over de barmhartige Samaritaan vragen zij niet: 'Wie is mijn naaste?' (en wie is niet langer mijn naaste), zoals de wetgeleerde Hem vroeg toen hij zichzelf wilde rechtvaardigen (Luc. 10:25-29), toen hij de nauwe grenzen van zijn bereidheid om lief te hebben en te helpen, wilde rechtvaardigen. Ze weten dat ze zich tot hun naasten moeten wenden: anderen nabij zijn, vooral degenen die hulp nodig hebben. Deze therapeutische nabijheid en solidariteit had en heeft vele vormen aangenomen en kent ook een politieke dimensie.

Zoals ik al eerder heb gezegd, moet de Kerk als ziekenhuis ook zorg dragen voor de gezondheid van de samenleving, voor de preventie en diagnose van ziekten die hele samenlevingen aantasten, alsook voor de daaropvolgende therapie en revalidatie; ze moet de 'maatschappelijke zonden' en afwijkende structuren binnen sociale systemen bestrijden. De sociale leer van de Kerk wijst er al tientallen jaren op dat zonde niet alleen een zaak van individuen is. We raken allemaal steeds meer verstrikt in een verwarrend web van economische en politieke relaties waarin het kwaad vaak een bovenpersoonlijke en anonieme gedaante aanneemt.

Een van de vele redenen waarom de biechtstoelen en biechtruimtes zijn leeggelopen, is het feit dat tegen de achtergrond van onze kennis over de vele biologische, psychologische en sociale factoren die ons handelen sterk beïnvloeden, het besef van persoonlijke verantwoordelijkheid is vervaagd. We kunnen ons altijd verschuilen achter een woud van excuses en verontschuldigingen. 'Hoe kan iemand überhaupt schuldig zijn? We zijn hier immers allemaal mensen, de een is net als de ander', merkt Josef K. in Kafka's *Het proces* op.[1] Maar ook de uniformiteit en oppervlakkigheid van het leven zijn een schuld. Die weegt misschien nog wel zwaarder dan veel van wat mensen in het halfduister van een biechtstoel fluisteren. Een aanzienlijk aantal christenen vermoedt dat wat hen van God scheidt een veel diepere en tegelijk subtielere realiteit is dan die wordt opgesomd in de traditionele 'biechtspiegels', de lijsten van zonden waarop de 'doodzonden' met een sterretje zijn gemarkeerd.

In de drieënveertig jaar dat ik priester ben, heb ik tienduizenden keren de biecht gehoord. Al heel veel jaren bied ik naast het sacrament van de boete ook geestelijke gesprekken aan die langer en diepgaander zijn dan de gebruikelijke vorm van het sacrament toelaat. Die gesprekken hebben te maken met de bredere context van het geestelijke leven. Om zulke gesprekken wordt ook vaak gevraagd door ongedoopten en allerlei mensen die zichzelf als niet-religieus, maar toch wel als spiritueel verankerd of zoekend zouden omschrijven, of die ik zo zou kunnen omschrijven. Ik heb mijn team van medewerkers voor deze dienst uitgebreid met leken die zijn geschoold in de theologie en psychotherapie. Het is mijn vaste overtuiging dat *de dienst van persoonlijke geestelijke begeleiding* de cruciale en meest gevraagde pastorale rol van de Kerk in de komende namiddag van de christelijke geschiedenis zal zijn.

Tegelijkertijd is het de dienst waarin ikzelf het meest heb geleerd, waarin mijn theologie en spiritualiteit, evenals mijn opvatting van het geloof en de Kerk een bepaalde transformatie hebben ondergaan. Toen mijn bisschop, kardinaal Dominic Duka, resoluut weigerde te spreken met slachtoffers van seksueel misbruik door priesters (onder wie zich leden bevonden van het klooster waarvan hij destijds overste was) en hen naar de politie doorverwees, heb ik met velen van hen avondenlang gesprekken gevoerd, waarna ik vaak tot aan de morgen niet in slaap kon komen. Ik heb niet veel nieuws te horen gekregen, maar ik heb deze mensen in de ogen gekeken en hun hand vastgehouden als ze moesten huilen. Dat was een heel andere ervaring dan het lezen van rechtbankverslagen of verklaringen die bij de politie zijn afgelegd.

Ik heb jarenlang als psychotherapeut gewerkt en ik weet hoe ver-

---

1 Franz Kafka, *Der Prozess*, Berlijn 1925, 371.

weven geestelijke en psychische pijn zijn en hoe dicht ze bij elkaar liggen, maar dit was iets anders dan louter psychotherapie. Hierbij voelde ik met heel mijn hart de aanwezigheid van Christus, aan beide kanten: in de minste van de broeders, de zieken, de gevangenen en de vervolgden, tegelijkertijd ook in de dienst van het luisteren, troosten en verzoenen die ik mocht bieden.

Verschillende collega's aan de universiteit die ik persoonlijk respecteer en bij wie ik aan hun vroomheid en goede intentie niet twijfel, hebben een farizees document ondertekend, getiteld *De correctio filialis de haeresibus propagatis*, waarin paus Franciscus wordt berispt, omdat hij in zijn apostolische schrijven *Amoris laetitia* heeft opgeroepen tot een barmhartige, individuele en onderscheidende pastorale benadering van mensen in zogenaamde ongeordende situaties, zoals homoseksuelen en mensen die gescheiden zijn en daarna burgerlijk hertrouwd. Het verbaasde me niet dat de harde oordelen werden uitgesproken door mensen die nog nooit in een biechtstoel hadden gezeten om naar de verhalen te luisteren van mensen die zich in zulke situaties bevinden. Als ik de wereld zou bekijken door de bril van de leerboeken voor de neothomistische moraal, waarin afzonderlijke argumenten soepel en logisch als een kille mechaniek in elkaar passen, maar die volledig voorbijgaan aan de complexe werkelijkheid van het leven, zou ik de problemen van mensen misschien ook wel met eenvoudige, zwartwitte en onbarmhartige oordelen benaderen. Dan zou ik waarschijnlijk ook aanstoot nemen aan een paus die ons eraan herinnert dat de eucharistie geen beloning is voor modelkatholieken, maar een *panis viatorum*, brood voor de weg van de groei – voeding en medicijn voor mensen die zwak zijn en tekortschieten.[2]

Ik heb talloze verhalen gehoord van vrouwen die door hun man zomaar in de steek waren gelaten en die, jaren later, nadat ze in een nieuw, goed functionerend huwelijk steun hadden gevonden voor zichzelf en hun kinderen, onder het huidige kerkelijke recht voor altijd van de tafel van Christus waren verbannen. Dat is dezelfde tafel waaraan Jezus, tot verontwaardiging van de farizeeën, mensen in 'ongeordende situaties' uitnodigde, zonder hun vooraf moeilijke voorwaarden op te leggen. Hij zei over hen dat juist zij hun hoogmoedige rechters

---

2   Vgl. paus Franciscus, *Evangelii gaudium*, 47.

en aanklagers zouden voorgaan in het koninkrijk der hemelen, omdat ze het onvoorwaardelijke geschenk van de vergeving en de aanvaarding om niet op waarde wisten te schatten. Jezus wist dat alleen de ervaring van een onvoorwaardelijke aanvaarding en genadegave een levensveranderende omkeer kon teweegbrengen. Weinig was Jezus zo vreemd als het wettische denken van zijn grootste tegenstanders uit de gelederen van de farizeeën. Wie zich beroept op Jezus' woorden over de onverbrekelijkheid van het huwelijk, moet zich realiseren dat Jezus met deze woorden vrouwen wilde beschermen tegen de lichtzinnigheid van mannen, die hun om onbeduidende redenen eenvoudigweg een 'scheidingsakte' konden geven en zo het huwelijk ontbinden. Het was zeker niet de bedoeling de slachtoffers van een dergelijk gedrag, dat wil zeggen de gescheiden vrouwen, extra lasten op te leggen.[3]

Toen een geestelijke in de kathedraal van Praag in een vurige preek het schrikbeeld schilderde van een wereldwijde overheersing door homoseksuelen en aanhangers van de gendertheorie, die kinderen met geweld uit keurige gezinnen zouden weghalen en ze als slaven zouden verkopen, en vrome katholieken naar vernietigingskampen zouden sturen, werd het me duidelijk dat dit *dys-vangelium* van de angst niet echt mijn godsdienst is en zeker niet het *euangelion*, de godsdienst van Jezus. Ik heb geluisterd naar tientallen verhalen van christenen die hun niet-gekozen homoseksuele geaardheid ontdekten en na hun coming out door hun vrome milieu psychologisch werden gelyncht, vaak ook door hun eigen ouders en familieleden. Uit wanhoop door hun gemeenschap te worden verstoten, deden sommigen van hen een zelfmoordpoging. Als deze mensen eindelijk een levenspartner vinden, mag ik hen dan dwingen om levenslang af te zien van hun verlangen naar intimiteit, of in het beste geval hun liefde 'ruimhartig' bestempelen als een 'kleiner kwaad' dan eenzaamheid of promiscuïteit?

Al te lang hebben de leerboeken van de katholieke moraal ook voor

---

3   Wie beweert dat de uitspraken over echtscheiding die Jezus in het evangelie doet, op geen enkele manier kunnen worden gewijzigd of verzacht, of dat geen uitzonderingen kunnen worden toegestaan, moet beseffen dat het Nieuwe Testament dit zelf ook doet als het Evangelie volgens Matteüs een uitzondering noemt – 'behalve in geval van ontucht' (Mat. 5:32) – en daarmee de oudere compromisloze uitspraak in de evangeliën van Marcus en Lucas (Marc. 10:2-12 en Luc. 16:18), die geen uitzondering kennen, corrigeert.

mij de problemen van individuele mensen aan het oog onttrokken. Daar schaam ik me nu voor. Hoe groot is de verleiding voor ons biechtvaders, de dragers van het kerkelijke gezag, om net zulke farizeeën en wetgeleerden te worden als zij tegen wie Jezus zo indringend waarschuwde – die mensen ondraaglijke lasten opleggen en die zelf met geen vinger aanraken (vgl. Luc. 11:42-46)! Het is natuurlijk veel gemakkelijker en sneller om mensen in het algemeen te beoordelen door te verwijzen naar de paragrafen van het kerkrecht dan te doen waartoe paus Franciscus oproept. Hij vraagt de uniciteit van alle individuen te zien en hen te helpen, juist rekening houdend met de uniciteit van hun levenssituatie en de mate van persoonlijke volwassenheid, om zo een verantwoorde uitweg te vinden binnen het kader van de reële mogelijkheden die hun ter beschikking staan.[4]

Wanneer zal er in onze Kerk eindelijk een verschuiving plaatsvinden van een 'katholicisme zonder christendom' en van rechtvaardigheid zonder barmhartigheid naar de 'hernieuwde lezing van het evangelie' waartoe paus Franciscus oproept en die hij onderwijst?[5]

Ik kom vaak terug op een kort verhaal dat een soort mini-evangelie is midden in het Evangelie volgens Marcus, het verhaal van de vrouw die al twaalf jaar aan vloeiingen leed. Ze had veel artsen geraadpleegd en haar hele bezit tevergeefs aan behandelingen gespendeerd. Deze vrouw had in het heiligdom van haar vrouw-zijn duidelijk een groot probleem. In het intieme gebied van haar seksualiteit droeg ze een ernstig trauma met zich mee. Volgens de joodse wet is een vrouw die vloeit ritueel onrein. Ze mag niet deelnemen aan religieuze samenkomsten; ze mag niemand aanraken en niemand mag haar aanraken. Haar brandende verlangen naar menselijk contact bracht haar ertoe iets te doen waarmee ze de voorgeschreven isolatie schond: ze raakte Jezus aan.

---

4   Vgl. paus Franciscus, *Amoris laetitia*, 300, 303, 312.
5   In de brief van Jakobus (2:12-13) lezen we: 'Spreek en handel als mensen die door de wet die vrijmaakt, geoordeeld zullen worden. Want onbarmhartig zal het oordeel zijn voor hem die geen barmhartigheid heeft bewezen, maar de barmhartigheid triomfeert over het oordeel.'

Ze raakte Hem heimelijk aan, anoniem, van achteren, verborgen in een menigte. Maar Jezus wil niet dat ze op deze manier haar genezing ontvangt. Hij wil haar zien, Hij zoekt haar gezicht. In zekere zin zou je kunnen zeggen dat Hij haar bij haar naam noemt, net zoals Hij de verbaasde Zacheüs riep. Hij doorbreekt haar anonimiteit. De vrouw komt naar voren en na jaren van isolement 'vertelt ze Hem de hele waarheid', waar iedereen bij is. Op het moment van de waarheid wordt ze van haar kwaal verlost (Marc. 5:25-34).

Maar juist haar aanraking, dat onbezonnen gebaar vol verlangen en vertrouwen, was de manifestatie van haar geloof, het geloof waarvan Jezus zei dat het haar genezing had gebracht. Het was een daad waarmee ze de wet overtrad, want door haar aanraking maakte ze Jezus ritueel onrein, wat volgens de strikte interpretatie van de wet een zonde was. Toch begrijpt Jezus wat zij door haar aanraking tot uitdrukking bracht en door zijn interpretatie geeft Hij haar handeling een verlossende betekenis. Wat zij tot uitdrukking had gebracht door de taal van haar lichaam – dat zich tot dan toe in de taal van bloed en pijn had uitgedrukt – kon ze nu volledig uitspreken door zich voor Hem neer te werpen en de hele waarheid te vertellen.[6]

Dat is precies wat ik ook in de gesprekken met slachtoffers van seksueel en psychologisch misbruik in de kerk heb ervaren. Hun verdrongen pijn, hun teleurstelling over de Kerk en hun vaak niet erkende verwijten aan het adres van God, die vaak omsloegen in zelfverwijt of psychosomatische klachten, moesten worden uitgesproken. Daarvoor hadden ze de veilige ruimte van onvoorwaardelijke aanvaarding nodig. Daar wordt de waarheid geopenbaard – en dat is een heel ander begrip van de waarheid dan waar de 'bezitters van de waarheid' het over hebben. Ik droom van een Kerk die zo'n veilige ruimte zal zijn, een ruimte van waarheid die geneest en bevrijdt.

Volgens mij is de zogenaamde categoriale pastorale zorg de voorhoede van deze dienst van de Kerk, de dienst van *geestelijke begeleiding*: de dienst van kapelaans op scholen en van aalmoezeniers in ziekenhuizen,

---

6 Vgl. ook Halík, *Geduld met God*, 158-160.

gevangenissen en het leger. Ze kan ook de vorm aannemen van geestelijke begeleiding van mensen in allerlei moeilijke levenssituaties of van ondersteuning van hen met een even veeleisende dienstverlening aan anderen, die daardoor het risico lopen op een burn-out.

De dienst van zo'n kapelaan of aalmoezenier is voor *iedereen* bedoeld, niet alleen voor gelovigen. Daarin verschilt deze dienst van zowel het traditionele pastoraat door geestelijken, bijvoorbeeld pastoors, die hun parochianen in het ziekenhuis bezoeken en de sacramenten toedienen, alsook van de missie in de zin van het 'bekeren van ongelovigen' en het werven van nieuwe leden voor de Kerk. Het verschilt ook van het werk van psychologen en maatschappelijk werkers. Het is een *geestelijke dienst*, een geestelijke begeleiding. Deze geestelijke dienst gaat ervan uit dat het geestelijke domein een antropologische constante is, iets wat eigen is aan het wezen van de mens en wat het mens-zijn mede vormgeeft. Het geestelijke is wat betrekking heeft op zingeving, zowel de 'zin van het leven' als de zin van een bepaalde levenssituatie. Mensen moeten niet alleen in theorie weten, maar ook daadwerkelijk beleven en ervaren dat hun leven, met alle vreugde en pijn, zinvol is. De behoefte aan zingeving en het besef van zinvolheid behoren tot de existentiële basisbehoeften van mensen. In moeilijke levenssituaties wordt het besef van zin echter aan het wankelen gebracht en is het noodzakelijk het weer tot leven te wekken.

Het ergste wat ons bedreigt in momenten van beproevingen en crises in het leven, als we angst en verlatenheid ervaren, in tijden van pijn, diep verdriet, dreiging en uiteenlopende vormen van lijden, is wat Kierkegaard 'de ziekte tot de dood' noemde: vertwijfeling, verlies van hoop, de zin van het leven niet meer zien. Het besef van de zin van het leven hebben we net zo hard nodig als zuurstof, eten en drinken; we zijn niet in staat permanent in innerlijke duisternis en desoriëntatie te leven. Sinds mensenheugenis verwachten mensen dat religie en filosofie hen helpen om te gaan met onvoorziene omstandigheden en 'ontsporingen', dat ze hen helpen nieuwe, ontwrichtende gebeurtenissen te verwerken en een plek te geven. Het is voor mensen belangrijk dat ze die zaken kunnen benoemen en er een naam en een plaats aan geven in hun wereldbeeld en hun levensopvatting.

De dienst van de geestelijke begeleiding bevindt zich op de grens van het religieuze en het seculiere domein. Ze kan putten uit de geestelijke schatten van de religie, maar beweegt zich in een niet-kerkelijke, seculiere ruimte en moet zich uitdrukken op een manier die in die omgeving wordt begrepen. Vanuit dat oogpunt heeft deze specifieke geestelijke dienst een vergelijkbare positie en taak als de publieke theologie (*public theology*), waarover ik het in hoofdstuk 2 had. Ze moet de grenzen van het kerkelijke taalspel overstijgen.

De Kerk zendt priesters en lekentheologen in deze dienst uit na een speciale opleiding, die ook een zekere bekwaamheid in de psychotherapie omvat, ook naar mensen die zich niet met de kerk of als 'gelovigen' identificeren. Het is hun taak naar hen te luisteren en met hen te praten, en hun vertrouwen, hun hoop en hun eigen zoektocht naar zin aan te wakkeren; het is niet hun opdracht deze mensen te 'bekeren' tot hun geloof of hen tot het lidmaatschap van hun kerk te bewegen. Deze begeleiders moeten een sterk ontwikkeld vermogen hebben tot empathie en respect voor de waarden van hun cliënten.

Er zijn momenten waarop zelfs een 'ongelovige' om gebed vraagt en waarin het gepast is de therapeutische kracht van de religieuze taal, symbolen en rituelen, inclusief de sacramenten, in deze dienst te gebruiken, ook bij mensen die niet volledig 'gesetteld' zijn in de spirituele ruimte van de traditionele religie. Op andere momenten moet zo'n begeleider echter afzien van alle elementen uit dat domein. Aalmoezeniers in ziekenhuizen, gevangenissen, kazernes of aan universiteiten kunnen veel van de typische traditionele geloofstaal niet gebruiken. Dat is niet alleen een vorm van politieke correctheid, maar vooral omdat de meeste van hun cliënten deze taal niet begrijpen. In een gelijkwaardig gesprek met 'andersgelovigen' moet je heel terughoudend zijn met het gebruik van traditionele geloofsbegrippen en -symbolen. In dergelijke situaties spreken aalmoezeniers zelden expliciet over God en Jezus Christus. Ze bewegen zich dan in een ander taalspel. Dit betekent echter niet dat God niet erin aanwezig is.

Anders dan bij traditionele missieactiviteiten of een traditionele vorm van therapie kent deze dienst van nabijheid een dialogisch, wederkerig karakter. Als christenen hoeven we mensen 'die geen volgeling van ons' zijn (Marc. 9:38) niet slechts als bekeringsobject of als potentiële tegenstanders of vijanden te beschouwen. Jezus heeft ons opgedragen alle mensen lief te hebben, voor hen een naaste te zijn. Een van de gezichten van liefde is respect voor het anders-zijn van anderen.

Liefde is een ruimte van vrijheid die wij voor anderen openstellen, zodat zij echt en volledig zichzelf kunnen zijn, zonder zich op een bepaalde manier te hoeven gedragen en zonder voortdurend onze gunst te hoeven verdienen. Liefde is een ruimte van vertrouwen, van geborgenheid, van acceptatie; een ruimte waarin de ander eerst dat kan ontwikkelen wat hem het dierbaarst is, zichzelf kan worden. Alleen als we zelf ervaren geaccepteerd en geliefd te worden zoals we zijn, leren we anderen te accepteren en lief te hebben.

De koninklijke weg van de geestelijke begeleiding, haar alfa en omega, is het ontwikkelen van een contemplatieve benadering van de wereld en het eigen leven. Een geestelijke begeleider kan mensen niet helpen, tenzij hij hun de praktijk van de innerlijke contemplatie leert, de kunst om zich los te maken van het leven aan de oppervlakte en 'dieper af te steken', om tot een bevrijdende onthechting te komen, om door middel van een helicopterview het eigen leven in een breder perspectief te zien en te ervaren. De roeping van een geestelijke begeleider is tegen zijn cliënten te zeggen wat Jezus zei toen Hij zich voor het eerst tot zijn toekomstige leerlingen richtte: Vaar maar naar dieper water en wacht in stilte! Maar hij moet hun ook leren hoe ze dat moeten doen, hen inwijden in de kunst van de contemplatie. Want alleen zo kunnen ze de *zin* ontdekken en in grens- en crisissituaties de levensharmonie en de levensrichting terugvinden.

Een geestelijk begeleider kan alleen op een vruchtbare manier zijn cliënten en de bredere samenleving dienen, als hij zelf contemplatief is, dat wil zeggen, regelmatig mediteert. Zijn opdracht is mensen de kunst van het geestelijke onderscheidingsvermogen aan te leren, want als je dat niet bezit, sneeuw je in deze tijd volkomen onder in de lawaaierige en overvolle wereldmarkt. Een geestelijk begeleider hoeft geen 'geestelijke' te zijn in de zin van een 'gewijde dienaar van de Kerk', maar hij moet wel een geestelijk mens zijn, iemand die niet alleen aan de oppervlakte leeft, maar uit de innerlijke diepten put.

Deze overwegingen brengen ons dichter bij het antwoord op de vraag die in de titel van dit boek schuilgaat. Welke opdracht ligt er voor de namiddag – de namiddag van het leven van een individu, de namiddag van de menselijke geschiedenis, de namiddag van het christendom, de namiddag van de geloofsgeschiedenis? Wat moest er sterven in die lange crisis van zekerheden in de geschiedenis, in die crisis op het middaguur, waarvan we ook in vele crises van onze eigen tijd de schokken voelen? Wat moet er bij ons rijpen en waarmee moet die namiddag gevuld zijn?

Als we de ervaring van de mystici tot uitdrukking willen brengen – juist zij kunnen op dit terrein immers voor ons bekwame raadgevers zijn – kunnen we de taal van de dieptepsychologie gebruiken: het gaat om een overgang van egocentrisme, van de zelfgerichtheid van het 'kleine ik', naar een nieuwe identiteit, naar een dieper en tegelijk ruimer 'nieuw zelf'. Deze transformatie, de verschuiving van de nadruk van ons ego naar ons (innerlijke) zelf, wordt vaak in ruimtelijke metaforen uitgedrukt: 'een weg de diepte in', 'een reis naar ons innerlijk'. De woorden 'de diepte' en 'ons innerlijk' duiden hier op het tegenovergestelde van oppervlakkigheid en een gebrek aan diepgang. 'Naar dieper water varen' betekent niet dat we ons afkeren van de wereld van ons dagelijkse bestaan en van onze relaties met anderen. In de mate waarin we het zwaartepunt van ons leven naar dat innerlijke centrum verleggen, ontmoeten we God op een nieuwe en volmaaktere manier; dat geldt eveneens voor ons contact met andere mensen en met alle stemmen die in de schepping klinken. God als de diepte van de werkelijkheid is 'God in alle dingen'.

De mystieke wegen en de metafoor van de namiddag van het leven in de geschriften van C.G. Jung spreken over deze transformatie van de mens. Ik heb geprobeerd aan te tonen dat deze transformatie vandaag de dag niet alleen plaatsvindt in individuele levensgeschiedenissen (zoals dat in de hele geschiedenis is gebeurd), maar ook in het verloop van onze geschiedenis, inclusief de geschiedenis van het christendom. De crisis van de Kerk is de *kairos*; de gezegende tijd van de overgang van een Kerk die op zichzelf gericht is naar een Kerk die bewust deelneemt aan de voortdurende uitwerking van het kerst- en paasmysterie: *incarnatio continua*, *crucifixio continua* en *resurrectio continua*.[7]

Ook de Kerk moet haar fixatie op haar 'kleine ik' opgeven, de fixatie op alleen haar institutionele vorm op een bepaald moment in de ge-

---

7 Aan de doorgaande menswording, de doorgaande kruisiging en de doorgaande opstanding.

schiedenis, of op haar institutionele belangen. De termen klerikalisme, fundamentalisme, conservatisme, traditionalisme en triomfalisme duiden op allerlei uitingen van het egocentrisme van de Kerk, haar fixatie op wat oppervlakkig is en aan de buitenkant zit. Toegeven aan heimwee naar een geïdealiseerd verleden, naar de ochtend van de christelijke geschiedenis, betekent dat we blijven steken in een te enge (en vaak vreesachtige) vorm van christendom. Dat is een teken van onvolwassenheid. Als de Kerk niet in staat is ons een andere vorm te bieden dan de ochtendvorm van het christendom, of beter gezegd, dan een heimwee naar die morgen of allerlei pogingen om die te reconstrueren of na te bootsen, is het niet verwonderlijk dat veel mensen menen dat het enige alternatief dat hun rest, is het christendom en het geloof op te geven.

Op veel plaatsen leeft nog steeds het idee dat het enige alternatief voor een religie die haar vitaliteit en overtuigingskracht is kwijtgeraakt, een vorm van atheïsme is. Kennelijk had Hegel gelijk toen hij het atheisme beschouwde als louter een overgangsfase in de geschiedenis van de Geest. De ruimte die vrijkomt door een stervende religie moeten we niet overlaten aan een dogmatisch atheïsme, niet aan religie als identitaire politieke ideologie en evenmin aan een vage esoterie. Het is de plaats en de tijd voor een volwassen en tegelijk nederig geloof.

Hoe zal de toekomst van het christendom eruitzien? Als het mysterie van de menswording zich in de geschiedenis van het christendom voortzet, moeten we erop voorbereid zijn dat Christus op creatieve wijze in onze geschiedenis en in de verschillende culturen blijft binnentreden – en dat Hij vaak even onopvallend en anoniem zal binnenkomen als ooit in de stal van Betlehem. Als het drama van de kruisiging zich in de geschiedenis van het christendom voortzet, moeten we leren aanvaarden dat vele vormen van christendom pijnlijk zullen sterven en dat dit sterven ook de duisternis van de godverlatenheid inhoudt, zelfs een 'nederdaling ter helle'. Wil ons geloof te midden van alle veranderingen door de tijd heen nog steeds een *christelijk* geloof zijn, dan moet de *kenosis*, de zelf-overgave, de zelf-transcendentie, zijn identiteit kenmerken.

Als het mysterie van de verrijzenis zich in de geschiedenis van het christendom voortzet, moeten wij bereid zijn Christus niet bij de doden te zoeken, in het lege graf van het verleden, maar het Galilea van deze tijd te ontdekken ('het Galilea van de heidenen', Mat. 4:15), waar wij Hem totaal veranderd zullen ontmoeten. Hij zal opnieuw door de gesloten deur van onze angst heen gaan, Hij zal zich opnieuw aan zijn wonden laten herkennen. Ik ben ervan overtuigd dat het Galilea van vandaag de wereld van de *nones* is, voorbij de zichtbare grenzen van de Kerk.

Als de Kerk ontstaan is uit de gebeurtenis van Pinksteren en deze gebeurtenis zich in haar geschiedenis voortzet, moet ze proberen zo te spreken dat mensen uit verschillende volken, culturen en talen het kunnen begrijpen. Ze moet ook op haar beurt voortdurend vreemde culturen en andere geloofstalen leren begrijpen. Ze moet mensen leren elkaar te begrijpen. Ze moet duidelijk, maar niet simplistisch spreken; ze moet vooral geloofwaardig spreken, 'van hart tot hart'.[8] Ze moet een plaats van ontmoeting en gesprek zijn, een bron van verzoening en vrede.[9]

Veel van onze concepten, ideeën en verwachtingen, veel vormen van ons geloof, veel vormen van de Kerk en de theologie moeten sterven – ze waren te klein. Ons geloof moet de muren van onze angsten en ons gebrek aan moed overwinnen, zodat we net als Abraham eropuit trekken, langs onbekende wegen, een onbekende toekomst tegemoet. Op onze nieuwe wegen zullen we waarschijnlijk mensen ontmoeten die zo hun eigen ideeën hebben over de richting en de bestemming van de reis, ideeën die voor ons verrassend onbekend zijn. Ook deze ontmoetingen zijn voor ons een geschenk. We moeten leren in hen onze naasten te herkennen en onszelf tot hun naasten te maken.

Respect voor verscheidenheid en aanvaarding van anderen in hun eigenheid, het criterium voor de authenticiteit van liefde, is niet alleen noodzakelijk in relaties tussen individuen, maar ook in de relaties tussen volken, culturen en religies. De belangrijke zin uit de gezamenlijke

---

8   *Cor ad cor loquitur* ('Het hart spreekt tot het hart') was de wapenspreuk van kardinaal Newman.
9   Dit is een van de belangrijkste boodschappen van de encycliek *Fratelli tutti* van paus Franciscus.

verklaring van paus Franciscus en grootimam Ahmed Al-Tayeb[10] is dat *de pluraliteit en de diversiteit van de religies door God in zijn wijsheid zijn gewild*, de vrucht is van duizenden jaren ervaring, waarvoor talloze slachtoffers in godsdienstoorlogen met hun leven hebben betaald. In bepaalde religieuze kringen heeft deze zin wrevel gewekt. Verraden we zo niet de aanspraak van onze religie op haar waarheid?

Beslist niet. Het is de taal van een volwassen geloof, vrij van het collectieve narcisme en egocentrisme van religieuze gemeenschappen die niet in staat zijn hun status als pelgrims te erkennen. Voor moslims betekent dit een terugkeer naar een belangrijke en wijze passage uit de Koran, die uitdrukkelijk stelt dat God een verscheidenheid aan godsdiensten wenst en dat deze diversiteit een kans is om te wedijveren in het doen van het goede;[11] voor christenen sluit het aan bij het inzicht van Nicolaas van Cusa dat de ene waarheid ons in verscheidenheid wordt gegeven (*una religio in rituum varietate*[12]). We hoeven niet bang te zijn. Voor het christendom is de liefde tot God en onze medemens immers de hoogste vorm van waarheid? Overal waar deze wordt gerealiseerd, zijn God, Christus en het christelijk geloof aanwezig. Als de Kerk vandaag kan getuigen van dit vertrouwen in een God die groter is dan al onze ideeën, definities en instituten, gebeurt er iets wat nieuw en betekenisvol is: we treden de namiddag van het geloof binnen.

Oecumene is een vorm van christelijke liefde die we niet mogen

---

10 Woordelijk: 'Pluraliteit en diversiteit in termen van religie, huidskleur, geslacht, etniciteit en taal zijn door God gewild in zijn wijsheid, waarmee Hij de mens heeft geschapen.' 'Document on Human Fraternity for world peace and living together', Abu Dhabi, 4 februari 2019, www.vaticannews.va/en/pope/news/2019-02/pope-francis-uae-declaration-with-al-azhar-grand-imam.html (geraadpleegd 14 maart 2023).

11 Het gaat om Soera 'De tafel' (Soera 5:48), waar tegen de eigenaars van de Schrift (joden en christenen) wordt gezegd: 'Voor een ieder onder jullie hebben Wij een Wet en een manier van leven bepaald. En als Allah gewild had, had Hij jullie (als behorend) tot een godsdienst gemaakt, maar (Hij doet dit niet omdat Hij) jullie op de proef stelt met wat Hij jullie gegeven heeft. Wedijver dus [op het gebied] van de goede zaken. Tot Allah is de terugkeer van jullie allemaal, en Hij zal jullie hetgeen waarover jullie van mening verschillen vertellen.' *De Edele Koran, en een vertaling van betekenissen ervan in de Nederlandse taal* (vert. Sofjan S. Siregar), Den Haag 1996.

12 'Eén religie in de verscheidenheid aan riten (liturgieën)', zie *De pace fidei* 1,6, https://urts99.uni-trier.de/cusanus/content/werke.php (geraadpleegd 14 maart 2023).

veronachtzamen. Het is een van de meest geloofwaardige en overtuigende gezichten van het christendom. Als de Katholieke Kerk werkelijk katholiek wil zijn, moet ze de wending voltooien die tijdens het Tweede Vaticaanse Concilie werd ingezet: de wending van katholicisme naar katholiciteit. Alle kerken en alle christenen die de Apostolische Geloofsbelijdenis of de Geloofsbelijdenis van Nicea-Constantinopel uitspreken, belijden daarmee hun plicht om aan de katholiciteit van het christendom bij te dragen: een openheid van de Kerk die de wijd open armen van Jezus aan het kruis weerspiegelt. Niemand staat buiten de liefde van Christus.

In dit boek hebben we stilgestaan bij de verschillende vormen die het christelijk geloof in de loop van de geschiedenis heeft gehad. Ik heb me daarbij in het bijzonder gericht op twee religieuze versies van het christendom: de christelijke religie als *religio*, een samenbindende kracht in de samenleving, namelijk in het premoderne 'christelijke rijk', de *christianitas*, en het christendom als *confessio*, een levensbeschouwing die ons door de institutionele Kerk dan wel kerken wordt voorgehouden. Ik heb ook verwezen naar pogingen om tot een niet-religieus christendom te komen.

Aan het einde van hoofdstuk 5 liet ik al een antwoord doorschemeren op de vraag welke vorm het christendom van de toekomst zou kunnen aannemen. Het woord religie, *religio*, kunnen we niet alleen afleiden van het werkwoord *religare* (herenigen, weer verbinden), waardoor we religie dus vooral opvatten als een verbindende kracht in de samenleving, maar ook van het werkwoord *relegere* (herlezen). De Kerk van morgen kan een gemeenschap worden van een *nieuwe hermeneutiek*, van een nieuwe, diepere lezing en interpretatie, zowel van de Schrift en de Traditie (volgens het Concilie van Trente de twee bronnen van de goddelijke openbaring) als van de tekenen van de tijd. Daarvoor hebben we de kunst van de contemplatie nodig. Door contemplatie leren we opnieuw lezen en luisteren, dieper en zorgvuldiger. Luisteren naar wat er in ons en om ons heen gebeurt – door beide kan God tot ons spreken.

Ik vind het heel nuttig als gelovigen van verschillende religies (maar ook mensen 'zonder religieuze binding') samen de heilige boeken lezen en erover in gesprek gaan hoe ze die verstaan.[13] Als we onze eigen fundamentele teksten door de ogen van anderen bekijken, kan dat bijdragen aan een dieper verstaan ervan en ook aan een beter wederzijds begrip. Goedkoop syncretisme of pogingen om te komen tot een voor iedereen aanvaardbare, kunstmatige taal, een 'religieus Esperanto', is een doodlopende weg. We moeten leren de verschillen te begrijpen en te respecteren, niet ze te verhullen, te bagatelliseren of te negeren.

Een paar jaar geleden was ik coauteur van een televisieserie waarvoor we op verschillende continenten filmden. We vroegen 'gewone gelovigen' uit de vijf grote wereldreligies welke rituelen zij gebruiken rond de belangrijkste gebeurtenissen en verschijnselen in hun leven: de geboorte van een kind, de overgang naar de volwassenheid, het huwelijk, ziekte en leed, en de begrafenis. Verder vroegen we wat de tempel of het gebedshuis, bedevaarten, het gebed en voedsel voor hen betekenen, welke kijk ze op de rol van de vrouw hebben en wat hun relatie tot schoonheid of geweld is. Daarbij ging ik me realiseren hoe belangrijk het is om niet 'voor anderen te spreken', om hen niet van buitenaf te beoordelen, maar om *met hen* te spreken, hun een stem te geven en naar hen te luisteren. In onze veelkleurige wereld, waarin etniciteiten en culturen zich steeds meer vermengen, zijn persoonlijke ontmoetingen met mensen die heel anders zijn, niet langer voorbehouden aan reizigers naar verre landen.

Een niet minder belangrijke taak is de inspanning om de tekenen van de tijd te verstaan, om de ignatiaanse kunst van het geestelijke onderscheidingsvermogen aan te leren. Wat windt ons op, wat fascineert, irriteert en beangstigt ons in de gebeurtenissen van onze tijd – en waarom? We moeten de kunst leren om 'ons hart tot bedaren te brengen', om onze directe en instinctmatige reacties van enthousiasme of woede te beheersen, zodat we de historische gebeurtenissen, waarvan we zelf deel uitmaken, in het heiligdom van ons geweten kunnen toelaten, waar we ze kunnen 'herlezen' en er op *intelligente* wijze het

---

13 Een van die pogingen was de dialoog over de evangeliën met de Dalai Lama van Tibet. *The Good Heart. Buddhist Perpective on the Teaching of Jesus*, Somerville 2016.

geheimschrift van Gods communicatie in kunnen herkennen.[14] Wanneer in een groot deel van de wereld het netwerk van lokale parochies instort, zoals de steigers rond de kerk in de legende die ik aan het begin van dit hoofdstuk vertelde, zullen we onze geestelijke kracht moeten ontlenen aan centra waarin we gemeenschappelijk bidden en mediteren, waar de viering plaatsvindt en waar we ons bezinnen op de geloofservaringen die we delen. Zulke open centra moeten nu worden gebouwd. Daar kunnen we leren onderscheid te maken tussen de ondersteunende structuren die in de loop van de geschiedenis weer verdwijnen en structuren waarop we kunnen voortbouwen.

Misschien moet niet alleen de Katholieke Kerk, maar moeten ook andere christelijke kerken en andere religies zo'n 'synodaal proces' doorlopen als waartoe paus Franciscus binnen de Katholieke Kerk heeft opgeroepen: een proces van naar elkaar luisteren en gezamenlijk een weg vooruit vinden, naar de toekomst. Ik geloof dat dit proces van 'algemeen overleg over de verbetering van menselijke zaken' – *consultatio catholica de rerum humanarum emendatione*, een uitdrukking van de grote zeventiende-eeuwse Tsjechische denker Jan Amos Comenius – een belangrijke stap zou zijn op weg naar die universele broederschap waarover paus Franciscus in zijn encycliek *Fratelli tutti* schrijft.

Deze encycliek beschouw ik als het belangrijkste document van onze tijd, waarvan de betekenis vergelijkbaar is met het belang van de Universele Verklaring van de Rechten van de Mens. Als we geestelijke inspiratie zoeken om het proces van globalisering om te buigen naar een proces van menselijke communicatie, vinden we daarin inspiratie en inzichten die oproepen tot verdere doordenking en ontwikkeling.

Als de Heer zich in de Bijbel tot iemand richt, zijn de eerste woorden die Hij spreekt doorgaans: 'Wees niet bang!' Angst vervormt ons beeld van de wereld. Veel 'religieuze professionals' waren en zijn vaak handelaars in angst. Ze denken dat ze hun religieuze waren beter aan de man kunnen brengen als ze mensen eerst goed bang maken. Laten we nu, op de drempel van een nieuw hoofdstuk in de christelijke geschiedenis, deze religie van de angst aan de kant schuiven. Laten we

---

14 Laten we niet vergeten dat het woord *intelligentie* verwant is aan *inter-legere*: tussen de regels door lezen.

niet langer inslaan bij verkopers van goedkope zekerheden. Laten we op de drempel van de toekomst zelfs niet bang zijn om eerlijk en nederig te zeggen: 'We weten het niet.' Daar kan zelfs het geloof ons niet van verlossen; geloof is de moed om met vertrouwen en hoop de wolk van het mysterie binnen te stappen.

In mijn overwegingen in dit boek heb ik nagedacht over een *nieuwe reformatie*, die steeds duidelijker naar voren komt als een noodzakelijk antwoord op de huidige toestand van de Kerk. De mate waarin de familie van gelovigen is verweven met het geheel van de menselijke samenleving, hangt af van de transformatie van de hele menselijke familie. Nu vraag ik me af hoe we kunnen voorkomen dat een nieuwe reformatie op een pijnlijk schisma uitloopt en vooral dat ze halverwege blijft steken en de gewekte hoop teleurstelt. We kunnen enige inspiratie opdoen in de katholieke reformatie van de zestiende eeuw, waarvan mystici als Theresia van Ávila, Johannes van het Kruis en Ignatius van Loyola, en hervormingsgezinde bisschoppen als Carolus Borromeus de dragers waren.

Ignatius hield ons in zijn geestelijke oefeningen de vier stadia van de *metanoia* voor.[15] Ten eerste, *deformata reformare*, hervormen wat vervormd is. Ten tweede, *reformata conformare*, de weg inslaan van de navolging van Christus, zich laten inspireren door het voorbeeld van Jezus' handelen. Ten derde, *conformata confirmare*, uit het kruis van Jezus kracht putten om de donkere nacht van het lijden te doorstaan. Ten vierde, *confirmata transformare*: transformeren wat vast staat, het door het licht van Jezus' verrijzenis en door de aanwezigheid van de Verrezene te laten doorstralen, om zo God in alle dingen te

---

15 Met deze benamingen duidde Ignatius de taken voor de vier weken van zijn 'geestelijke oefeningen' aan: *deformata reformare*, hervormen (verbeteren) wat vervormd, misvormd, gebrekkig is; *reformata conformare*, aanpassen wat hervormd is, dat wil zeggen, zich conformeren aan Christus' leven en handelen; *conformata confirmare*, versterken wat is aangepast, door te mediteren over Christus' lijden; en ten slotte *confirmata transformare*, transformeren wat versterkt is, mediterend over de verrijzenis van Jezus en de liefde van God, die 'in alle dingen aanwezig is'.

vinden. We moeten het niet laten gebeuren dat onze inspanningen om de Kerk en de samenleving te hervormen, al in de eerste fase stranden, waardoor alleen de vervormde en vervormende structuren worden veranderd. Echte hervorming moet een vorm van navolging van Christus zijn. Dit veronderstelt dat we steeds opnieuw op zoek gaan naar de Verrezene.

Noch de traditionele vormen van pastoraat aan de gelovigen noch de traditionele vormen van missie, die zijn gericht op het 'bekeren van de ongelovigen', vervullen deze taak. Een werkelijk *nieuwe evangelisatie*, die haar naam met ere draagt, staat in deze tijd voor een moeilijke taak: het zoeken van de *universele Christus*, wiens grootheid vaak verborgen blijft door ons beperkte blikveld, onze te enge perspectieven en zelfbedachte intellectuele categorieën.

De zoektocht naar de *universele Christus* is zowel de taak als het teken van onze tijd. Teilhards idee van de universele Christus die aanwezig is in de kosmische evolutie, moeten we aanvullen met het terugvinden van de Verrezene, die (vaak anoniem) aanwezig is in de ontwikkeling van de samenleving. Laten we Hem zoeken en herkennen aan zijn stem, zoals Maria Magdalena. Laten we Hem zoeken in de vreemdeling onderweg, zoals de leerlingen die naar Emmaüs gingen. Laten we Hem zoeken in de wonden van de wereld, zoals de apostel Tomas. Laten we Hem overal zoeken waar Hij door de gesloten deuren van de angst heen komt. Laten we Hem overal zoeken waar Hij het geschenk van vergeving en een nieuw begin brengt.

De reformatie van alles wat misvormd is moeten we voltooien door de transformatie van alles wat vast staat; veel van wat voor ons vast stond en waarop wij steunden, is aan het wankelen gebracht. Dit biedt ruimte om 'een grotere Christus' te ontdekken, een Christus die uitstijgt boven de voorstellingen die we tot nu toe over Hem hadden en voor de ontwikkeling van een christendom dat zijn eerdere institutionele en mentale grenzen overstijgt. In een dynamisch, zichzelf overstijgend christendom ontmoeten we in Christus een steeds grotere (*semper maior*) God, die in alle dingen, in alle gebeurtenissen van ons leven en in alle veranderingen van onze wereld aanwezig is.

Ik heb dit boek *De namiddag van het christendom* genoemd. Suggereert de term namiddag niet de nabijheid van de avond, de teloorgang en de dood? Mijn antwoord is: in het bijbelse concept van tijd begint een nieuwe dag met de avond. Laten we niet het moment missen waarop de eerste ster aan de avondhemel verschijnt.

Geschreven in de jaren 2015 tot en met 2021 in de Verenigde Staten, Tsjechië en Kroatië, voltooid aan de oever van de Adriatische Zee op 7 september 2021.

DANKWOORD

Allereerst wil ik de Amerikaanse Notre Dame University en de Templeton Foundation bedanken voor het feit dat zij me tijdens mijn verblijf aan het Institute for Advanced Study in 2015 en 2017 de gelegenheid hebben geboden tot een intensieve uitwisseling van ideeën met vele Amerikaanse theologen, sociologen en filosofen. Ik ben de Universiteit van Oxford dankbaar voor de uitnodiging in 2017 actief deel te nemen aan de stimulerende conferentie over religie in het openbare leven. Ik dank Boston College waar ik begin 2020 als gasthoogleraar The Duffy Lectures in Global Christianity mocht houden en ook de hoogleraren van Harvard University voor de inspirerende gesprekken in 2018 en 2020. Ik dank ook de andere theologen, filosofen en vertegenwoordigers van de kerken die mij in de afgelopen jaren tijdens mijn studie- en lezingentochten in Europa, Australië, de Verenigde Staten, Azië en Afrika hebben geholpen mijn perspectief te verbreden.

Ten slotte wil ik mijn vrienden die zo vriendelijk waren mijn manuscript te lezen bedanken voor hun kritische commentaar en ook mijn redacteur Barbora Čiháková voor haar hulp bij de eindredactie van de tekst.

AANBEVOLEN LITERATUUR

PAUSELIJKE DOCUMENTEN

Evangelii gaudium = De vreugde van het evangelie, apostolische exhortatie over de verkondiging van het evangelie in de wereld van vandaag door paus Franciscus, www.vatican.va/content/francesco/nl/apost_exhortations/documents/papa-francesco_esortazione-ap_20131124_evangelii-gaudium.html.
Laudato Si' = Wees geprezen, https://rkdocumenten.nl/toondocument/5000-laudato-si-nl/?systeemnum=5000-2; ook in boekvorm uitgegeven: *Laudato Si'. Encycliek van paus Franciscus over de zorg voor het gemeenschappelijke huis*, Baarn 2015.
Amoris Laetitia = De vreugde van de liefde, postsynodale apostolische exhortatie door paus Franciscus, https://rkdocumenten.nl/toondocument/6271-amoris-laetitia-nl/?systeemnum=6271-2; ook in boekvorm uitgegeven: *Amoris laetitia. De vreugde van de liefde*, Baarn 2016.
Gaudete et Exsultate = Verheugt u en juicht, apostololische exhortatie door paus Franciscus, https://rkdocumenten.nl/toondocument/6894-gaudete-et-exsultate-nl/?systeemnum=6894-2; ook in boekvorm uitgegeven: *Gaudete et exsultate. Apostolische exhortatie van paus Franciscus over de roeping tot heiligheid in de hedendaagse wereld*, Baarn 2018.
Fratelli tutti = Allen broeders en zusters, encycliek van paus Franciscus over broederlijkheid en sociale vriendschap, www.vatican.va/content/francesco/nl/encyclicals/documents/papa-francesco_20201003_enciclica-fratelli-tutti.html; ook in

boekvorm uitgegeven: *Fratelli tutti. Encycliek van paus Franciscus over broederschap en sociale vriendschap*, Baarn 2021.

SELECTIE UIT DE GEBRUIKTE LITERATUUR

Theodor W. Adorno en Max Horkheimer, *Dialectiek van de Verlichting. Filosfische fragmenten* (vert. Michel van Nieuwstadt), Amsterdam 2021.
John L. Allen, *The Future Church. How the Trends are Revolutionizing the Catholic Church*, New York 2009.
Gordon Allport, *The Individual and His Religion. A Psychological Interpretation*, Oxford 1967.
Hannah Arendt, *Eichmann in Jeruzalem. De banaliteit van het kwaad* (vert. W.J.P. Scholtz), Amsterdam 2016.
William A. Barbieri (red.), *At the Limits of the Secular. Reflections on Faith and Public Life*, Grand Rapids 2014.
Daniel Batson en Patricia A. Schoenrade, 'Measuring Religion as Quest: 1) Validity Concerns', *Journal for the Scientific Study of Religion* 30 (1991), 416-429.
Jean Baudrillard, *The Consumer Society. Myths and Structures*, Londen 1998.
Tom Beaudoin, *Virtual Faith. The Irreverent Spiritual Quest of Generation X*, San Francisco 1998.
Ulrich Beck, *Risikogesellschaft. Auf dem Weg in eine andere Moderne*, Frankfurt am Main 1986.
Ulrich Beck, *Der eigene Gott. Von der Friedensfähigkeit und dem Gewaltpotential der Religionen*, Frankfurt am Main en Leipzig 2008.
Ulrich Beck, *A God of One's Own. Religion's Capacity for Peace and Potential for Violence*, Cambridge 2010.
Peter L. Berger, *The Sacred Canopy. Elements of a Sociological Theory of religion*, New York 1967.
Peter L. Berger, *A Rumor of Angels. Modern Society and the Rediscovery of the Supernatural*, New York 1969.
Peter L. Berger, *Zur Dialektik von Religion und Gesellschaft. Elemente einer soziologischen Theorie*, Frankfurt am Main 1973.
Peter L. Berger, *The Heretical Imperative. Contemporary Possibilities*

of Religious Affirmation, New York 1979.
Peter L. Berger, *A Far Glory. The Quest for Faith in an Age of Credulity*, New York 1992.
Peter L. Berger, *Altäre der Moderne. Religion in pluralistischen Gesellschaften*, Frankfurt am Main 2015.
Peter L. Berger (red.), *The Desecularization of the world. Resurgent Religious and World Politics*, Grand Rapids 1999.
Peter L. Berger en Thomas Luckmann, *Die gesellschaftliche Konstruktion der Wirklichkeit. Eine Theorie der Wissenssoziologie*, Frankfurt am Main 1969.
Eugen Biser, *Theologie als Therapie. Zur Wiedergewinnung einer verlorenen Dimension*, Frankfurt am Main 1985.
Ernst Bloch, *Atheism in Christianity. The Religion of the Exodus and the Kingdom*, Londen 2009.
Hans Blumenberg, *Die Legitimität der Neuzeit*, Berlijn 1966.
Dietrich Bonhoeffer, *Verzet en overgave. Brieven en aantekeningen uit de gevangenis* (vert. L.W. Lagendijk), 5^e druk, Utrecht 2020.
Vladimír Boublík, *Teologie mimokřesťanských náboženství*, Kostelní Vydří 2000.
Steve Bruce, *God is Dead. Secularization in the West*, Hoboken 2002.
Martin Buber, 'Zwei Glaubensweisen', in: ibid., *Schriften zum Christentum*. Martin Buber Werkausgabe 9, Gütersloh 2011, 202-312.
John D. Caputo (red.), *The Religious*, Oxford 2020.
José Casanova, *Public religions in the Modern World*, Chicago 1994.
José Casanova, 'Chancen und Gefahren öffentlicher Religion. Ost- und Westeuropa im Vergleich', in: Otto Kallscheuer (red.), *Das Europa der Religionen. Ein Kontinent zwischen Säkularisierung und Fundamentalismus*, Frankfurt am Main 1996, 181-210.
José Casanova, *Europas Angst vor der Religion*, Wiesbaden 2009.
José Casanova, 'Die Erschließung des Postsäkularen. Drei Bedeutungen von "säkular" und deren mögliche Transzendenz', in: Matthias Lutz-Bachmann (red.), *Postsäkularismus. Zur Diskussion eines umstrittenen Begriffs*, Frankfurt am Main 2015, 9-39.

Michel de Certeau, *Note sur l'expérience religieuse*, Parijs 1956.
Denisa Červenková, *Jak se křesťanství stalo náboženstvím*, Praag 2012.
Denisa Červenková, *Katolický pohled na náboženskou pluralitu*, Praag 2016.
Denisa Červenková, *Etika mezikulturního a mezináboženského dialogu*, Praag 2018.
André Comte-Sponville, *De geest van het atheïsme. Kunnen we het zonder godsdienst stellen* (vert. Frans de Haan), Amsterdam 2008.
Harvey Cox, *Stadt ohne Gott?*, Stuttgart en Berlijn 1965.
Grace Davie, *Religion in Britain Since 1945. Believing Without Belonging*, Oxford 1994.
Grace Davie, *Religion in Modern Europe. A Memory Mutates*, Oxford 2000.
Madeleine Delbrêl, *Auftrag des Christen in einer Welt ohne Gott*, Einsiedeln 2000.
Jacques Derrida, *Foi et savoir; Le siècle et le pardon* (interview met Michel Wieviorka), Seuil 2000.
Karel Dobbelaere, *Secularization. An Analysis at Three Levels*, Bruxelles 2002.
Rod Dreher, *The Benedict Option. A Strategy for Christians in a Post-Christian Nation*, New York 2017.
Eugen Drewermann, *Functionarissen van God. Psychogram van een ideaal*, Zoetermeer 1994.
Émile Durkheim, *The Elementary Forms of Religious Life*, Oxford 2008.
Ronald Dworkin, *Religion ohne Gott*, Frankfurt am Main 2014.
Gerhard Ebeling, *Das Wesen des christlichen Glaubens*, Stuttgart 1959.
Michael N. Ebertz, *Erosion der Gnadenanstalt. Zum Wandel der Sozialgestalt von Kirche*, Frankfurt am Main 1998.
Michael N. Ebertz, Monika Eberhardt en Anna Lang, *Kirchenaustritt als Prozess: gehen oder bleiben? Eine empirisch gewonnene Typologie*, Berlin 2012.
Michel Foucault, *Discipline, toezicht en straf. De geboorte van de gevangenis*, Groningen 2018.

Viktor E. Frankl en Pinchas Lapide, *Gottsuche und Sinnfrage. Ein Gespräch*, Gütersloh 2005.
Richard Elliott Friedman, *The Disappearance of God. A Divine Mystery*, New York 1995.
Ottmar Fuchs, *Der zerrissene Gott. Das trinitarische Gottesbild in den Brüchen der Welt*, Ostfildern 2014.
Ottmar Fuchs, *Die andere Reformation. Ökumenisch für eine solidarische Welt*, Würzburg 2016.
Francis Fukuyama, *Het einde van de geschiedenis en de laatste mens* (vert. Anna Kapteyns-Bacuna, Annelies Konijnenbelt en Barbara de Lange), Amsterdam 2019.
Karl Gabriel, *Christentum zwischen Tradition und Postmoderne*, Freiburg 1992.
Marcel Gauchet, *The Disenchantment of the World. A Political History of Religion*, Princeton 2021.
Marcel Gauchet, *La condition historique. Entretiens avec François Azouvi et Sylvain Piron*, Parijs 1986.
René Girard, *Evolution and Conversion. Dialogues on the Origins of Culture*, London 2008.
Friedrich Wilhelm Graf, *Die Wiederkehr der Götter. Religion in der modernen Kultur*, München 2004.
Gisbert Greshake, 'Der Wandel der Erlösungsvorstellungen in der Theologiegeschichte', in: ibid., *Gottes Heil, Glück des Menschen. Theologische Perspektiven*, Freiburg 1983, 50-79.
Jürgen Habermas, *Theorie des kommunikativen Handelns*, deel 1: *Handlungsrationalität und gesellschaftliche Rationalisierung*, Frankfurt am Main 1981.
Jürgen Habermas en Joseph Ratzinger, *Dialektik der Säkularisierung. Über Vernunft und Religion*, Freiburg 2018.
Hubertus Halbfas, *Glaubensverlust. Warum sich das Christentum neu erfinden muss*, Ostfildern 2013.
Tomáš Halík, *De nacht van de biechtvader. Christelijk geloof in een tijd van onzekerheid* (vert. Peter Morée), 4e druk, Utrecht 2019.
Tomáš Halík, *Ik wil dat jij bent. Over de God van liefde* (vert. Petra Prins-Mikulkova en Dirk Prins), 4e druk, Utrecht 2020.
Tomáš Halík, *In het geheim geloven. Autobiografie* (vert. Kees de Wildt), Utrecht 2020.

Tomáš Halík, 'Pseudoreligion F – Beispiel einer religiösen Pathologie', *Münsteraner Forum für Theologie und Kirche*, 14 november 2020. Zie: www.theologie-und-kirche.de.

Tomáš Halík, *Die Zeit der leeren Kirchen. Von der Krise zur Vertiefung des Glaubens*, Freiburg 2021.

Tomáš Halík, *Raak de wonden aan. Over niet zien en toch geloven* (vert. Kees de Wildt en Henriëtte de Wildt), 7ᵉ druk, Utrecht 2021.

Tomáš Halík, *Theater voor engelen. Het leven als religieus experiment* (vert. Kees de Wildt), Utrecht 2021.

Tomáš Halík, *Geduld met God. Twijfel als brug tussen geloven en niet-geloven* (vert. Peter Morée), 11ᵉ druk, Utrecht 2022.

Tomáš Halík, *Omdat God ernaar verlangt mens te zijn. Overwegingen bij Kerst en Pasen* (vert. Kees de Wildt), 2ᵉ druk, Utrecht 2023.

Martin Heidegger, 'Dichterisch wohnet der Mensch' (1951), in: F.-W. von Herrmann (red.), *Vorträge und Aufsätze (1936-1953)*, Frankfurt am Main 2000.

Staf Hellemans en Peter Jonkers (red.), *Envisioning Futures for the Catholic Church*, Washington 2018.

Danièle Hervieu-Léger, *Religion as a Chain of Memory*, Oxford 2000.

Gregor Maria Hoff, *Die prekäre Identität des Christlichen. Die Herausforderung postmodernen Differenzdenkens für eine theologische Hermeneutik*, Paderborn 2001.

Gregor Maria Hoff, *Ein anderer Atheismus. Spiritualität ohne Gott?*, Kevelaer 2015.

Pavel Hošek, *Na cestě k dialogu. Křesťanská víra v pluralitě náboženství*, Praag 2005.

Samuel Huntington, *Botsende beschavingen. Cultuur en conflict in de 21ᵉ eeuw* (vert. Jan Bos), Amsterdam 2019.

Laurence Iannaccone, 'Religious Market and Economics of Religion', *Social Compass* 39 (1992), 123-131.

Ronald Inglehart, *Culture Shift in Advanced Industrial Society*, Princeton 1990.

Aniela Jaffé (red.), *Erinnerungen Träume, Gedanken von C.G. Jung*, Düsseldorf en Zürich 1962.

Franz Jalics, *Der kontemplative Weg*, Würzburg 2012.
Karl Jaspers, *Vom Ursprung und Ziel der Geschichte*, München 1949.
Karl Jaspers, *De schuldvraag. Over de politieke aansprakelijkheid van Duitsland* (vert. Mark Wildschut), Amsterdam 2022.
Hans Joas, *Braucht der Mensch Religion? Über Erfahrungen der Selbsttranszendenz*, Freiburg 2004.
Hans Joas, *Glaube als Option. Zukunftsmöglichkeiten des Christentums*, Freiburg 2012.
Hans Joas, *Die Macht des Heiligen. Eine Alternative zur Geschichte von der Entzauberung*, Berlijn 2017.
Philip Jenkins, *God's Continent. Christianity, Islam, and Europe's Religious Crisis*, New York 2007.
Hans Jonas, *Der Gottesbegriff nach Auschwitz. Eine jüdische Stimme*, Frankfurt am Main 1987.
Hans Jonas, 'The Concept of God after Auschwitz. A Jewish Voice', *Journal of Religion* 67/1 (1987), 1-13.
Franz-Xaver Kaufmann, *Kirchenkrise. Wie überlebt das Christentum?*, Freiburg 2011.
Franz-Xaver Kaufmann, *Religion und Modernität. Sozialwissenschaftliche Perspektiven*, Tübingen 1989.
Richard Kearney, *Strangers, Gods and Monsters. Interpreting Otherness*, Londen en New York 2003.
Richard Kearney, *Anatheism. Returning do God after God*, New York 2010.
Richard Kearney, *The God Who May Be. A Hermeneutics of Religion*, Bloomington 2010.
Richard Kearney en Jens Zimmermann (red.), *Reimagining the Sacred*, New York 2016.
Medard Kehl, *Wohin geht die Kirche? Eine Zeitdiagnose*. Freiburg 1996.
Gilles Kepel, *De wrake Gods. Christelijk, joods en islamitisch fundamentalisme*, Baarn 1992.
Fergus Kerr, *Theology after Wittgenstein*, Oxford 1986.
Fergus Kirwan, *Discovering Girard*, Londen 2004.
Julia Knop (red.), 'Gott – oder nicht. Theologie angesichts des Nicht-Glaubens ihrer Zeit. Ein Paradigmenwechsel', *Theologie der Gegenwart* 60 (2017), 141-154.

Julia Knop (red.), *Die Gottesfrage zwischen Umbruch und Abbruch. Theologie und Pastoral unter säkularen Bedingungen*, Freiburg 2019.

Arthur Koestler, *Darkness at Noon*, Londen 1940.

Arthur Koestler, *Nacht in de middag* (vert. Koos Schuur, herz. door Nils Buis), De Bilt 2012.

Boris Krause, *Religion und die Vielfalt der Moderne. Erkundungen im Zeichen neuer Sichtbarkeit von Kontingenz*, Paderborn 2012.

Hans Küng, *Waarom priester? Een handreiking*, Roermond 1972.

Nicholas Lash, *Holiness, Speech and Silence. Reflections on the Question of God*, Aldershot 2004.

Nicholas Lash, *The Beginning and the End of Religion*, Cambridge 1996.

Nicholas Lash, *Easter in Ordinary. Reflections on Human Experience and the Knowledge of God*, Notre Dame 1988.

Johann Baptist Lotz, *In jedem Menschen steckt ein Atheist*, Frankfurt am Main 1981.

Thomas Luckmann, *The Invisible Religion. The Problem of Religion in Modern Society*, New York 1967.

Niklas Luhmann, *Die Funktion der Religion*, Frankfurt am Main 1972.

Niklas Luhmann, *Die Religion der Gesellschaft*, Frankfurt am Main 2000.

Mashall McLuhan, *Understanding Media*, Londen 1964.

Jean-Luc Marion, *The Idol and Distance. Five studies*, New York 2001.

Jean-Luc Marion, *God Without Being. Hors-texte*, Chicago en Londen 1991.

Frédéric Martel, *Sodoma. Het geheim van het Vaticaan*, Amsterdam 2019.

Abraham H. Maslow, *Religions, Values and Peak-Experiences*, New York en London 1967.

Johann Baptist Metz, *Glaube in Geschichte und Gesellschaft. Studien zu einer praktischen Fundamentaltheologie*, Mainz 1991.

Johann Baptist Metz, *Mystik der offenen Augen. Wenn Spiritualität aufbricht*, Freiburg 2011.

John Micklethwait en Adrian Wooldridge, *God Is Back. How the*

Global Revival of Faith Is Changing the World, Londen 2009.

Thomas Nagel, *Der Blick von nirgendwo*, Frankfurt am Main 1992.

Jean-Luc Nancy, *Adoration. The Deconstruction of Christianity II*, New York 2012.

Zdeněk Neubauer, *O počátku, cestě a znamení časů. Úvahy o vědě a vědění*, Praag 2007.

Friedrich Nietzsche, *Die fröhliche Wissenschaft*. Kritische Studienausgabe (KSA) 3, red. Giorgio Colli en Mazzino Montinari, Berlijn, New York en München 1980.

Friedrich Nietzsche, *Also sprach Zarathustra*. Kritische Studienausgabe (KSA) 4, red. Giorgio Colli en Mazzino Montinari, Berlijn, New York en München 1980.

Friedrich Nietzsche, *Der Antichrist*. Kritische Studienausgabe (KSA) 6, red. Giorgio Colli en Mazzino Montinari, Berlijn, New York en München 1980.

Ľubomír Martin Ondrášek, *Verejná teológia na Slovensku*, Trnava 2019.

Ľubomír Martin Ondrášek, *Úvahy verejného teológa o viere, spoločnosti a politike*, Trnava 2021.

Rudolf Otto, *Das Heilige. Über Das Irrationale in der Idee des Göttlichen und sein Verhältnis zum Rationalen*, München 2014.

Rudolf Otto, *Het heilige. Over het irrationeele in de idee van het goddelijke en de verhouding ervan tot het rationeele* (vert. J.W. Dippel), Amsterdam 1928.

Jan Patočka, *Kacířské eseje o filozofii dějin*, Praag 1990.

Jan Patočka, 'Wars of the 20th Century and the 20th Century as War', in: ibid, *Heretical Essays in the Philosophy of History*, Chicago 1996, 119-138.

Jan Patočka, *Europa und Nach-Europa. Zur Phänomenologie einer Idee*, red. Ludger Hagedorn en Klaus Nellen, Baden-Baden 2023.

Tomáš Petráček, *Bible a moderní kritika. Česká a světová progresivní exegeze ve víru (anti-)modernistické krize*, Praag 2011.

Tomáš Petráček, *Církev, tradice, reforma. Odkaz Druhého vatikánského koncilu*, Praag 2011.

Detlef Pollack, 'Was ist Religion? Probleme der Definition', *Zeitschrift für Religionswissenschaft* 3 (1995), 163-190.

Detlef Pollack, *Säkularisierung – ein moderner Mythos? Studien zum religiösen Wandel in Deutschland*, Tübingen 2003.

Detlef Pollack, 'Religion und Moderne. Versuch einer Bestimmung ihres Verhältnisses', in: Peter Walter (red.), *Gottesrede in postsäkularer Kultur*, Freiburg 2007, 19-52.

Detlef Pollack, *Rückkehr des Religiösen? Studien zum religiösen Wandel in Deutschland und Europa* II, Tübingen 2009.

Hans-Hermann Pompe en Daniel Hörsch (red.), *Indifferent? Ich bin normal. Indifferenz als Irritation für kirchliches Denken und Handeln*, Leipzig 2017.

Karl Rahner, *Zur Frage der Dogmenentwicklung*, in: ibid., *Schriften zur Theologie* I, Einsiedeln 1954, 49-90.

Karl Rahner, *Alltägliche Dinge*, Einsiedeln 1969.

Karl Rahner en Heinrich Fries (red.), *Theologie in Freiheit und Verantwortung*, München 1981.

Joseph Ratzinger en Vittorio Messori, *Zur Lage des Glaubens. Ein Gespräch mit Vittorio Messori*, München 1985.

Joseph Ratzinger en Vittorio Messori, *Ratzinger Report. An Exclusive Interview on the State of the Church*, San Francisco 1985.

Emile Rideau, *Thought of Teilhard de Chardin*, New York-Evanston 1965.

Ana-Maria Rizzuto, *The Birth of the Living God*, Chicago en Londen 1979.

Richard Rohr, *The Universal Christ*, New York 2019.

Richard Rorty en Gianni Vattimo, *The Future of Religion*, red. Santiago Zabala, New York 2005.

Olivier Roy, *La Sainte Ignorance. Le temps de la religion sans culture*, Parijs 2014.

Karlheinz Ruhstorfer, *Glaube im Aufbruch. Katholische Perspektiven*, Paderborn Schöningh 2013.

Thomas Ruster, *Der verwechselbare Gott. Theologie nach Entflechtung von Christentum und Religion*, Freiburg 2000.

Norbert Scholl, *Religiös ohne Gott. Warum wir heute anders glauben*, Darmstadt 2010.

Jaroslav Seifert, *Alle Schönheit dieser Welt. Geschichten und Erinnerungen*, München en Hamburg 1985.

Andrew Shanks, *God and Modernity. A New and Better Way To Do Theology*, Londen en New York 2000.
Eric J. Sharpe, *Understanding Religion*, Londen 1997.
Peter Sloterdijk, *Nach Gott*, Berlijn 2017.
Rupert Shortt, *God is no Thing. Coherent Christianity*, Londen 2016.
Edward Schillebeeckx, *Mensen als verhaal van God*, Baarn 1990.
Peter Schellenbaum, *Stichwort: Gottesbild*, Stuttgart en Berlijn 1981.
Wilfred Cantwell Smith, *Patterns of Faith around the World*, Oxford 1998.
Dorothee Sölle, *Plaatsbekleding. Een hoofdstuk theologie na 'de dood van God'*, Baarn 1983.
Dorothee Sölle, *Atheistisch an Gott glauben. Beiträge zur Theologie*, Olten 1968.
David Steindl-Rast, *Auf dem Weg der Stille*, Freiburg 2016.
Charles Taylor, *The Explanation of behaviour*, Londen en New York 1964.
Charles Taylor, *Sources of the Self. The Making of the Modern Identity*, Cambridge 1989.
Charles Taylor, *The Malaise of Modernity*, Toronto 1992.
Charles Taylor, *Catholic Modernity? Charles Taylor's Marianist Award Lecture*, Oxford 1999.
Charles Taylor, *Varieties of Religion Today: William James Revisited*, Cambridge 2002.
Charles Taylor, 'Ein Ort für die Transzendenz?', *Information Philosophie* (2003), nr. 2, 7-16.
Charles Taylor, *Een seculiere tijd. Geloof en ongeloof in een wereld van nu*, Rotterdam 2009.
Charles Taylor, *The Ethics of Authenticity*, Cambridge 2018.
Pierre Teilhard de Chardin, *Der Mensch im Kosmos*, München 1959.
Pierre Teilhard de Chardin, *The Divine Milieu. An Essay on the Interior Life*, New York 1965.
Pierre Teilhard de Chardin, *Chuť žít (výbor studií a meditací)*, red. Jiří Němec (vert. Václav Frei en Jan Sokol), Praag 1990.
Eberhard Tiefensee, 'Anerkennung der Alterität. Ökumene mit den

Religionslosen', *Herder-Korrespondenz Spezial: Versöhnt verschieden? Perspektiven der Ökumene* (2010), 39-43.

Eberhard Tiefensee, 'Der homo areligiosus und die Entkonfessionalisierung in der ehemaligen DDR', in: Matthias Hahn (red.), *Bildung als Mission? Kirchliche Bildungsarbeit im Kontext einer konfessionslosen Gesellschaft*, Jena 2014, 15-30.

Eberhard Tiefensee, 'Theologie im Kontext religiöser Indifferenz', in: Julia Knop (red.), *Die Gottesfrage zwischen Umbruch und Abbruch. Theologie und Pastoral unter säkularen Bedingungen*, Freiburg 2019, 130-144.

Paul Tillich, *The Courage to Be*, New Haven 1952.

Paul Tillich, *Der Mut zum Sein*, Stuttgart 1953.

Ferdinand Tönnies, *1880-1935: Gemeinschaft und Gesellschaft*, red. Bettina Clausen en Dieter Haselbach, Berlijn en Boston 2019.

Robert Traer, *Faith, Belief and Religion*, Aurora 2001.

Gianni Vattimo, *After Christianity. Italian Academy Lectures*, New York 2002.

Miroslav Volf, *Exclusion and Embrace: A Theological Exploration of Identity, Otherness, and Reconciliation*, Nashville 1996.

Kallistos Ware, *The Orthodox Church*, Londen 1997.

Hubert Wolf, *Krypta. Unterdrückte Traditionen der Kirchengeschichte*, Bonn 2015.

Slavoj Žižek, *The Fragile Absolute, or Why the Christian Legacy is Worth Fighting for?*, London en New York 2001.

Slavoj Žižek, *The Puppet and the Dwarf. The Perverse Core of Christianity*, Cambridge 2003.

Slavoj Žižek, *Das reale Christentum* (vert. Nikolaus G. Schneider), Frankfurt am Main 2006.

Slavoj Žižek, *Eerst als tragedie, dan als klucht* (vert. Ineke van der Burg), Amsterdam 2011.

Paul M. Zulehner, *Pastoraltheologie I: Fundamentalpastoral*, Düsseldorf 1989.

Paul M. Zulehner, *Een onderdak voor de ziel*, Averbode 1996.

Geduld met God
Twijfel als brug tussen geloven en niet-geloven

Tomáš Halík is als een van de weinige hedendaagse schrijvers in staat daadwerkelijk een brug te slaan tussen geloof en scepsis, tussen christelijke zingeving en atheïstische levensoriëntatie. In dit boek neemt hij als uitgangspunt de twijfelende en zoekende figuur van Zacheüs, die liever schuchter van een afstand toekijkt dan dat hij enthousiast meedoet. Dit beeld gebruikt hij om een nieuwe verhouding uit te werken tussen gelovigen en niet-gelovigen, waarmee hij buitenstaanders in hun zoeken en vragen heel nabij kan komen. Tomáš Halík ontving voor dit werk de Europese prijs voor het beste theologische boek 2011.

11e druk

'Een prachtig intellectueel en spiritueel boek.' – Trouw

De nacht van de biechtvader
Christelijk geloof in een tijd van onzekerheid

Als priester en biechtvader voert Tomáš Halík al vele jaren persoonlijke gesprekken met zowel gelovigen als niet-gelovigen. In dit boek reflecteert Halík met humor en mededogen op deze talrijke gesprekken. De hedendaagse crisis in het geloof, betoogt hij, leidt tot een dieper verstaan. Bovendien leren we eruit dat iedere levende godsdienst een veranderende godsdienst is. De eerste geloofsstap in deze tijd is het accepteren van de paradox van het christelijk geloof. Het geloof is een ondoorgrondelijke weg naar een onduidelijke toekomst, maar uiteindelijk is het wel de enige.

4e druk

Ik wil dat jij bent
Over de God van liefde

In dit boek gaat het over de relatie tussen geloof en liefde. Halík mediteert over Augustinus' uitspraak 'Liefde is: ik wil dat jij bent.' Hij vraagt zich af wat dit betekent voor gelovigen van deze tijd. Onze liefde voor God zal vooral tot uitdrukking moeten komen in onze liefde voor andere mensen. Christenen moeten zich daarom niet afsluiten voor de seculiere omgeving, aldus Halík, ze zouden die contacten juist actief en liefdevol moeten opzoeken.

4ᵉ druk

Geloven op de tast
Als geloof en ongeloof elkaar ontmoeten

Atheïsme, twijfel en scepticisme vormen ons dagelijks leven. Ook gelovigen kennen het gevoel van afstand tot God. Waar komt dit gevoel vandaan? En hoe worden twijfelende gelovigen zoekers van God? Heilzame onrust hoort bij een spiritualiteit die zich wapent tegen stilstand en fundamentalisme. In dit boek gaan Anselm Grün en Tomáš Halík in op de waarde van zoeken en de ervaring van de afwezigheid van God voor ons geloof van vandaag.

2ᵉ druk

Raak de wonden aan
Over niet zien en toch geloven

Raak de wonden aan bevat veertien theologisch-filosofische essays over de mystieke diepere lagen van geloof, en een verrassend, scherpzinnig en zelfs humoristisch commentaar op het huidige tijdsgewricht, met het verhaal van de ongelovige Tomas als uitgangspunt. Het vraagt moed om de wonden van onze wereld onder ogen te zien en ze aan te raken met geloof, een christelijk geloof dat door die aanraking zelf getekend en gewond raakt.

7ᵉ druk

'Een ijzersterk boek.' – Trouw*****

Niet zonder hoop
Religieuze crisis als kans

Niet zonder hoop gaat over de zoektocht naar hoop voor vandaag. Hoop wordt juist in tijden van crisis sterk ervaren, zowel in het persoonlijke leven als in een samenleving. Hoop is dan een opening waardoor de toekomst een lichtstraal in het heden werpt. Halík beschrijft verschillende vormen van menselijke hoop en laat zien wat zij kan bieden, bijvoorbeeld wanneer we in het leven stuiten op existentiële vragen of ingrijpende ervaringen.

In het geheim geloven
Autobiografie

Tomáš Halík groeide op tijdens het stalinisme en werd christen in een tijd van ernstige vervolging van de kerk. Hij maakte de Praagse lente mee en de Sovjetbezetting in 1968. Vanuit zijn autobiografie gaat Tomáš Halík in op fundamentele theologische vragen. Tevens biedt hij een fascinerende inkijk in zijn innerlijke crises en conflicten. Halíks levensverhaal is getekend door het communisme, geheimhouding en het constante dreigende gevaar. Dit maakt zijn boek tot een indringend getuigenis van een demonisch tijdperk.

'Overpeins met Halík hoe een mens (of kerk) een crisis kan aangrijpen als uitgelezen moment voor geestelijke vernieuwing.' – Trouw

Theater voor engelen
Het leven als religieus experiment

Mensen zijn geen engelen: ze kunnen het mysterie van het leven en het geloof niet in zijn geheel overzien. Dat betekent niet dat we uit eerbied voor dit geheim daarin dan maar moeten berusten. Tomáš Halík nodigt ons uit het geloof als een levensexperiment op te vatten en de openheid van onze geest in te zetten. In dit indringende boek spreekt Halík niet alleen overtuigde christenen aan, maar ook atheïsten en mensen die op zoek zijn naar zingeving. Want God zoekt de mens vaak op in de stilte en in het verborgene, zonder dat iemand het zelf merkt. Halík probeert deze ontmoetingen op het spoor te komen en beschrijft die als een voortdurende dialoog met God.

Omdat God ernaar verlangt mens te zijn
Overwegingen bij Kerst en Pasen

De mens streeft naar vrijheid en macht en wil in het middelpunt van de belangstelling staan. In dit boek laat Tomáš Halík zien hoe God door zijn verlangen mens te worden, juist zwakte en kwetsbaarheid verheft tot ware kracht. Sterker nog, in het lijden ontmoeten we God. Dat is onze hoop te midden van crisis en ziekte. Deze overdenking van Halík over de menswording van de Hoop wordt afgewisseld met fullcolour schilderijen van oude meesters, die aanzetten tot meditatie. Een prachtig geschenkboek!

2e druk

'Halík schrijft scherp, existentieel, actueel en dicht bij menselijke ervaringen.'
– Tabitha van Krimpen, Jonge Theoloog des Vaderlands 2021-2022